법학개론

박 영 하

청목출판사

서 문

법이란 사회규범 중 통치단체에 의하여 강제되는 규범이며, 법학은 이러한 법을 대상으로 하는 학문으로서, 철학이나 신학 등 인류와 함께 유구한 역사를 함께 해온 학문 가운데 하나이다. 그러므로 법학은 비단 법학도뿐만 아니라 일반인의 교양에도 이바지한다.

법학개론은 법학 전반을 개괄적으로 기술하는 법학의 길라잡이 역할을 하기 위하여 법학에 처음 입문하는 학도들을 대상으로 하여 기술되는 것이 일반적이다. 그렇지만 저자의 관심 분야에 따라 법학개론 교재는 그 기술되는 내용이 크게 달라지고 있는 것이 현실이다.

이 교재는 법학 전반을 헌법이나 행정법 또는 민법이나 상법 등 각 분야별로 개괄적으로 서술하고자 시도하여 집필하지는 않았다. 저자는 20여 년간 대학에서 이 분야의 강의를 담당하면서 모아온 강의 자료를 중심으로 하여 일반적이고도 기초적인 법 이론을 비교적 상세하게 다루고 싶었다.

구체적으로는 법과 법학의 학문성 및 법과 사회규범, 법의 목적과 기능, 법의 생성과 발전과정을 짚어본 다음, 법의 계통과 연원을 살펴보고자 하였다. 나아가 법의 분류와 법의 효력 및 제재에 관하여 살펴본 다음, 실제에 있어서의 법의 해석과 적용에 관한 이론을 기술하고자 하였다. 마지막으로 법학의 방법을 살펴본 다음, 법률관계의 핵심이 되는 권리와 의무에 관하여 개략적으로 기술하였다.

원고의 분량을 한 학기에 소화할 수 있을 정도로 한정하고자 하였으나 집필이 끝나고 보니 한 학기에 소화하기에는 다소 많은 듯하여 부담스럽다.

원고를 마무리하다 보니 당초에 계획했던 것보다 그 결과가 만족스럽지는 못하다. 부족한 점은 판을 거듭하면서 보완하고자 한다.

이 책은 저자 한 사람의 연구성과가 아니다. 이 책은 지금까지 법학에 헌신하여 온 동서고금의 선학제현의 훌륭한 연구성과에 힘 입은 바 크다. 이 모든 분들에게 깊은 존경과 감사의 마음을 바친다.

그리고 이번 원고의 교정에는 대학원 석사학위과정에서 묵묵하게 학업에 정진하고 있는 장한희 학사와 석사학위과정에 입학 예정인 이나연 양이 수고하여 주었다. 이들에게도 노고에 감사를 드린다.

마지막으로 본서의 출간을 흔쾌하게 수락하여 주신 청목출판사의 유성열 사장님과 최명성 전무님 및 편집부 여러분에게도 깊은 감사를 표하고자 한다.

2016년 1월

모악산을 바라보며

저자 씀

차 례

제 1 장 법과 법학의 학문성

제 1 절 인간의 본성과 정치사회의 형성

Ⅰ. 인간의 본성

1. 개관

인간(human beings)은 동물의 일종이지만 다른 동물에서 볼 수 없는 고도의 지능을 소유하고 독특한 삶을 영위하는 고등동물이다. 그래서 인간을 신과 동물의 중간자라고도 한다.

법은 인간의 사회생활을 규율하는 규범이다. 그러면 법이 규율하는 사회생활을 하는 인간은 어떠한 인간인가, 즉 법은 어떠한 인간상을 전제로 하는가의 문제가 발생한다. 그렇다면, 인간이라는 존재는 본래 선한 것일까 아니면 악한 것일까? 이에 관하여 스스로 물어보지 않은 사람은 없을 것이다. 종래 인간의 본성에 대하여는 다양한 학설이 제기되어 왔으나, 성선설·성악설 및 성무선악설 또는 성무선무악설이 대표적이다.

2. 성선설

성선설(性善說)은 인간의 본성은 착하다고 보는 견해이다. 공자 이후 유가(儒家)의 정통 계보를 이어온 사상가들은 성선설을 그 사상적 기반으로 하고 있었다. 그 대표적인 사상가가 맹자(孟子)이다.

맹자는 인간의 본성은 다른 동물의 본성과는 달리 천성으로 발생하는 인(仁)·의(義)·예(禮)·지(智)의 4단(四端)에 의한 인간의 선함에 있다고 하였다.

성선설은 서양에서는 소수의 학자에 의하여 주장되었다. 루소(J. J. Rousseau)는 인간의 본성은 원래 선한 것인데 문명과 사회제도의 영향을 받아 악하게 되었다고 본다. 그로티우스(H. Grotius)는 『전쟁과 평화의 법』에서 인간의 기본성향을 평화롭고 질서가 바른 사회에서 타인과 어울려 살려고 하는 본능이라 보았다.

3. 성악설

성악설(性惡說)은 인간의 본성을 원래 악하다고 보고 법과 강한 규제 등으로 그것을 통제하고 바꿔갈 것을 강조하는 견해이다.

맹자의 성선설에 반론을 제기한 순자(荀子)는 성을 감성적 욕구의 측면을 지칭하여 "인간의 본성은 악한 것이며, 선한 것은 인위적인 것"이라고 하였다. 그리하여 후에 한비자(韓非子) 등의 법가사상의 토대가 되었다.

서양에서는 중세의 아우구스티누스(A. Augustinus) 이래 다수의 학자가 인간의 본성을 악하다고 보았다. 특히, 홉스(Hobbes)는 자연상태를 "만인의 만인에 대한 투쟁상태"라고 가정하여 인간을 이기적이고 복수심에 불타는 비겁한 존재로 보아 강력한 독점적 국가권력이 필요하다는 성악설에 기초하고 있다. 쇼펜하우어(A. Schopenhauer) 역시 "죄악이 인간 본성 가운데에 뿌리 깊이 박혀 있어서 제거할 방법이 없다"고 하였다.

4. 성무선악설

성무선악설(性無善惡說) 또는 성무선무악설(性無善無惡說)은 인간의 본성은 환경에 따라 달라진다고 보는 견해이다.

고자(告子)의 견해에서 성이란 '식색지성(食色之性)', 즉 개체보존과 종족보존의 본능을 의미한다. 인간이 하나의 생명체로서 가지고 있는 식색본능 그 자체는 선한 것도 아니요, 악한 것도 아니라고 하였다. 즉, 사람의 본성은 '선과 악, 그 어느 쪽도 아닌(無善無惡)' 자연상태로 있다가 식색의 본능을 촉발하는 어떤 상황에 부딪치게 되면, 주어진 조건에 따라 혹은 선한 행위로 나타나기도 하고, 혹은 악한 행위로 나타나기도 한다. 그러므로 선악의 책임은 사람이 타고난 성(본능)에 있는 것이 아니라, 이를 촉발하는 상황과 여건을 선택하는 행위주체인 인간의 사유와 의지에 있는 것이라고 보았다. 슈미트(C. Schmitt)는 인간은 이리도 아니며 신도 아닌 인간이라고 한다. 따라서 인간은 자기가 처한 상황에 따라 다른 사람을 도울 수도 있고 해를 끼칠 수도 있다.

로크(J. Locke)에 따르면, 이성을 중시하는 합리주의자들의 주장과는 달리, 인간은 아무것도 모르는 상태로 태어나는 존재이므로 경험의 도움 없이는 어떠한 것도 인식할 수 없다고 한다. 이를 백지설(白紙說)이라고 한다. 성무선악설과 백지설은 유사한 점도 있다. 그러나 백지설은 인식의 문제를 다루고 있음에 반하여, 성무선무악설은 윤리의 문제를 다루고 있다는 점에서 차이가 있다.

5. 결어

생각건대, 이 가운데 어느 학설을 취하든지 법이 필요하다고 하지 않을 수 없다. 성악설은 말할 것도 없거니와, 성선설을 취하는 경우에도 악을 유발하는 문명과 사회제도의 개선 또는 악하게 된 인간에 대한 제재 등을 위한 일정한 규범이 필요하게 되는 것이다. 또한 성무선무악설에 의하더라도 악한 행동의 제지 등을 위하여 규범에 의존하지 않을 수 없게 된다.

현실의 인간세계는 홉스(T. Hobbes)의 표현을 빌리면, 각자가 다른 사회구성원에 대하여 늑대와 같은 극단적인 이기심을 지니고 있는 존재이다. 혹자는 인간이란 신과 동물의 중간자이므로 인간은 원래부터 이기적인 성격을 지니고 있다고도 한다. 이러한 점을 잘 표현하고 있는 것이 1950년 프린스턴 대학의 터커(A. Tucker) 교수가 제시한 '죄수의 딜레마(prisoners' dilemma)' 사례이다.

이는 2명 이상의 공범이 각각 분리되어 경찰관의 취조를 당할 경우 끝까지 범행을 부인하지도 또 자백하지도 못하는 심리적인 모순 상태에 빠지는 것을 말한다. 부연하면, 끝까지 부인하자니 다른 공범의 자백으로 인하여 자신이 더 큰 피해를 당할까 두렵고 그렇다고 스스로 자백을 할 수도 없기 때문에 각자는 매우 난처한 입장에 놓인다. 이 때 대부분의 죄수들은 심리적인 교착상태에서 자백을 선택하는 경우가 많다. 즉 각 개인이 자기 이득만을 노리고 의사결정을 할 때, 사회 전체에 손실을 야기할 수 있다는 것을 의미한다. 요약하면, 인간사회의 구성원이 서로 믿고 협조하면 쌍방 모두에게 이로운 결과를 얻을 수 있음에도 불구하고, 상대방을 불신한 결과, 최선의 결과를 얻을 수 없다는 것을 의미한다.

Ⅱ. 인간의 정치사회 형성

사회(社會 ; society)란 공동생활을 영위하는 인간의 집단이다. 영어의 'society'는 16세기에 프랑스어 'société'가 도입되어 변한 것인데, 그 어원은 라틴어 'societas'로서 대체로 동료・공동・연합・동맹 등을 '결합하다'라는 의미였다.

영국 사회학의 창시자이자 철학자인 스펜서(H. Spencer)는 "인간은 삶이 두려워 사회를 만들었고, 죽음이 두려워 종교를 만들었다"고 주장했다.

어쨌든 인간은 출생에서 사망에 이르기까지 정치사회의 구성원이 되어 생활하고 있다. 인간을 가리켜 zoon politikon(사회적 동물 또는 정치적 동물)이라고 한 Aristoteles(B.C. 384~322)의 표현처럼 인간은 고립하여 생활하는 것이 아니라 정치사회(polis)를 구성하여 그 생존을 유지하고 발전해 온 것이다.

인간이 정치사회를 구성하는 목적은 인간의 본능을 충족하거나 이를 극복함으로써 보다 향상된 사회생활을 향유하고자 하는 데에 있다. 예컨대, 정치사회 구성 이전의 자연상태에서 A와 B 및 C라는 인간이 존재한다고 가정(여기서 각자의 세력의 크기가 A 〈 B 〈 C의 순이라고 하자)하고, 성악설을 전제할 경우, 가장 약한 A는 어떻게 해서든지 B 또는 C와 사회를 구성하여야만 사회생활을 향유할 수 있게 된다.

이러한 형태가 발전하여 씨족사회, 부족사회 및 고대국가가 성립 발전해 온 것으로 이해할 수 있으며, 그 구체적인 형태가 결혼동맹이나 족외혼 등으로 나타난 것이라 할 수 있다.

헝가리 태생의 지식사회학 창시자인 만하임(K. Mannheim)은 사유(思惟)의 존재구속성을 설파하고 있다. 지식사회학은 사유란 추상적인 것이 아니라 사회적 요인과 긴밀한 관계를 맺고 있는 것으로 본다. 그리하여 특정 시대나 특정 사회계층의 성향을 분석함에 있어 그 당시의 특정한 이념이 아니라 그러한 상황을 만든 전반적인 사회 상태를 다룬다. 그는 이데올로기와 지식이 계급적 이해에 따라 규정되고 달라진다는 마르크스의 주장을 일부 받아들이면서도 그 외의 문화적, 사회적 요인도 강조하고 있다. 그의 저서인 『이데올로기와 유토피아(*Ideologie und Utopie*)』에서는 정치 이념과 이상사회의 관계를 다룬다. 즉 무정부주의, 보수주의, 급진주의 등의 이데올로기는 유토피아와 현 사회의 시간적 거리로 인하여 발생한다고 본다. 그는 인간의 특성을 자유를 지향하는 개별화의 본능과, 소외를 극복하고자 하는 귀속화의 본능을 동시에 가진 존재로 보고 있음을 알 수 있다.

사회로부터 고립된 인간은 자연과학의 대상은 될 수 있을지언정 사회과학의 대상은 될 수 없다. 특히 법적 분야에서의 인간은 사회적 동물로서의 인간을 의미한다. 기에르케(O. F. v. Gierke)의 '사람이 사람된 까닭은 사람과 사람과의 결합에 있다'라는 표현이나 하이데거(M. Heidegger)의 '사람의 존재는 타인과의 공존에 있다'라는 표현 등은 인간과 사회의 불가분성을 나타내고 있다.

제 2 절 사회규범의 대두와 분화

Ⅰ. 사회규범의 대두

위에서 살펴본 바와 같이, 성악설은 물론, 성선설이나 성무선무악설에 따르더라도 사회규범(社會規範)은 필요하게 된다. 사회규범이 존재하지 않는다면 인간의 사회생활은 파괴될 것이 명약관화한 일이다. 이러한 인간사회에 있어서 이기적인 점을 시정하고 공평한 사회를 건설하기 위하여 필요한 도구로서 사회생활에 있어서의 행위의 준칙이 될 각종의 규범이 필요하다. 이를 사회규범이라 한다.

사회규범은 사회생활의 준칙인 도덕(道德)·관습(慣習)·법률(法律) 등의 규범을 총칭하는 개념이다. 사회에서 공동으로 또한 평화적으로 생활해 나가기 위해서는 사회에서 일반적으로 받아들여지고 있는 규범에 따르지 않으면 안 된다.

규범은 인간이 사회생활을 함에 있어서 '하여야 한다'거나 '하여서는 아니된다'는 등과 같이 설정된 가치기준을 제시한 것이다. 이 규범은 예전에는 종교상의 규율이 있던 때도 있었으며, 혹은 각 시대·각 민족에 있어 지배적인 도덕률이었던 때도 있었고, 습속인 경우도 있다.

사회가 발전하고 경제생활이 복잡해짐에 따라 평화스러운 공동생활을 유지하기 위하여 점차 여러 가지 사회 규범이 필요하게 되고, 더욱이 이들을 강제적으로 준수시킬 필요성에 의하여 법률이라는 사회규범의 중요성이 증가하게 되었다. 사회규범은 실정법만을 법률의 근원으로 보는 법실증주의(法實證主義)의 견해에 대하여 무릇 "사회가 있는 곳에 법이 있다"라고 해서 사회생활에 그 근원을 찾으려는 생각을 가진 사람들에 의하여 강조된다.

또한 사회규범은 사람들의 행위(行爲)의 준칙(準則), 즉 행위규범(行爲規範)이라는 점에서 재판규범(裁判規範)·조직규범(組織規範)과 구별된다.

〈사회와 사회규범의 기능〉

society	present stage (sein)	function of norm	the aim of constitution
the better	conflict contradiction fight discord	solution coordination	the better stage or state of life
the lesser			

Ⅱ. 법과 사회규범의 분화

원시시대에는 사회규범이 혼재하였으며, 불문의 형태로 존재하였다. 그 후 국가사회가 형성되면서 이질적인 집단이 국가사회에 포섭됨에 따라 사회규범의 성문화가 필요하게 되었다.

이질적 집단 간의 상이한 관습이나 종교 등 사회규범과는 달리 국가사회의 형성에 필수적인 사항은 법으로 규정하게 됨에 따라 법과 다른 사회규범과의 분화가 야기되었다.

그리하여 법은 속인법에서 속지법으로, 다시 세계법으로 발전하게 되었으며, 단일민족법에서 복수의 다수민족법으로 발전하였고, 불문의 관습법에서 성문의 제정법으로 발전하였다.

Ⅲ. 국가생활과 법

인간은 가정에서부터 국제사회에 이르기까지 다양한 종류의 사회집단을 구성하고 생활하고 있다. 이러한 사회집단 가운데 가장 통일성과 조직력을 가지고 인간의 공동생활에 영향을 미치는 것이 다름 아닌 국가라 할 것이다.

이러한 국가의 정치적 권위를 배경으로 하여 강제성을 띤 사회규범을 법이라고 할 수 있다.

그리하여 "사회 있는 곳에 법이 있다(Ubi societas ibi ius est)"라든가 "법은 사회생활의 조건이다(R. v. Jhering)" 또는 "지옥에도 법이 있다(J. W. v. Goethe)"는 법언이 나타나게 되었다. 사회 있는 곳에 법이 있다는 말은 법이 성립하는 기반이 사회라는 것을 의미한다.

따라서 사회는 때와 곳에 따라 그 모습을 달리하는 것이므로 법 또한 시간과 장소에 따라 달라지는 것이다. 이를 법의 역사성과 지역성이라 한다.

그러나 인류의 사회에는 어느 정도의 공통성이 있기 마련이므로 법 역시 시대와 장소가 달라도 어느 정도의 유사성이 있게 마련이다. 이러한 유사성은 사회 자체의 유사성 때문이지만 경우에 따라서는 법의 계수에 의하여 나타나는 현상인 경우도 있다.

제 3 절 법의 본질(本質)

Ⅰ. 법의 어원(語源)

1. 동양에서의 법

1) 다르마(dharma)

고대인도의 Sanskrit어인 다르마 또는 달마(dharma ; 법)라는 용어가 동양에서는 처음으로 사용되었다. 법(法)이라는 용어는 dharma를 한자로 번역한 것이다.

dharma는 달마(達磨)는 담마(曇摩)·담무(曇無) 등으로 음사(音寫)하는 불교의 중심관념이다.

기원은 인도의 고전인 베다(veda)에까지 소급된다. 인도에서 베다성전이 성립한 베다시대는 기원전 1500년경부터 기원전 1000년 전후를 말한다. 베다시대의 다르마는 우주법칙인 Ṛta (리타, 天則 ; 자연, 인륜) 등과 함께 자연계의 법칙, 인간계의 질서를 나타내는 용어로 사용되었다. 즉 수시로 변동하거나 상황에 따라 변화하는 것이 아닌 곧고(직, 直) 바른(정, 正) 법칙이다.

그 후 기원전 900년 전후의 브라마나·우파니샤드 시대에 이르러 다르마는 '인간의 행위규범'이라는 의미로 사용되어, 법칙·질서의 의미 외에 정당(正當)·정의(正義)로 변하여, 권리(權利)의 관념 및 의무(義務)·규범(規範)과 같은 뜻이 첨가되었다.

현대의 학자는 경험적(empirical) 법과 초경험적(transcendental) 법으로 나누기도 하며, ① 법칙·정당·규준, ② 교법, ③ 진실·최고의 실재, ④ 경험적 사물로 나누기도 한다.

이렇게 볼 때, 산스크리트어 dharma는 법(law), 권리(right), 정의(justice)를 지칭한다. 세속적 의미로는 브라만계급을 중심으로 하는 종성제도(caste custom), 바른 행위(right behavior)를, 불교나 힌두교에서는 도덕률(moral law)을 뜻하기도 한다.

2) 법

灋 다르마의 한역인 법이라는 용어는 원래 수(水)·치(廌)·거(去)라는 세 글자를 합쳐 놓은 글자였다.

여기에서 수(水)는 높은 데서 낮은 데로 흘러 수평을 이루는 성질을 가지므로 공평(公平) 또는 형평(衡平)이라는 이념을 표현하고 있다. 그리고 치(廌)는 해태 또는 해치(獬豸)[1]를 지칭한다. 해치의 해(獬)는 부정한 사람을 보면 뿔로 받는다는 신수(神獸), 신통한 양(羊) 등을 뜻하고, 치(豸)는 웅크리고 노려보다, 풀리다 등의 의미를 가지고 있다. 동아시아 고대 전설 속에 등장하는 해치는 '시비(是非)와 선악(善惡)을 판단하여 안다고 하는 상상의 동물'로서 분쟁(紛爭)을 해결(解決)하는 기능을 담당한다. 이로써 정의(正義)와 평화(平和)를 도모할 수 있다고 본 것이다. 선한 사람과 악한 사람을 구분하는 속성 때문에 해태는 재판과 관계가 형성되었다. 고대 법관은 해태머리 모양의 법모(法帽)를 쓰기도 했으며, 후세에는 해치의 모습이 재판관의 옷에 그려졌다.[2]

한편, 거(去)는 악(惡)을 제거한다는 뜻이다. 즉 강제라는 수단의 의미를 포함하고 있다.

2. 西洋에서의 法

서양에서의 법이라는 개념을 그리스의 노모스라는 개념에서

---

1) 사자와 비슷하나 기린처럼 머리에 뿔이 있다고 정의되어 있는 '해치'는 그 형태적 특징이 목에 방울을 달고 있으며, 몸 전체는 비늘로 덮여 있다고 알려져 있다. 또한 겨드랑이에는 날개를 닮은 깃털이 나 있고, 여름에는 늪가에 살며 겨울에는 소나무 숲에 산다고 알려져 있다. 영어로는 'the unicorn-lion(외뿔 달린 사자)' 또는 'an omniscient mythical beast(모든 것을 다 꿰뚫어 보는 능력을 가진 상상의 짐승)'이라고 풀이된다.

2) 한국의 경우, 조선시대에는 관리들을 감찰하고 법을 집행하는 사헌부를 지켜주는 상징으로, 사헌부의 우두머리인 대사헌이 입는 관복의 흉배에 해치를 새겼다. 또한 오늘날에도 대한민국의 국회의사당과 대검찰청 앞에 해치상이 세워져 있다. 이는 해치처럼 자신의 마음을 가다듬고 항상 경계하며, 정의의 편에 서서 법을 공정하게 처리하라는 뜻이 담겨져 있다. 이로 인해 해치는 왕의 재판이 공정하게 행해지는 시대에 나타난다고 한다.

시작되었다. 한편, 로마는 그리스의 노모스를 jus(ius)와 lex로 나누어 사용하였다.

1) 그리스

그리스에서는 자연법칙인 피시스(physis, φύσις)에 대응하여, 인간의 행위를 규제하는 규범, 즉 법을 노모스(nomos, υομος)라 한다. 노모스는 '나누어주다'라는 의미를 지닌 네모(γεμω)라는 동사에서 유래되었다. 여기에서 노모스란 토지나 목장 등을 균점하는 방안을 의미하는 것으로, 이를 어떻게 나누는 것이 공평하며 시비가 발생하지 아니할 것인가의 문제를 해결하는 방안을 의미한다.

그러므로 노모스에 어긋난다는 것은 공평하게 나누어지지 아니하였음을 뜻한다. 이와는 반대로, 법에 어긋나지 아니하다는 것은 제대로 공평하게 나누어졌음을 의미하는 것이다.

예컨대 빵 하나를 8인이 나누어 먹는 목적과 방법을 상기하여 보면, 법의 의미를 자명한 것으로 파악할 수 있다. 이때 나누는 목적은 공평한 분배에 있으며, 이를 공평하게 나누는 방법이 다름 아닌 법이라 할 것이다.

따라서 노모스라는 말도 공평 내지는 형평과 시비곡직이라는 의미를 지니고 있는 것으로 볼 수 있다.

2) 로마

로마의 ius는 추상적이고 일반적인 의미의 규범을 의미한다. 황제가 부여한 공법적 회답권(公法的 回答權)을 가진 학자들의 회답권 행사에 의하여 성립한 학설법(學說法)을 말하며, lex는 권한 있는 기관에 의하여 제정된 법 또는 칙령(勅令)을 의미하였다.

영어의 law는 고대영국어 lagu에서 유래하였으며, 이는 "law, ordinance, rule, regulation"을 의미한다. 고대노르웨이어 lagu 역시 마찬가지이다.

2. 법의 개념

1) 법은 사회규범이다.

법은 생명이나 사유재산의 보호 등 일정한 목적가치를 지향하는 사회규범으로서 당위(Sollen)의 세계에 있어서의 명제이다. 이 점에서 존재(Sein)의 세계에서의 명제인 자연법칙과 구분된다. 자연법칙은 인간의 사유나 행위와는 관계없이, "태양은 동에서 떠서 서로 진다"거나 "태양 광선이 지구의 남북회귀선을 왕복하므로 계절이 변한다"와 같이 반복적이며 몰가치적으로 예외 없이 필연적인 존재를 내용으로 한다.

그러나 규범법칙인 사회규범은 언제나 예외, 즉 반칙의 존재가능성을 전제로 한다. 그러므로 규범법칙은 당위성을 위반하는 행위에 대하여 비난을 받을 지위, 즉 책임을 귀속시킨다.

2) 법은 정치적으로 조직된 사회의 규범이다.

사회에는 그 구성원간의 대립이나 분쟁이 끊임없이 발생한다. 따라서 이러한 대립이나 분쟁을 해소하고 조정하기 위하여 정치적으로 조직될 필요가 있다. 오늘날 정치적 조직사회 중에서 가장 강력한 통일적 권력을 가진 사회가 국가사회이다. 이러한 국가사회의 대표적인 규범이 헌법과 법률이다. 물론 지방자치단체의 조례나 국제법 역시 정치적 조직사회의 규범의 일종임에

틀림없다.

3) 법은 다수의 구성원에 의하여 인정된 규범이다.

법이 정치적으로 조직된 사회의 규범으로서 그 구성원은 공동생활의 행위의 준칙으로서 인정되어야 한다. 따라서 제정법이든 비제정법이든 간에 당해 국가사회구성원의 다수에 의하여 인정되어져야 한다. 이러한 인정에 의하여 법이라고 인식되거나 법이라는 확신이 주어져야만 구성원으로 하여금 그 준수를 강제할 수 있다.

4) 법은 국가권력에 의하여 강제되는 규범이다.

법은 국가권력에 의하여 강제되는 규범이다. 강제는 법의 준수를 강요하는 동시에, 법에 위반하는 행위에 대하여는 권력적으로 심리적 또는 외형적 강제력을 발동하여 법이 지향하는 목적가치를 실현하게 된다.

법의 강제규범성은 법이 다른 사회규범과 구별되는 가장 전형적인 성격이다. "도덕규범은 내부적 평화를 위한 것이므로 강제할 수 없는 데에 반하여, 법규범은 외부적 평화를 위한 것이므로 강제할 수 있다(C. Thomasius)"라든지, "법과 강제기능은 동일하다(I. Kant)"라는 표현들이나, "강제는 법의 절대적 기준이다. 법적 강제력이 없는 법은 그 자체가 모순이며, 타지 않는 불, 밝지 않는 등불, 빛이 없는 광선(R. v. Jhering)"이라는 표현에서 보는 것처럼, 법규범의 본질은 강제성에 있다고 할 것이다.

그렇다고 하여 모든 법이 강제력을 띠고 있는 것은 아니다. 행위규범이 아닌 재판규범이나 조직규범은 물론이거니와, 행위규범의 경우에도 의무 위반에 대하여 아무런 제재를 하지 않는 등 강제력을 띠지 아니하는 경우도 있다. 예컨대 도로교통법 제48조는 친환경경제운전의 의무를 부과하고 있으나 위반자에 대한 처벌규정은 없다.

3. 법의 구조

1) 의의

모든 국가사회의 법질서는 일반적으로는 각각 그 이론적인 성격을 달리하는 다양한 법규범, 즉 행위규범과 강제규범 및 조직규범으로 구성되어 있다.

그러나 모든 규범이 이러한 구조를 갖추고 있는 것은 아니라는 점에 유의하여야 한다.

2) 행위규범

(1) 의의

행위규범이란 일정한 규범 내에 내재되어 있는 가치로서 구성원에게 요구되는 바람직한 일정한 행동이나 태도에 대한 규범이다. 일반적으로는 일정한 사항을 명령하고 이에 따를 의무를 과하는 규범을 행위규범(norm of conduct)이라 한다.

(2) 사례

일반인의 경우, 살인하지 말라는 행위규범은 생명존중사상에 바탕을 두고 있으며, 타인의 재물을 절취하지 말라는 행위규범은 사유재산제도에 바탕을 두고 있는 행위규범이다.

또한, 공무원은 국민 전체에 대한 봉사자이므로 일반 국민에 비하여 요구되는 행위의 수준이 높다. 공무원의 행위규범은 자율적 규제에 의하는 것이 가장 이상적이겠지만, 현실적으로는 거의 불가능하다. 그래서 대부분의 국가에서는 공무원의 행위규범을 국가공무원법 · 지방공무원법 · 경찰공무원법 등의 실정법으로 규정하여 그 이행을 강제하고 있다.

(3) 성격

행위규범은 인간행위의 준칙을 정하는 당위의 법칙으로서 제1차적 규범이다. 강제규범을 재판규범이라고 하는 데에 반하여 행위규범을 사회규범이라 하기도 한다.

행위규범은 규범의 요소 가운데 강제규범의 부분을 제외할 경우, 법 발전단계상 초기규범형태인 불완전법률(Lex imperfecta)에 머무르게 된다. 즉 일정한 당위를 명하지만 이에 위반하더라도 그 위반행위는 유효한 것이 되며 아무런 제재가 가해지지 않는다.

불완전법률의 형태를 띠고 있는 행위규범이 우리의 실정법령에도 다수 발견되고 있다.

3) 강제규범

(1) 의의

강제규범(norm of compulsion)이란 일정한 명령이나 금지를 위반한 자에 대하여 강제력을 발동하여 일정한 제재를 가하는 근거가 되거나 또는 그러한 근거를 지니고 있는 규범을 말한다.

(2) 성격

행위규범은 제1차적 규범인 데에 반하여, 강제규범은 재판규범인 동시에 제2차적 규범이다. 살인죄의 경우를 예로 들어보자. 사람을 살해한 자는 사형, 무기 또는 5년 이상의 징역에 처한다(형법 250①)고 하는 경우 살인죄에서 처벌대상으로 하는 행위는 사람을 살해하는 행위이다. 아울러 살인자는 사형, 무기 또는 5년 이상의 징역에 처하도록 강제하고 있다.

따라서 일정한 행위에 해당하는 경우에는 일정한 법적 효과를 부여할 것을 선언하는, 이른바 요건규정과 효과규정으로 이루어진 가언명제(假言命題)로서 구성되어 있으며, 강제규범은 위반으로 인하여 처벌대상이 되는 행위규범의 타당성을 전제로 하여 성립되는 것이다.

오늘날의 대부분의 실정법령은 행위규범과 강제규범으로 이루어져 있다.

4) 조직규범

(1) 의의

조직규범(norm of organization)이라 함은 법규범을 제정하거나 집행하고 집행에 대한 사법심사를 담당하는 기관과 그 상호간의 관계 또는 그 밖의 사회적 조직관계를 규율하는 규범을 말한다.

근대국가에서는 일반적으로 권력분립이론에 근거하여 입법과 행정 및 사법기능이 각각의 기관에 나뉘어 있다. 즉 입법부가 법을 제정하고, 행정부는 입법부가 제정한 법을 집행하며, 사법부는 행정부의 법집행이 입법부가 제정한 법에 부합하는 지를 심사하는 형태로 되어 있다. 그렇게 함으로써 사회의 질서를 유지하고, 그 기능을 발휘할 수 있도록 하고 있다.

이처럼 조직규범은 법규범을 제정하는 기관과 제정된 법의 집행 및 사법심사를 하는 기능 등을 담당하는 기관의 조직과 권한 등에 관한 규범을 의미하는 것이다. 조직규범 중 가장 근본적인 것은 헌법이다.

그리고 헌법부속법률로서 중요한 조직규범으로는 정부조직법, 법원조직법 및 국회법이 있고, 경찰조직의 법원이 되는 것으로는 경찰법, 전투경찰대설치법, 제주특별자치도설치및국제자유도시조성을위한특별법 등이 있다.

(2) 여타 규범과의 구분

조직규범은 다음의 점에서 행위규범 및 강제규범과 구별된다. 조직규범은 일반 국민의 생활관계를 규율하는 것이 아니다. 또한 조직규범의 수범자는 그 조직의 일부인 국가기관 그 자체이거나 그 기관의 구성원인 공무원 등이다.

그러나 근대국가에서는 국가기관의 조직과 권한에 관하여 이를 법률로 규정하는 행정조직법정주의를 주창하여 이를 법의 일반적인 원리로 인정하고자 하였다. 이는 국가기관 및 그 구성원의 권력의 남용을 배제함으로써, 국민의 자유와 권리를 신장하고자 하는 것으로 자유주의적 국가구성원리라고 할 수 있다.

제 4 절 법학의 학문성

Ⅰ. 학문으로서의 법학

무엇을 학문이라 하는가에 대한 물음이 해결되어야 법학의 학문성을 논의할 수 있다. 학문(學問)이란 학자들의 연구 활동의 결과로서 축적된 보편타당성을 갖춘 인간에게 유익한 지식체계, 혹은 그 탐구활동으로 정의할 수 있다. 여기서 보편타당성이란 말은 널리 받아들여질 수 있는 보편성과 타당성을 갖추어야 한다는 의미이다. 또한 학문이란 모든 지식체계가 아니라 인간에게 유익한 지식체계이어야 한다. 도박이나 살인에 관한 지식체계가 학문이 될 수는 없는 것이다.

20세기 이후 학문은 그 대상에 따라 인문과학과 사회과학 및 자연과학 등으로 구분되는 것이 일반적이다. 법학은 인간이 형성한 사회의 법현상을 대상으로 하여 이를 과학적으로 규명하고자 하는 것이므로 사회과학이라는 범주에 속하게 된다.

법학은 대략 4000년 전의 함무라비법전, 모세탈무드법, 수메르법전 및 고조선의 8조금법 등을 통한 유구한 역사를 자랑한다. 현대 서양법의 바탕을 이루고 있는 로마법만 하더라도 로마시대 이후 2000년이 넘는 학문적 역사를 가지고 있다. 특히 유스티니아누스가 편찬한 로마법대전은 로마는 물론 이를 계수한 대륙법계 국가 등 근대유럽의 법학에 커다란 영향을 미쳤다.

로마법대전은 시민법대전(Corpus Juris Civilis) 유스티니아누스 법전(Justinian's Code)이라 불리기도 한다. 로마법대전의 편찬은 로마법의 총결산이자 로마법 계수의 출발점이라고 할 수 있다. 종래 법학자의 저작물을 골라 50권으로 엮은 학설휘찬(學說彙纂 ; Digesta, Pandektae), 초학자를 위한 법학제요(法學提要 ; Institutiones), 역대 황제의 칙령을 골라 12권으로 집성한 칙법휘찬(勅法彙纂 ; Codex), 유스티니아누스의 칙령을 모은 신칙법(新勅法 ; Novellae)으로 구성되어 있다.

유스티니아누스가 로마법대전의 주석(註釋)을 금지한 이후 법학은 일시적 쇠퇴의 길로 접어들었으나, 중세의 대학이 신학·의학과 법학을 각 학부로 구성하여 학문의 대상으로 함으로써 법학은 전통과 권위의 대상이 되었다.

법학은 이탈리아 북부의 볼로냐(Bologna)대학에서 로마법대전을 대상으로 한 주석학파(Glossatoren)와 후기주석학파(Postglossatoren)의 연구에 힘입어 활성화되었으며, 그 학문적 연구의 결실이 로마법의 일반적 계수로 이어져 로마법은 세계 각국에 계수되어 발전하였으며, 오늘에 이르고 있다.

근대에 이르러서는 정치학, 경제학, 사회학, 행정학 등의 분과가 독립된 학문으로서의 내용과 방법을 갖추게 되어 법학으로부터 분화·발달하게 되었다.

로마법 이후 많은 역사적 변동에도 불구하고 법학은 본질적인 변화 없이 발전을 거듭하여 왔다. 이는 법의 이념이 불변의 진리이며, 이를 실천하고자 하는 인간의 의지가 일관되어 왔기 때문이다.

누구나 정의를 외칠 수 있다. 그러나 정의를 세우는 일은 많은 노력이 필요하다. 법학도라면 누구나 법학의 지속적인 발전을 위해 노력을 아끼지 말아야 한다.

Ⅱ. 법학의 학문성에 대한 반감

고대 그리스인은 철학을 발전시켰으며, 고대 로마인들은 법학을 발전시켰다. 법학은 신학, 의학과 더불어 인류 역사상 가장 오랜 전통을 자랑하는 학문이다.

법학은 이렇듯 오랜 전통을 가진 학문이지만, 현실적으로 법을 다루는 자는 공정하지만은 않다. 법은 그 입법과 집행과정에 관여하는 인간에 의하여 악법이 제정되거나 인간의 존엄이나 정의에 반하게 개악되기도 한다. 또한 집행과정에서의 자의적 해석이나 편파적 해석에 의하여 법의 목적을 달성할 수 없게 하기도 한다. 이러한 이유로 가끔 법학에의 반감을 표현하는 학자도 있음은 부인할 수 없다.

"유스티니아누스가 명예를 준다"는 서양속담이 있다. 이는 법학의 실용성을 인정하면서도 그와는 반대로 법학이 출세지상주의의 학문이기도 하다는 비난의 의미가 숨어 있다. 경우에 따라 법이 권력이나 정치의 시녀로 전락된 예도 있었다. 이렇듯이 법에 대한 회의적 시각은 법학에 대한 거부반응으로 이어지기도 한다. 예컨대, 법학을 지칭하여 "빵을 위한 학문(F. Schiller)"이라고 표현하기도 하고, 법학자를 가리켜 "법학과 타산적 혼인을 한 자"라고 비하하기도 한다. 어느 정도의 차이는 있지만 어떠한 학문을 하든지 학자도 경제적인 문제를 해결해야만 한다. 그런 점에서 보면 법학자를 포함하여 모든 학자는 '빵'을 생각하지 않을 수 없으며, 그러한 이해타산을 하지 않을 수도 없다.

하이네[3]는 법학을 "가장 압제적 학문"이라고 하면서, "로마법대전은 악마의 성서"라고 했다. 또한 자유법학자인 키르히만(J. v. Kirchmann)은 "입법자가 3개의 법조문을 개정하면 법률서적은 휴지화된다"고 하여 "법학은 학문으로서의 가치가 없다"고 표현했다. 그리고 "훌륭한 법률가는 나쁜 이웃"이라는 영국 속담이나, 법학자를 "사악한 기독교도"라고 하는 독일 법언도 법학이나 법학자를 편파적으로 비하한 표현에 지나지 않는다.

그러나 "사회 있는 곳에 법이 있다"는 법언이나, "법률가는 사랑스럽지는 않으나 없어서는 아니될 존재"라는 볼프(C. v. Wolf)의 표현에서와 같이, 인간이 사회생활 속에서 바른 것, 옳은 것, 정의로운 것, 정당한 것, 공평한 것, 가치 있는 것 등을 찾아내고자 하는 부단한 노력이 법을 발견하기 위한 노력이며, 이러한 노력의 결과가 체계화된 것이 법학이다.

Ⅲ. 법지식의 유용성

예전에는 인격이 고매하고 교양 있는 사람을 일컬어, "법 없

---

3) 하인리히 하이네(Heinrich Heine, 1797~1856)는 1825년에 법학박사 시험에 합격하였으나, 취직자리가 없어 독일과 주변국을 전전하였다. 그는 1830년 프랑스의 7월 혁명에 감격하였고, 독일에서 필화(筆禍)로 탄압을 받자, 이듬해 파리로 이주하여 생을 마감하였다. 파리에서는 V. 위고, A. 뒤마, J. L. 벨랑제, G. 상드, H. 발자크 등과 교유하였고, 공상적 사회주의인 생시몽주의 그룹에도 가담하기도 하였다. 이러한 그가 법학을 곱게 볼 수만은 없었을 것이다.

어도 살 사람"이라고 하기도 하고, "건전한 상식으로 행동하면 법에 위반되는 행위를 하는 일은 없을 것"이라 하기도 했다. 이와는 반대로 "법보다는 주먹이 가깝다"는 속담도 있다. 이를 가만히 살펴보면 재미있는 현상을 발견할 수 있다. 만약, 법이 없더라도 살 수 있는 아주 선량한 사람의 법률관계의 상대방이 법보다는 주먹으로 일을 처리하고자 한다면 어떠한 결과가 발생하게 될까? 이는 오늘날과 같은 복잡한 사회생활 속에는 "법 없어도 살 사람"이란 실제로 존재할 수 없을 것이다. 오히려 누구든지 "법이 없으면 당장 맞아 죽을 사람"이 될 수밖에 없을 것이다.

특히 현대는 정치 · 경제 · 사회 · 문화의 모든 면에서 복잡다단하게 변화하여 가고 있으며, 세분화되어 가고 있다. 이러한 사회생활관계를 규율하는 것이 법이므로 우리는 법이 없이는 하루도 아니 단 한순간도 제대로 살아갈 수 없을 것이다.

다양한 역사를 거쳐 근대에 이르러서야 모든 인간은 인간으로서의 기본적인 자유와 권리, 즉 인권을 지닌 존재로 인정되게 되었다. 그러나 이것은 자기 스스로가 자신의 인권을 지키고자 하는 자세가 갖추어졌을 때에야 비로소 가능하게 된다. 바꾸어 말하면, 이기적인 인간사회에서 희생되지 아니하고 인간으로서의 존엄과 가치를 가지고 생존할 수 있기 위해서는 법에 관한 지식이 필요하다.

불문법이 지배하는 관습법 국가에서는 법적 혁명을 거치지 아니하였기에 법은 곧 선량한 시민의식과 합치되는 것이라 할 것이므로 특별히 법에 관한 지식이 없이도 선량한 시민의식으로 생활하면 그다지 비난을 받을 소지가 없다. 그러나 우리나라와 같이 법적 혁명을 거친 국가에서는 제정법의 규정을 모르면 사회생활을 영위할 수 없는 것이 일반적이다. 특히 현대에 이르러서는 대부분의 국가가 성문법을 제정하여 사회질서를 유지하고자 하므로 어느 국가를 막론하고 국민은 자국의 법률에 대한 지식을 갖추어야 한다.

우리는 아침에 잠에서 깨어나서 다시 잠자리에 들 때까지 아니 잠자리에 들어서도 법으로부터 벗어날 수 없다. 그러므로 법에 관한 지식이 우리에게 얼마나 유용한지를 여기에서 간단히 살펴보기로 한다.

1. 실제 생활상의 이익

누구든지 수많은 법률관계를 맺으며 살고 있다. 국민이나 주민의 지위에서 이루어지는 법률관계인 공법관계에서는 물론, 인류의 일원으로서 누구에게나 적용되는 일반사법관계와 상거래상의 법률관계에 놓이게 될 뿐만 아니라, 사회 또는 경제상의 실질적 평등을 보장하기 위한 사회법관계와 경제법관계 등 이루 헤아리기 어려울 정도의 수많은 법률관계 속에서 생존하고 있는 것이다.

공법관계에서는 헌법·행정법 또는 형사법 등에 관한 지식이 유용하며, 사법관계에서는 민법·상법 등에 관한 지식이 유용하다. 또한 사회법이나 경제법관계에서는 노동법·소비자보호법·공정거래법 등에 관한 지식을 필요로 한다.

특히 오늘날은 부부협력 시대이기도 하며, 법에서는 실질적인 남녀평등이 강조되고 있다. 따라서 남성들은 물론 여성들도 가정생활이나 직장생활 및 사회생활 등 자신의 삶을 원만히 영위하기 위해서는 이에 관한 충분한 법 지식을 습득하여야 한다.

2. 권리의 행사와 의무의 이행

개인의 사회생활은 법에 의하여 규율되는 것이 일반적이다. 이와 같이 법에 의하여 규율되는 관계를 법률관계라 한다. 법률관계는 권리와 의무의 관계이다. 권리를 행사하고 의무를 이행하려면 기본적인 법 지식을 갖추어야 한다. 법 지식을 갖추지 못하면 자신이 향유할 수 있는 권리를 제대로 알지 못하여 이를 행사할 수 없을 뿐만 아니라 자신에게 부과된 의무를 이행하지 아니함으로써 각종 제재를 받게 되는 것이다. 법에 대한 이해를 바탕으로 하여 법 지식을 습득하는 것은 국가와 사회의 구성원인 국민이나 시민으로서의 최소한의 의무라 할 것이다.

법률관계에서 자신이 향유할 권리는 마땅히 보호받아야 하며, 그러한 권리가 침해된 경우에는 구제를 받아야 한다. 그러므로 권리를 구제받기 위해서는 실정법상으로 어떠한 제도가 있는가에 대한 지식도 필요하다. 공법관계에 있어서는 행정쟁송제도가 구비되어 있으며, 사법관계에 관하여는 민사소송제도가 구비되어 있다. 그 외에도 가사소송·형사소송·헌법소송제도가 있고, 청원이나 진정 또는 옴부즈만 제도 등도 활용할 수 있다.

예링(R. v. Jhering)이 지적한 바와 같이, 권리의 행사는 자기 자신만을 위해서 뿐만 아니라 사회공공에 대한 의무이기도 하다. 권리의 침해에 대한 구제도 이와 마찬가지이다.

3. 인격 도야

인격(personality, 人格)이란 사람으로서의 격을 의미한다. 여기서의 인(人)이란 각각의 자아를 의미하며, 격(格)이란 고정된 중심의 뜻으로서, 자기 자신을 유일한 지속적(持續的) 자아라고 생각하는 개체를 의미한다. 결국 인격이란 개개인에게서 일관성을 띠고 나타나는 성격·경향과 그에 따른 각자의 독자적인 행동 경향을 의미한다.

법은 인간의 사악한 마음을 억제하는 역할도 한다. 법은 당위의 표현이다. 따라서 법을 준수하는 인간은 당연히 법의 내용을 준수하여야 한다. 그렇게 함으로써 법이 지향하고자 하는 목적을 달성할 수 있으며 각 개인은 법의 내용을 내면화하여 자기의 인격을 도야할 수 있다. 예컨대 살인죄[4]는 생명존중사상을 내포하고 있으며, 절도죄[5]는 사유재산의 존중사상을 나타내고 있다. 이는 생명존중사상이나 사유재산존중사상 등을 통하여 사회공공의 이익을 극대화하고자 하는 것이며, 정의를 확립하기 위한 것이다. 모든 법은 정의와 형평을 이루고자 한다. 이와 같이 법을 알고 이를 지키는 것은 자신의 인격을 도야하는 데에 도움이 된다.

4. 사회개량

사회개량(social reform)이란 사회적인 모순이나 결함을 시

---

4) 형법 제250조(살인, 존속살해) 1. 사람을 살해한 자는 사형, 무기 또는 5년 이상의 징역에 처한다. 2. 자기 또는 배우자의 직계존속을 살해한 자는 사형, 무기 또는 7년 이상의 징역에 처한다.

5) 형법 제329조(절도) 타인의 재물을 절취한 자는 6년 이하의 징역 또는 1천만 원 이하의 벌금에 처한다.

정하고자 하는 것 또는 그 결과로써 나타난 것을 의미한다. 사회개량은 혁명이나 쿠데타 등의 방법으로 이루어질 수도 있다. 그러나 일반적으로는 변화하는 사회현상에 대한 입법이나 법해석을 통해서 바람직한 사회를 만들어 나가게 된다. 따라서 그 때그때의 적절한 입법이나 판례가 사회개량을 이끌어 내는 중요한 기능을 담당하고 있다.

5. 질서유지

질서유지란 사회의 평온을 유지하고 그 평온에 대한 위해를 사전에 방지하는 것을 의미한다.

누구든 법 없이는 하루도 살 수가 없다. 그런데 인간은 법을 악용하여 사회질서를 어지럽히기도 한다. 괴테(J. W. v. Goethe)는 "무질서한 것보다 오히려 불평등한 것이 낫다"고 하였다. 또 영국의 법사상가인 비노그라도프(P. G. Vinogradoff)는 "두 어린아이가 놀 때 서로 지켜야 할 규칙이 없이 제 마음대로 행동한다면 두 아이는 노는 목적을 달성할 수 없게 된다"고 하였다. 이는 사회생활에서의 질서의 중요성을 시사한다. 사회의 존속을 위해서는 질서가 절대적으로 필요하기 때문이다. 따라서 우리는 법을 잘 알고 질서를 유지하여 바람직한 사회가 이루어지도록 노력할 필요가 있다.

6. 사회정의의 실현

법은 사회정의(社會正義 ; social justice)를 실현하는 수단이다. 사회정의란 사회의 구성원인 개인에게 정당한 몫을 부여하는 것을 의미한다. 사회정의는 고대부터 현재까지 의미가 추가되고 개조되어 왔다.

고대에서는 인간의 존엄성과 자유의 보장을 사회정의에서 기본적으로 지켜져야 하는 것으로 보았다. 1930년대에는 존 라이언이 사회정의와 녹색 정치의 연관성을 연구하여 사회정의는 인간의 존엄성, 시민의 자유, 공정성, 권리에 따른 책임의식, 정당한 이익부여의 함축된 의미로 정의하였다. 그리고 롤스(J. Rawls)는 그의 정의론(正義論, A Theory of Justice, 1971)에서, "① 모든 사람에게 자유를 완벽하게 누릴 수 있도록 하여야 한다는 '평등한 자유의 원칙'이 정의의 첫째 원칙이고, ② 가장 빈곤한 사람들의 복지에 대하여 우선으로 배려하여야 한다는 '차등의 원칙'이 정의의 둘째 원칙이고, ③ 결과의 불평등은 존재하되 모든 사람에게 균등한 기회를 주어야 한다는 '기회균등의 원칙'이 정의의 세 번째 원칙이다"라고 사회정의를 정의하였다.

사회정의를 실현하는 데 있어서 법을 아는 사람과 모르는 사람은 차이가 있다. 예컨대 정치가는 "어서 가자"고 하고, 계획가는 "멋들어지게 가자"고 하며, 행정가는 "효율적으로 가자"고 한다. 이에 비해 법률가는 "실수 없이 가자"고 한다.

우리 모두는 법을 알고 이해함으로써 질서유지는 물론 사회정의를 실현하는 데 노력하여야 한다.

제2장 법과 다른 사회규범

제1절 개 관

어느 사회이든 간에 규범은 있게 마련이며, 사회규범은 미분화의 상태로 존재하다가 법이라는 사회규범이 여타의 사회규범으로부터 분화되어 발전하여 왔다.

이는 특정한 사회가 이질적인 사회를 포섭하는 과정에서 서로 다르게 형성되어 발전해 온 각 사회의 관습이나 도덕 또는 종교 등 다양한 사회규범 중에서 국가가 그 이행을 강제하는 사회규범을 법이라는 형태로 분화되어 발전하게 된 데에 기인하는 것이다. 따라서 법규범은 그 바탕을 사회규범에 두고 있다. 그러나 법이라는 사회규범은 국가권력에 의하여 그 이행이 강제가 되고 있다는 점에서 여타의 사회규범보다 상대적으로 우월한 지위에 있다. 법 이외의 사회규범도 각기 그 이념과 가치를 추구하며 독자적인 사회규범으로 발전되어 왔다.

그렇다고 하여 법과 여타의 사회규범이 엄격하게 분리되어 있는 것은 아니다. 법과 여타의 사회규범은 상호 밀접한 관계 속에서 공존하고 있는 것이며, 그 차이를 명확히 구분하기란 그리 쉬운 일이 아니다.

법규범의 강제성은 법의 이념을 추구하기 위한 것이다. 그렇다고 여타의 사회규범도 각각 고유의 이념과 가치관이 있음을 잊어서는 아니된다. 즉, 법규범만으로 건전하고도 바람직한 사회가 유지·발전해 나가는 것은 아니다. 또한 사회규범의 대부분은 법규범보다 훨씬 이전에 성립하여 발전되어 온 것이다. 경우에 따라서는 법규범보다 강한 영향력을 사회에 미치기도 한다. 여기에 여타의 사회규범에 대한 고찰의 필요가 있다.

제 2 절 법과 도덕

Ⅰ. 도덕의 개념

도덕(道德 ; morality)이란 인간이 지켜야 할 도(道)를 체득(德)한 상태를 말한다. 오늘날에는 윤리와 같은 뜻으로 쓰인다. 영어의 'morality'는 그리스어의 'ethos', 라틴어의 'mores'에 기원을 두고 있다.

에토스는 집단의 관습이나 관행 또는 관습이나 관행에 의해

육성된 개인의 도덕의식, 도덕적 심정, 태도, 성격 또는 도덕성 그 자체를 의미한다.

로크(J. Locke)는 어떤 행위가 법에 따른 것인가 아닌가를 결정하는 데에는 신법(神法), 시민법(市民法), 풍습법(風習法) 등 3가지가 있다고 하고, 신법을 위반하면 내세에서 신의 단죄를 받고 시민법을 위반하면 현세에서 법적 처벌을 받으며 풍습법을 위반하면 여론의 비난을 받는다고 주장하면서 통상적으로 말하는 도덕은 풍습법에 해당되며 시민법과는 구별된다고 했다.

도덕은 인간존재가 개인적이면서 동시에 공동적인 존재임을 감안할 때 종교·법·경제 등과 밀접한 관계를 갖게 된다. 개개인의 인간은 특히 양심의 가책이라는 현상에 비추어 자신의 행위와 인격의 선악(善惡)을 구별하게 된다. 모든 민족의 문화생활에 있어서도 도덕적 명령과 법, 행위규범, 도덕적 가치기준 등이 존재하며 이에 따라 모든 행위와 제도, 나아가 인간의 태도와 언동 등을 평가한다.

Ⅱ. 법과 도덕의 구별

도덕에 합당한 행위는 선(善)한 행위인 데에 반하여 법에 합당한 행위는 정(正)이라 할 수 있다. 법과 도덕의 구별에 관하여 이를 부정하는 견해와 긍정하는 견해로 대별된다. 우선, 로마의 대표적 법학자인 울피아누스(D. Ulpianus)는 "법은 정의(正義)에서 나온 正과 善의 기술"이라고 하여 법과 도덕의 관계를 혼동하였다.

그리고 대부분의 자연법론자들은 자연법을 영구불변하는 인륜의 대도라고 파악하므로 자연법과 도덕을 구분하지 아니한다. 다만 자연법론자인 칸트(I. Kant)는 개인주의적 윤리관을 배경으로 하여 외면적 합법성과 내면적 도덕성의 대립에 의하여 법과 도덕을 구분하였다.

한편, 독일의 법사상가인 토마지우스(C. Thomasius)는 도덕적 善과 법적 正을 대립시켜 윤리는 善에 관한 것이고, 법은 正에 관한 것이고, 正은 善에 속하지 않는다고 하여 윤리와 법을 구분하였다. 또한, 법실증주의자인 오스틴(J. L. Austin), 켈젠(H. Kelsen) 등은 자연법의 존재를 부정하고 법을 실정법에 국한하여 이해하므로 당연히 법과 도덕을 구별하는 태도를 취한다.

Ⅲ. 법과 도덕의 차이

법과 도덕의 차이에 관하여 많은 견해가 있으나 그 중 주요한 것만 몇 가지 제시하기로 한다.

우선, 법은 사회생활규범이나 도덕은 개인의 인격완성을 목적으로 하는 개인생활규범이며, 법은 외부적 행위를 규율하는 데에 반하여 도덕은 개인의 내면을 규율한다. 또한, 법은 타율성을 가지는 데에 반하여 도덕은 자율성을 가진다. 법은 경험적 상대적 규범인 데 반하여 도덕은 선험적 절대적 규범이다. 법은 권리·의무의 양면성을 띠나 도덕은 의무의 일면성을 띤다는 견해 등이 제시되고 있다.

한편, 법의 준수는 국가권력에 의하여 강제되지만 도덕의 준수는 개인의 양심과 양식에 맡겨져 있다는 점에서 차이가 있다.

Ⅳ. 법과 도덕과의 관계

옐리네크(G. Jellinek)는 "법은 도덕의 최소한"라 하여 도덕 중에서 그 실현을 강제할 필요가 있는 것을 법으로 규정하게 함으로써 도덕의 유효성을 최대한 발휘하게 된다고 하였다.

따라서 법으로 규정된 경우에는 대개 도덕과 법의 내용이 중복된다. 예컨대 형법상의 범죄행위는 도덕적으로도 시인될 수 없는 행위이다. 또한 민법상의 신의성실원칙이나 공서양속에 관한 규정 역시 도덕과 중복되는 내용이다. 그러나 모든 도덕이 법으로 성립되는 것은 아니다. 또한 도시법·건축법·도로교통법·보건법 등 본래 도덕과는 거리가 먼 기술적 법규가 사회생활 속에서 도덕으로 전화(轉化)되기도 한다.

제 3 절 법과 종교

Ⅰ. 종교의 개념

종교는 신에 대한 개인적 신앙을 기초로 하여 절대자에게 귀의하기 위하여 성립하는 사회규범이다. 스펜서(H. Spencer)는 "인간은 죽음이 두려워서 종교를 만들었다"고 했다. 이는 종교가 내세를 위한 구도의 길이라는 점을 강조하는 것이다.

고대의 제정일치사회에서는 종교적인 금기(禁忌 ; taboo)가 법적 규범으로 되었으며, 중세유럽의 기독교사회에서는 종교가 최고의 가치기준으로 자리를 잡았다. 교회법(敎會法 ; jus canonicum, canon law)[1]에 포함되어 있던 평등사상·이자금지·혼인 등에 관한 종교적 계율이 일반사회를 광범위하게 규율하였다.

Ⅱ. 법과 종교의 차이

1. 종교의 자연적 초현실적 규범성

법은 국가권력에 의하여 강제되는 사회규범으로서 타율적 현실적 규범인 데에 반하여, 종교는 개개인의 신앙에 의하여 성립되는 자율적 초현실적 규범이다.

2. 종교의 특수성 · 차별성 · 배타성

또한 법은 모든 사람을 대상으로 하여 적용되는 보편성과 평등성을 가지는 데에 비하여, 종교는 특정한 신앙인을 대상으로 하여 특수성과 차별성을 가지며 다른 종교에 대하여는 배타적인 성격을 가진다.

---

1) 기독교 교회(로마 가톨릭 교회, 동방정교회, 동방에 전래된 그리스도교의 독립교회, 성공회) 안에서 전 교회나 그 일부의 치리(治理)를 위해 법 제정 권한이 있는 교회기관에 의해 만들어진 법의 총체를 말한다.

제 4 절 법과 관습

Ⅰ. 관습의 의의

관습(慣習)이란 일정한 행위가 특정 사회의 다수인의 사이에서 오랫동안 지켜 내려와 그 사회 구성원들이 널리 그 규범성을 인정하는 질서나 풍습을 말한다. 관행, 일반관행, 사실인 관습으로도 부른다. 그러므로 관습에 위반하면 사회적 비난을 받게 된다. 이리하여 관습은 규범성을 띠게 된다.

Ⅱ. 사실인 관습과 관습법

1. 사실인 관습

사실인 관습은 사회의 관행에 의하여 발생한 사회생활규범인 점에서 관습법과 같으나 사회의 법적 확신이나 인식에 의하여 법적 규범으로서 승인된 정도에 이르지 않은 것을 말한다.

분쟁해결에 있어서 사실인 관습은 그 존재를 당사자가 주장 입증하여야 하나, 관습은 그 존재 여부 자체도 명확하지 않을 뿐만 아니라 그 관습이 사회의 법적 확신이나 법적 인식에 의하여 법적 규범으로까지 승인되었는지의 여부를 가리기는 더욱 어려운 일이므로, 법원이 이를 알 수 없는 경우 결국은 당사자가 이를 주장하여 입증할 필요가 있다.

사실인 관습은 사적 자치가 인정되는 분야, 즉 그 분야의 제정법이 주로 임의규정일 경우에는 법률행위의 해석기준으로서 또는 의사를 보충하는 기능으로서 이를 재판의 자료로 할 수 있을 것이다. 그러나 그 분야의 제정법이 주로 강행규정일 경우에는 그 강행규정 자체에 결함이 있거나 강행규정 스스로가 관습에 따르도록 위임한 경우 등 이외에는 법적 효력을 부여할 수 없다.

2. 관습법

관습법이란 사회의 거듭된 관행으로 생성한 사회생활규범이 사회의 법적 확신과 인식에 의하여 법적 규범으로 승인·강행되기에 이른 것을 말한다.

국내관습법의 인정에 대해서는 통설과 판례가 법적 확신을 필수적으로 요구하고 있으며, 국제관습법의 인정에 대해서도 동일하다. 다만, 국제관습법의 인정사례에서는, 국제사법재판소의 많은 판례가 일반관행만으로 법적 확신을 추정하여, 별도로 법적 확신을 심사하지 않는다. 바로 일반관행만으로 국제관습법의 성립을 인정하기도 하는 것이다.

관습법은 바로 법원으로서 법령과 같은 효력을 갖는 관습으로서 법령에 저촉되지 않는 한 법칙으로서의 효력이 있는 것이며, 이에 반하여 사실인 관습은 법령으로서의 효력이 없는 단순한 관행으로서 법률행위의 당사자의 의사를 보충함에 그치는 것이다.

법령과 같은 효력을 갖는 관습법은 당사자의 주장 입증을 기다림이 없이 법원이 직권으로 이를 확정하여야 한다.

Ⅲ. 법과 관습의 차이

법은 관습을 내용으로 하여 성립하기도 하며, 관습 자체가 법적 확신이나 국가의 승인에 의하여 관습법이 되기도 한다.

그러나 법(관습법을 포함)은 원칙적으로 국가사회의 규범이나 관습은 부분사회의 규범이다. 그리고 법은 국가권력에 의하여 강제되는 규범으로서 이에 위반하면 법적 제재의 대상이 된다. 이에 반하여 관습에의 위반은 사회적 비난의 대상이 되지만 위법한 것으로 법적 제재 대상이 되는 것은 아니다.

제 5 절 법과 정치 · 경제

1. 법과 정치

1) 법과 정치와의 관계

(1) 정치의 의의

정치(politics, 政治)란 무엇인가? 이에 대하여는 다양한 견해가 있으나, 일반적으로는 지배세력에 의한 지배와 이에 대한 사회구성원의 복종 · 협력 · 저항 등의 사회적 활동을 총칭하여 정치라 한다.

사회생활에서 일어나게 되는 구성원 상호간의 필연적인 대립이나 갈등 · 투쟁 · 분쟁은 조정 · 해결되어야 하고 통일적인 사회질서가 유지되어야만 바람직한 사회생활을 향유할 수 있게 된다.

그렇지만 사회생활의 틀 속에서 단순히 개개인의 풍습이나 도덕 등의 자율적인 규범만으로는 질서가 유지되지 않는다. 그러므로 지배세력은 법규범과 여타의 사회규범을 동원하여 질서를 유지시키고자 한다. 또한 지배세력이나 사회구성원 상호간에 대한 항쟁 및 그 밖의 사회적 활동을 통틀어 정치라고 한다.

이에는 국가를 전제로 하는 인간활동만을 정치라고 파악하는 견해와, 국가를 포함하여 가정·직장·교회 등 모든 사회생활 관계에서 발생되는 이해관계의 대립이나 의견의 차이를 조정해 나가는 통제의 작용을 정치라고 이해하는 견해로 나뉜다.

2) 정치의 수단으로서의 법

영국의 사회학자이자 정치학자인 라스키(H. J. Laski)는 "법은 정치(政治)의 흐름"이라고 한다. 법은 본질적으로 정치적 성격을 띤다는 말이다. 실제에 있어서 인간의 사회생활 관계는 상호간에 대립되는 이해와 갈등을 해결하거나 조정함으로써 보다 나은 관계를 형성해 나가는 정치적 관계이다.

이러한 정치적 관계는 이해의 대립으로 사회구성원간의 투쟁과 갈등 속에서 힘의 논리가 전개되고 그 과정에서 이를 해결하거나 조정하기 위한 수단으로서 지배세력의 의지가 반영된 사회규범이 발생하게 된다. 이러한 사회규범 중 국가권력이 정치적 관계를 강제적으로 적용하도록 채택한 수단이 법이다. 따라서 정치를 떠나서는 법이 존재할 수 없다. 그러므로 법은 정치의 수단이다. 극단적으로는 정치의 시녀라고도 표현된다.

3) 법의 정치통제기능

정치와 법 중에서 어느 것이 우위에 있는가에 관하여 정치우월설(政治優越說)과 법 우월설(法優越說)의 대립이 있다. 정치우월설은 법이란 정치의 산물이며, 정치의 수단이라는 점을 강조한다. 이에 비하여 법우월설에 따르면 국가는 법의 근원이며, 정치도 법적 제도에 불과하다고 한다.

생각건대 법이 단순히 정치의 수단이라는 역할을 수행하는 것은 아니다. 법은 지배세력 또는 정치권력 자체가 지켜야 할 기준을 제시하여 이를 준수하게 함으로써 지배세력 또는 정치권력을 통제하는 데에 진정한 가치가 있다. 법치주의 내지 법의 지배의 원리의 성립 발전과정에서도 알 수 있는 바와 같이, 권력자에 의한 자의적인 지배를 배제하고 법에 의한 지배가 확립되도록 하는 것이 법의 핵심적인 기능이다.

정치가는 어서 바삐 가자 하고, 행정가는 효율을 가치의 중심에 놓으며, 계획가는 작품성을 강조하는 데에 반하여, 법률가는 천천히 가더라도 실수 없이 가자고 하는 표현에서도 알 수 있듯이 법은 소극적이고도 수동적인 경향을 띠고 있다.

이와 관련하여 볼테르(F-M. A. Voltaire)는 "법에 복종하는 정치가 가장 좋은 정치"라고 하고, 예링(R. v. Jehring)은 "법이 최상의 권력정치"라고 하였다. 오늘날 민주주의에서는 정치를 포함한 모든 국가권력의 행사는 법치주의 이념에 부합하여야 한다. 치자와 피치자의 자동성을 기반으로 하는 민주주의는 실질적인 법치주의를 그 기반으로 하는 것이다.

2. 법과 경제

경제란 세상을 다스리고 백성을 구제한다는 의미의 경세제민의 약어로서 등장하였다. 오늘날 경제란 인간의 생활에 필요한 재화나 용역을 생산·분배·소비하는 모든 활동, 또는 그것을 통하여 이루어지는 사회적 관계를 의미하는 것이 일반적이다.

고전적 자본주의 시대는 애덤 스미스가 제시한 자유방임 자본주의가 지배하던 시대였다. 하지만, 자유방임 자본주의가 초래한 시장 실패는 '보이지 않는 손'에 대한 환상을 무너뜨렸으며, 자본주의 체제에 대한 윤리적 성찰의 필요성을 일깨웠다. 이에 따라 케인스의 이론을 바탕으로 한 수정 자본주의가 제기되어, 필요에 따라 시장에 개입하여 조정과 통제를 시행하는 큰 정부가 등장하였다. 그러나 과도한 조정과 통제로 인한 과잉규제는 오히려 자원의 비효율적 배분으로 이어지는 현상, 즉 정부의 실패를 초래하였고, 이에 신자유주의가 등장하였다.

1) 애덤 스미스의 법과 경제

자유방임 자본주의의 영향력 있는 이론적 배경을 제공한 애덤 스미스(A. Smith)는 합리적 개인의 이기적인 이윤 추구가 결국 사회의 이익 증대로 이어진다고 주장하였다. 이러한 주장에는 '보이지 않는 손'으로 상징되는 시장의 자기조절능력에 대한 믿음이 전제되어 있다. 따라서 이러한 믿음을 바탕으로 정부의 시장 개입에 반대하고, 시장에서의 자유로운 경쟁을 강조하였다. 그러나 18세기 사상가인 아담 스미스는 경제학을 "입법가의 학문"으로 정의하기도 하였다. 이는 경제활동과 경제질서 역시 기본적으로는 법질서의 틀 내에서 운용되고, 동시에 사회의 경제후생을 증진시키고자 하는 정책은 역시 정의에 입각한 입법과 이에 근거한 집행을 통해 이루어진다고 보았던 것이다. 정의의 원리는 국가에 의한 법과 통치, 즉 국가의 법률체계의 근간이 되며, 정의와 그 법률체계는 경제활동 참여자들의 생활개선본능과 교환성향을 자극하고 촉진함으로써 효율성을 배가시키지만, 불의는 효율성을 떨어뜨린다는 것이다.

이와 같이 스미스는 정의와 경제적 효율성이 직접적인 관련성을 지닌 것으로 파악하였다.

2) 케인즈의 법과 경제

자유방임 자본주의의 시장실패는 정부의 적절한 시장 개입과 복지에 대한 필요성이 제기되었다. 케인즈(J. M. Keynes)는 시장의 자기조절능력을 비판하고, 정부가 시장에 개입하여 공공부문의 지출을 늘림으로써 고용을 증가시키고, 경기를 회복할 수 있다고 주장하였다. 이러한 주장은 자유방임 자본주의에서 전제하는 완전 경쟁 시장이 현실에서 구현될 수 없다는 생각을 토대로 한다. 케인스의 수정 자본주의도 거대화한 정부의 무능과 부패로 말미암아 정부 실패에 직면하게 된다.

그에 따라 1980년을 전후하여 정부 실패에 대한 비판과 반성을 토대로 신자유주의 사상이 등장하게 된다.

3) 신자유주의에서의 법과 경제

신자유주의(Neoliberalism)는 국가권력의 시장개입을 비판하고 시장의 기능과 민간의 자유로운 활동을 중시하는 이론으로, 시카고학파로 대표된다. 1970년대 후반부터 케인스 이론을 도입한 수정자본주의의 실패를 지적하고 경제적 자유방임주의를 주장하면서 본격적으로 대두되었다. 정부의 역할은 케인스적인 관리자가 아니라 중재자에 있다.

신자유주의 사상은 영국의 대처(M. H. Thatcher), 미국의 닉슨(R. M. Nixon), 레이건(R. W. Reagan)정권 등 1980년대 이후 서방의 민영화나 규제완화 등의 경제정책에 큰 영향을 미쳤다. 하이에크(F. A. v. Hayek)와 프리드만(M. Friedman)이 대표적인 학자이다.

신자유주의는 고전적인 자유방임이 아니라 법의 지배 아래에서의 자유, 규칙에 기초한 자유경쟁을 주장하고 자유시장의 건전한 발전을 위해 법적 인프라, 게임의 규칙을 정비하는데 중요성을 강조한 점에 특징이 있다.

신자유주의자들은 자유무역과 국제적 분업이라는 말로 시장개방을 주장한다. 이른바 개방화, 자유화, 민영화, 탈규제, 탈복지, 세계화 등의 용어도 신자유주의의 산물이며, 세계무역기구(WTO)나 우루과이라운드협상(Uruguay Round of Multinational Trade Negotiation, UR)[2] 같은 다자간 협상을 통한 시장개방의 압력으로 나타나기도 한다.

신자유주의의 도입에 따라 케인즈 이론에서의 완전고용은 노동시장의 유연화로 해체되고, 정부가 관장하거나 보조해오던 영역들이 민간에 이전되었다.

신자유주의는 자유방임경제를 지향함으로써 비능률을 해소하

2) 1986년 9월 우루과이에서 개최된 '관세 및 무역에 관한 일반협정(GATT)' 각료회의를 출발점으로 하여 1993년 12월 타결된 다자간 무역협상으로, 약칭 우루과이라운드라고도 한다. 세계 각국이 1980년대 초반 만연된 각국의 보호무역 추세를 보다 완화하여, 일방주의·쌍무주의·지역주의 등을 억제하여 다자간 무역체제를 강화하고 세계의 무역자유화를 실현하고자 하기 위한 것이다.

고 경쟁시장의 효율성 및 국가 경쟁력을 강화하는 긍정적 측면이 있는가 하면, 불황과 실업, 그로 인한 빈부격차 확대, 시장개방 압력으로 인한 선진국과 후진국 간의 갈등 초래라는 부정적인 측면도 있다.

제 3 장 법의 목적과 기능

제 1 절 법의 목적과 이념

Ⅰ. 개설

1. 의의

법의 이념이라 함은 인간이 법에 의하여 실현하고자 하는 사회생활의 실천목표이며, 그것은 법의 배후에서 법의 원동력이 되는 하나의 이념가치를 말한다. 바꾸어 말하면, 법의 이념이 무엇인가를 밝히고자 하는 것은 과연 법은 무엇을 위하여 존재하는가, 즉 법의 근원적인 존재가치를 규명하고자 하는 것이다.

자연법론자는 정의를 많이 따지지만, 법실증주의자는 정의를 따지기보다는 실정법의 해석에 중점을 둔다. 이는 정의라는 것이 일정한 기준이 없고 애매하다고 생각하기 때문이다. 오늘날 자연법적으로는 정의는 자유·평등·평화를 든다. 이때 자유는 개인주의적 정의요, 평등은 집단주의적 정의요, 평화는 협동주의적 정의라고 할 수 있다. 실정법상으로 권리를 행사하고 의무를 이행하는 것이 곧 정의를 실현하는 것으로 된다.

구체적으로 법의 목적이란 제정법을 정립하고 실현함에 있어 법에 의하여 달성하고자 하는 현실의 목적을 말하며, 이는 개별법에 있어서의 당해 법이 달성하고자 하는 목적과, 법 일반이 달성하고자 하는 목적, 즉 법의 이념으로 구분된다.

2. 법의 이념과 가치상대주의

법의 이념을 개인을 위주로 하여 모든 것을 파악하는가 아니면 단체를 위주로 하여 파악하는가의 여부에 따라 다음과 같이 구분된다. 이는 각자의 세계관과 양심에 달려 있다.

개인주의(individualism)[1]는 개인의 가치에 중점을 두며, 단체주의 또는 집단주의는 개인의 가치보다는 전체의 이익에 중점을 둔다. 그리고 인격주의 또는 문화주의는 개인과 단체의 조화를 지향하는 것을 주안으로 한다.

---

1) 개인주의는 개인의 자유와 권리를 중요시하고, 개인을 기초로 하여 모든 것을 규정하려고 한다. 개인주의는 ① 개인의 신앙에 의해서만 구원에 이른다는 프로테스탄티즘(protestantism : 청교도주의), ② 신이 아닌 인간의 이성에 의해 의식이 형성되어야 한다는 것을 내용으로 하는 계몽사상(enlightenment), ③ 생래의 전국가적 권리로서 불가침 불가양의 인권이라는 자연권(natural rights) 사상, ④ 보이지 않는 손(invisible hand)에 의하여 효율적인 자원배분이 가능하다는 자유시장경제 등에서 찾을 수 있다.

Ⅱ. 법의 목적

법의 목적은 개별법에 있어서의 당해 법이 달성하고자 하는 목적과, 법 일반이 달성하고자 하는 목적, 즉 법의 이념으로 구분하여 살펴보기로 한다.

1. 개별 제정법의 목적

1) 의의

제정법의 목적이라 함은 개개의 제정법이 당해 법의 존재의 타당성의 근거로서 지니고 있는 개별적인 목적을 말한다.

개별법에 따라 당해 법률이 실현하고자 하는 목적 또한 다양하게 제시되고 있다.

2) 제정법의 목적

(1) 원칙

개개의 제정법은 대부분의 경우 그 첫머리, 즉 주로 전문의 형식으로 또는 제1조에서 당해 제정법의 목적을 명시하는 것이 일반적이다.

우리나라 헌법의 경우에는 주로 전문(前文 ; preamble)에서 당해 헌법의 유래와 목적, 헌법제정권력과 헌법개정권력 등을 명시하고 있다. 그리고 기타 제정법의 경우에는 일반적으로 당해 제정법조문 중 제1조에서 당해 제정법의 목적을 명시하고 있다.

(2) 예외

제정법이라고 하더라도 입법의 목적을 명시하지 아니하고 있는 경우도 있다. 이는 편의상 목적을 제시하지 아니하고 있을 뿐이므로 당해 법률의 목적이 없는 것이라고는 할 수 없다.

대개의 경우 특정한 목적을 제시하지 아니하더라도 이를 일반이 인식할 수 있는 일반법의 경우에 많다. 예컨대, 주로 예로부터의 사회생활 관계에서 형성·발전되어 온 법률, 즉 민법·상법·형법·민사소송법·형사소송법 등이 이에 해당한다.

3) 목적의 구조

개별 제정법의 목적은 대개의 경우, 당해 제정법을 통하여 직접적으로 달성하고자 하는 제1차적 목적 또는 직접적 목적과, 이를 통하여 궁극적으로 달성하고자 하는 제2차적 목적 또는 종국적 목적을 나타내고 있다.

예컨대, 집회및시위에관한법률은 적법한 집회(集會) 및 시위(示威)를 최대한 보장하고 위법한 시위로부터 국민을 보호함으로써 집회 및 시위의 권리 보장과 공공의 안녕질서가 적절히 조화를 이루도록 하는 것(동법1)을 목적으로 제정·시행되고 있다. 여기에서 보는 바와 같이, 이 법률은 적법한 집회·시위의 최대한 보장 및 위법 시위로부터의 국민 보호를 제1차적 목적 내지 직접적 목적으로 하고, 이를 통하여 궁극적으로는 집회 및 시위의 권리 보장과 공공의 안녕질서가 적절한 조화를 도모하는 것을 제2차적 목적 또는 종국적 목적으로 하는 것이라는 점을 알 수 있다.

한편, 상당수의 법률에서는 그 내용 또는 규율범위와 목적을 같이 나타내는 경우도 있다.

예컨대, 1989. 12. 30. 법률 제4175호로 제정된 개발이익환수에관한법률 제1조는 "이 법은 토지로부터 발생되는 개발이익을 환수하여 이를 적정하게 배분함으로써 토지에 대한 투기를 방지하고 토지의 효율적인 이용을 촉진하여 국민경제의 건전한 발전에 이바지함을 목적으로 한다"고 규정하고 있다. 이 법률은 토지공개념 확대도입과 관련하여 제정된 법률 가운데 하나이다. 이 법률은 제1차적 목적과 제2차적 목적 외에 제1차적 목적을 달성하기 위한 규율의 내용이나 범위로 구분하여 살펴볼 수 있다. 우선 이 법률의 내용 또는 규율범위는 토지로부터 발생되는 개발이익을 환수하여 이를 적정하게 배분하는 것이다. 이를 통하여 직접적으로는 토지에 대한 투기의 방지 및 토지의 효율적인 이용 촉진하고, 종국적으로는 국민경제의 건전한 발전에 기여하는 것을 목적으로 한다.

또한 최근에 도입된 범죄피해자보호법은 제1조에서 "이 법은 범죄피해자 보호·지원의 기본 정책 등을 정하고 타인의 범죄행위로 인하여 생명·신체에 피해를 받은 사람을 구조(救助)함으로써 범죄피해자의 복지 증진에 기여함을 목적으로 한다"고 규정하고 있다. 이를 통해 이 법률은 범죄피해자 보호·지원의 기본 정책 등을 정하고 타인의 범죄행위로 인하여 생명·신체에 피해를 받은 사람을 구조(救助)하는 것을 규율내용을 하고, 이를 통해 범죄피해자의 복지 증진에 기여하는 것을 그 목적으로 하는 것임을 명시하고 있는 것이다.

2. 법 일반의 공통된 목적

법 일반의 공통된 목적에 대하여는 다양하게 정의될 수 있으며, 실제로 시대와 사회의 변천에 따라 다양하게 제시되어 왔다.

법의 이념에 대하여 플라톤(Platon) 및 아리스토텔레스(Aristoteles)는 "정의를 원칙으로 하는 도덕생활의 실현"이라고 하였고, 루소(J. J. Rousseau)는 "개인의 자유와 평등을 확보하고 이를 발전시키는 것"이라 하였다. 또 칸트(I. Kant)는 "도덕적인 개인 인격의 확보에 봉사하는 데 있다"고 하여 이성법을 주장하였으며, 벤담(R. v. Bentham)은 "최대다수의 최대행복을 증진"하는 데에 있다고 하였다. 그리고 예링(Jehring)은 "법의 목적은 사회에 있어서의 제반 생활조건을 확보하는 것"이라 하였으며, 파운드(Pound)는 "특정한 때와 장소에 있어서의 문화의 법적 공리"라고 하였다. 그리고 라드브르흐(G. Radbruch)는 "정의·합목적성·법적 안정성"을 들고 이를 위한 "개인주의·단체주의 그리고 개인과 단체의 조화를 지향하는 문화주의"를 각각 제시하였다.

라드브르흐(G. Radbruch) 이래로 법의 이념으로서 정의·합목적성·법적 안정성의 3요소가 논의되고 있으며, 우리나라의 지배적인 견해도 이와 같다. 본서에서도 라드브르흐(G. Radbruch)의 주장을 중심으로 하여 법의 이념을 살펴보기로 한다.

1) 정의

(1) 정의의 개념

정의의 실현을 법 일반의 공통적인 목적으로 거론하는 것이 일반적이다. 이는 예로부터 법이 정의론(正義論)과 관련하여 설명되어 온 점에 미루어 보거나 법이라는 용어가 정의라는 용어와 밀접한 관련을 지니고 있음에 비추어 보더라도 명백하다.

그러나 다음에서 살펴보는 바와 같이, 정의가 무엇인가에 대하여는 학자에 따라 그 견해가 반드시 일치되는 것은 아니다. 정의란 무엇인가? 이를 파악하려는 노력은 B.C. 600년경부터 동양에서는 노자, 장자를 비롯해서 서양에서는 그리스의 소크라테스, 플라톤, 아리스토텔레스로 이어지며 깊은 탐구가 이루어졌었다. 그러나 오늘에 이르기까지 아직도 정의는 실체가 무엇인지에 대하여 논의가 계속되고 있다.

이와 같이 정의(正義)는 그 역사가 꽤 오래된 개념이기는 하나 시대와 학자에 따라 다양하게 개념화되어 왔기 때문에 한 마디로 정의(定義)하기는 어렵다. 일반적으로 정의(正義 ; justice, Gerechtigkeit)란 인간이 지켜야 할 올바른 도리이다. 이는 그리스 로마시대 이래 '각자에게 각자의 몫을'이라는 간결한 표현으로 그 의미가 함축되어 왔다. 그리하여 정의는 인간의 행위나 제도에 대한 시비(是非)의 판단기준으로 기능하여 왔다.

(2) 고대 중국에서의 정의

'정(正)'은 정복지에서 공물을 징수하는 행위인 정(政)의 정당화를 의미하였으나, 점차 변하여 올바른 도리를 의미하게 되었다. '의(義)'는 양을 잡아 신에게 희생물로 받치는 행위로서 신의(信義)에 따르는 행동을 의미하였다. 따라서 고대 중국에서의 '정의'는 정치적 정당성과 종교적 관행의 존중을 의미하며, 이는 '인간으로서 준수해야 할 도리'라는 의미도 갖게 되었다.

공자와 맹자로 대표되는 유가사상(儒家思想)은 인위(人爲), 즉 인(仁)·의(義)·예(禮)·지(智)·신(信) 등 인간이 해야 할 도리를 중시하였다. 그리하여 인간이 해야 할 도리를 인위적으로 만들어 이를 강요하고 그 준수 여부에 따라 선악을 구분한다.

이에 반하여 노자와 장자의 노장사상(老莊思想)은 무위자연(無爲自然)을 강조한다. 무위자연은 억지로 무엇을 하지 않고 순수하게 자연의 순리에 따르는 것을 의미한다. 무위(無爲)는 인위(人爲)의 반대 개념이다. 무위사상은 인위사상인 유가사상을 반대하는 국가 통치방법론이다.

(3) 고대 그리스에서의 정의

한편, 고대 그리스에서 정의 또는 정도(正道)에 해당하는 말은 '디케(dike)'이다. 이는 '신이 정한 율법'을 가리키는 것이다. 한손에는 칼을, 다른 한 손에는 저울을 들고 있는 정의의 여신 dike는 법의 여신이기도 하다. 로마에서는 유스티티아(Justitia)로 대체되었다. 영어의 Justice도 여기에서 유래되었다.

그리스의 시인 헤시오도스(Hesiodos)는 신통기(神統記 ; Theogonia)[2]에서 인간에게 "정의롭게 살고 뇌물이나 도둑질로 재산을 탐하지 말며 일하면서 정직하게 먹고 살라"고 당부하였다. 이러한 그의 정의관은 그리스인에게 강한 영향을 미쳤다.

그렇지만 시대가 바뀌어 다른 나라와의 교류나 사회변동이 활발해져 자기 나라의 정의를 절대시할 수 없게 되자 정의의 상대성(相對性)을 주장하는 소피스트들이 등장하였다. 이들은

---

2) 테오미니아는 1,022행으로 이루어진 서사시로서 신들의 탄생과 그 계보 그리고 인간의 탄생에 이르는 과정을 계통적으로 서술한 작품이다.

정의가 사적 이해관계에서 나온다고 보았다. 이에 반하여 소크라테스(Socrates)는 이전의 소피스트들과는 달리, 정의를 법과 같이 보고 정의는 사적 이해관계에서 나오는 것이 아니라 인간의 본성(本性)에서 나온다고 보았다.

그리고 플라톤(Platon)[3]은 소피스트들과의 논쟁을 통해 '정의란 무엇인가'를 본격적으로 탐구하기 시작하여, 정의는 인간의 이성(理性)에서 나온다고 보았다. 철인정치를 주장하였던 플라톤(Platon)은 국가가 지배자인 통치계급의 예지(銳智), 군인으로 구성되는 호국계급의 용기(勇氣) 및 생산계급인 일반시민의 절제(節制)의 3주덕(主德)으로 조화를 이룬 상태를 정의(正義)로 파악하였다. 그는 계급적 정의에 바탕을 둔 국가유기체설을 주장하여, 분업을 인간의 본질적인 삶의 조건이라 하였다. 따라서 국가를 분업의 공동체로 파악하여 자기 자신의 것을 행하라는 명제를 제시하였다. 이는 현 상태를 정당화시키는 이데올로기적 정의 개념으로서 국가에 대한 의무를 강조하는 것이다.

트라시마코스(H. K. Thrasymachos)는 플라톤의 국가론에서 대화자로 등장하여 "정의는 더욱 강력한 자의 이익 이상의 것은 아니다"라고 하며, 이 때문에 "올바르지 않게 사는 것이 자기 자신에게는 더욱 유익하다"고 하였다. 이에 대해 소크라테스는 여러 예시를 들어 올바르게 사는 것이 진정으로 잘 사는 것임을 밝히고자 하였다. 결과적으로 이 논쟁은 소크라테스의 승리였다. 트라시마코스(Thrasymachos)는 실제 사회생활

3) Platon은 아테네 시민으로 태어난 것, 당대에 소크라테스를 만날 수 있었던 것, 그리고 여자로 태어나지 아니한 것을 3가지의 자랑으로 삼았다.

에 있어서 약한 자(the lesser)보다는 강한 자(the better)의 이익이 우선적으로 추구되는 현실을 직시한 것이라 할 수 있다. 그렇지만 트라시마코스(Thrasymachos)는 이러한 법 현실을 정의와 동일시하였다는 비판이 가하여진다.

정의에 관하여 최초로 체계적으로 고찰한 아리스토텔레스(Aristoteles)는 정의를 인간이 이행해야 할 최고의 덕이며, 그것은 개인적인 도덕이 아닌 개인의 타인과의 관계 속에서 걸어야 할 길, 즉 사회적 도덕이라고 보았다. 그는 니코마코스 윤리학 제5권에서 정의(dikaiosyne)의 문제에 대해 다룬다. 아리스토텔레스는 정의란 "국가 내에서 법을 지키며 이득과 손실에 있어서 마땅한 것 이상이나 이하를 가지지 않으려는 탁월한 품성상태"를 말한다고 보았다. 그는 올바름(just)이란 법을 준수하는 것(lawful)이고 또 공평한 것(fair)이며, 올바르지 않음이란 법을 준수하지 않는 것이고 또 공평하지 않은 것이라고 하였다.

그리하여 그는 개인이 심성과 행동을 공동생활의 원칙에 적합하게 하는 것, 즉 아테네의 법을 준수하는 것을 보편적 정의(普遍的正義)·일반적 정의 또는 광의의 정의라 하고, 공평한 것을 개별적 정의(個別的正義)·특수적 정의 또는 협의의 정의라고 구분한다. 또 개별적 정의를 다시 나누어, 평균적 정의와 배분적 정의로 구분한다. 그는 정의를 평등의 관점에서 파악한 최초의 학자였다.

평균적 정의는 인간의 등가치성(等價値性)에 바탕을 둔 평등을 의미한다. 범죄와 형벌, 손해배상액 산정의 등가원칙, 토지수용의 정당한 보상에서의 시가보상이나 매매에서의 등가원칙, 투표권의 평등이나 투표가치의 평등 등 모든 사람을 절대적으로 공평하게 취급함으로써 이루어진다. 이는 개인과 개인관계의 조화를 목적으로 하는 것으로서 자유주의 국가에서 중시되는 정의이다.

이와는 달리, 배분적 정의는 인간적 가치의 차별성에 바탕을 둔 평등을 의미한다. 복리(福利), 분배의 공정(公正)이 이에 속한다. 배분적 정의의 문제는 오늘날 사회주의·공산주의에서는 '노동에 상응하는 배분'이란 형태로 제기되며, 현대 복리국가주의에서도 중요하게 다루어지고 있다.

한편 보편적 일반적 정의는 국가 사회의 구성원의 자격에서 단체를 위하여 당연히 이행하여야 할 법령준수의 의무, 예컨대 교육·납세·국방·근로 등의 의무를 준수하는 것을 의미한다.

키케로(M. T. Cicero)는 "정당한 인간관계 즉, 인간의 인간에 대한 정당한 관계 또는 각자에게 각자의 몫을 갖게 하는 것이야말로 최고의 정의"라고 하였으며, 울피아누스는 "정직하게 생활하고 이웃을 해치지 않고 각자에게 그의 몫을 귀속시키는 의지 즉, 정(正)과 부정(不正)을 구별하는 항구 부단한 의지"를 정의라고 하였다. 또한 켈수스(Celsus)는 법을 "선(善)과 형평(衡平)의 기술"이라고 파악하였다.

(4) 고대 후기 이후의 정의

고대후기 로마와 중세에는 대체로 아리스토텔레스의 정의론, 특히 배분적 정의 관념이 지배적이었다. 그러나 근세에는 천부인권(天賦人權) 사상과 더불어, 출신·신분·소유 등 일정한 서열적 차별을 전제로 하여 '각자에게 그의 몫을'이라는 정의 원리는 사라지게 되었다. 그리하여 정의는 평등의 원리, 특히 '법(法) 앞의 평등(平等)'을 의미하는 것으로 인식하게 되었다.

천부인권사상은 인간은 원래부터 자유로우며 남에게 침해받지 않을 기본적 권리를 가진다는 사상으로서 자연법론자인 로크와 루소가 주창했다. 이러한 천부인권사상과 법 앞의 평등 사상은 프랑스 인권 선언(1789년)과 미국 독립 선언(1776년) 및 그 이후의 민주주의 발전에 지대한 영향을 미쳤다.

(5) 공리주의와 정의

공리주의(功利主義 : utilitarianism)는 공리성(utility)을 가치판단의 기준으로 삼는다. 공리주의는 당시 영국 노동자들의 비참한 현실을 개혁하기 위해 등장하였다. 공리주의는 홉스(T. Hobbes)와 흄(D. Hume)을 선구자로 하여, 벤담(J. Bentham)에 의해 체계화된 윤리·정치학설로서 최대다수의 최대행복을 기치로 하여 사회개혁의 원리를 제시하였다. James Mil과 John Stuart Mill[4] 부자(父子)를 주축으로 형성된 '철학적 급진파'는 19세기 영국의 사회개혁을 위해 선거법이나 빈민구제법의 개정, 곡물조례 폐지라는 자유주의적 개혁운동을 추진하였다. 이에 대하여 카알라일(T. Carlisle)은 "돼지의 철학"이라고 비판하기도 하였다.

벤담(J. Bentham)에서 시지윅(H. Sidgwick)에 이르는 고전적 공리주의의 구성요소는 다음 3가지이다. ① 행위나 제도의 진가는 그것이 초래한 결과·귀결의 선악을 기준으로 판단된다(귀결주의). ② 귀결의 선악은 관계자의 주관적 쾌락·효용의 증가함수로서 측정할 수 있다(효용주의). ③ 효용은 기수

4) J. S. Mill은 초기에는 자본주의적 경제질서를 긍정하였으나 후에는 공리주의를 수용하였다. 공리주의를 수용한 밀은 사람에게는 쾌락을 원하고 고통을 줄이려는 본능이 있다고 보았다.

(基數)적이고[5] 개인간 비교가 가능하기 때문에 복수 귀결의 선악은 거기에서 각 관계자가 음미하고 있는 효용의 총계를 큰 순서로 나열하여 판별할 수 있다(총계주의).

공리주의에 따르면 정의를 포함한 모든 윤리적 덕목들은 최대다수의 최대행복을 달성하기 위한 수단적 지위에 머무르게 된다. 정의도 종래의 최고 덕의 위치를 상실하고 공리의 원리에 따라 강조되거나 무시될 수 있는 지위로 전락할 위험에 처해지게 된다. 이에 대하여 밀(J. S. Mill)은 정의 자체가 공리의 원리에 근거하고 있으며, 나아가 정의는 공리주의적 틀 안에서도 의미 있는 매우 중요한 도덕개념이라고 한다.

공리주의에 대하여는 ① 몰인격적인 귀결(효용총계)만을 중시하고, ② 귀결을 평가하기 위한 정보로서 관계자의 효용만을 사용하는 것은 적절하지 않으며, ③ 식민지 총독관저(government house)형[6]의 공리주의를 허용한다는 비판이 가하여진다.

(6) 정의의 상대성과 유동성

그러나 이와 같은 평균적 정의나 배분적 정의라는 것도 결국

---

5) 효용이란 특정한 개인이 일정량의 재화를 소비함으로써 얻는 주관적 만족의 정도를 의미한다. 효용은 주관적인 것이므로 소득이 같더라도 사람에 따라 같은 재화에 대한 효용은 달라질 수 있고, 또 같은 개인이라도 그의 경제사정에 따라 달라지게 된다. 따라서 효용에 대한 가측성의 문제와 개인간 비교가능성에 대해 날카로운 논쟁이 일어났다. 이에 대해 초기의 효용이론에서는 효용을 심리적인 만족 내지는 욕구를 측정하는 양의 개념으로 파악하고, 기수적으로 측정 가능하다고 생각하였다. 이것이 기수적 효용이다. 예를 들어 어떤 사람이 사과 한 개의 효용이 10이고 배의 효용이 5라면, 사과의 효용은 배의 그것에 비해 꼭 2배의 만족을 얻고 있다는 것이다.

6) 식민적 총독관저형이란 주민의 의향과는 관계없이 극소수의 엘리트가 사회 전체의 효용의 최대화를 상의하달(上意下達)식으로 추구하는 통치를 말한다.

은 상대적인 것에 불과한 것이다. 원래 정의라는 것이 추상적인 개념이므로 시대나 민족, 문화, 정치형태 심지어는 개인 등에 관하여 이를 구체화하는 경우 그 내용이 매우 상이하게 나타나게 된다.

이는 법이라는 것이 개연성을 집약한 것이고 고도의 타협의 산물이라는 점을 감안할 때 어느 정도 이해할 수 있다. 왜냐하면, 이기적인 인간의 마음에는 항상 자기 자신의 결정을 합리화하는 경향이 있는 것이기 때문이다.

이렇게 볼 때 정의란 '사회 내에서 역할점유자(role-occupant) 상호간의 관계의 이상적 상태로서 인간이 추구하여야 할 가치기준'을 의미하는 것이라 할 수 있다. 사회 내 각각의 역할점유자에게 기대되는 역할의 합당한 수행이나 행동이 일치될 때 정의가 이루어졌다고 할 수 있는 것이다.

그러므로 정의를 추구하려면 '인간의 존엄과 가치'를 바탕으로 모두에게 자유를 보장하는 한편, 각자에게 합당한 그의 몫이 돌아가도록 하고, 국가는 보다 균등한 삶의 조건을 마련하기 위하여 적극적으로 노력을 기울여야 한다. 법규범은 이러한 정의에 입각하여 제정·시행되어야 하는 것이다.

즉, 정의는 우리에게 주어진 절대적인 실질성을 갖고 있거나 선험적인 것이 아니라 인간이 그 실현을 위하여 노력하여 나가야 하는 목표, 즉 인간이 실현하고자 하는 이상이라 할 것이다. 따라서 정의 역시 인간의 영원한 과제의 하나라 하겠다.

(7) 정의의 본질적 요소

정의는 자유와 평등을 그 본질적 요소로 한다. 그러나 자유와 평등이 헌장에 기록되는 것만으로는 그림의 떡에 불과하다.

그러므로 자유와 평등의 실질적 보장이 필요하게 된다. 자유와 평등의 형식적 보장에 지나지 아니하였던 근대의 법치주의를 형식적 법치주의라 하는 데에 반하여, 실질적인 자유와 평등을 보장하는 현대의 법치주의를 실질적 법치주의라고도 한다.

2) 법적 안정성

(1) 의의

법적 안정성(法的安定性)이라 함은 사회가 그 질서를 유지하기 위하여, 법질서가 동요됨이 없이 어느 행위가 옳은 것이냐 어떠한 권리가 보호되며, 어떠한 책임을 어떻게 추궁하느냐가 일반에게 확실히 인식되어 있어, 일반이 법의 권위를 믿고 안심하고 행동할 수 있는 상태를 말한다.

(2) 법적 안정성이 유지되기 위한 조건

법적 안정성이 유지되기 위해서는 다음에서 제시하는 몇 가지의 조건이 충족되어야만 한다.

첫째, 개념법학의 우위가 구축되어야 한다. 앞에서 살펴본 바와 같이, 개념법학이라 함은 법이 지니고 있는 의미를 성문의 법규에 의하여 확정하는 일 및 성문법을 정확하고 합리적인 논리에 따라 해석하는 것을 말한다. 이를 위해서는 성문법의 개폐가 용이하지 아니하여야 한다.

둘째, 국민의 법의식과 실정법의 합치되어야 한다. 법이 너무 엄격하거나 국민의 법 감정에 반하는 경우에는 법적 안정성을 기대할 수 없다. 따라서 법이 사회의 실정에 부응하고 정의의 요구에 따라 탄력적으로 변화할 수 있는 유연성을 부여하는 것이 필요하다. 이는 실정법의 정립에만 필요한 것이 아니라, 예컨대 수익적 행정행위의 취소의 제한이나, 행정쟁송상의 사정심판 또는 사정판결에서 보는 바와 같이, 실정법의 해석 적용에도 필요한 것이다.

셋째, 법의 내용이 명확하여야 한다. 법적 안정성이 확보되기 위해서는 법의 내용이 명확하여 누구든지 정상적인 법의식을 가진 수범자는 그 내용을 확지할 수 있어야 하는 것이다. 이는 법률요건과 법률효과에 대한 법규정의 내용이 명확하여야 한다는 것을 의미한다.

넷째, 소급효가 인정되어서는 아니 되며, 법적 결정 역시 안정되어야 한다. 소급효 금지는 사후입법에 의하여 소급적으로 불이익하게 적용되어서는 아니 됨을 의미한다(소급입법의 금지와 소급적용의 금지). 행정부나 사법부의 법적 결정에 따라 다양한 법률관계가 형성되므로 일단 행해진 결정은 원칙적으로 존속되어야 한다.

다섯째, 법 실현의 안정성이다. 법은 실제로 행하여져야 한다. 법이 수범자가 준수할 수 없을 정도로 타당성을 결여한다거나 구속력을 발휘하지 못해서는 법적 안정성이 실현될 수 없다.

3) 합목적성

합목적성(合目的性 : Zweckmässigkeit)이란 국가의 법질서가 어떠한 표준과 가치에 의하여 구체적으로 결정·실행되는가의 문제이다. 법질서가 구체적으로 어떠한 법의 목적이나 가치에 합치되는 원리를 말한다. 법의 합목적성은 일정한 국가의 법질서에 따라 법을 구체적 합리적으로 제정·적용하는 원칙이다. 이는 목적 달성을 위해 수단과 방법을 가리지 않는 것이 아니라 달성하고자 하는 목적에 수단과 방법이 적합한 합리적인 것이어야 한다는 것을 의미한다.

법의 목적은 국가의 목적과 직결된다. 따라서 법의 합목적성은 국가의 목적에 의하여 결정되며 국가관에 따라 달라진다. 자유주의 국가에 있어서는 '자유'가, 평등주의 국가에서는 '평등'이 국가목적이다. 그러므로 법의 합목적성도 국가관에 따라 달라지는 것이다. 우리나라의 경우 모든 법규범은 대한민국이 '자유민주적 기본질서'를 더욱 확고히 하여 우리들과 우리 자손들의 '안전과 자유와 행복을 최대한으로 확보'하기 위하여 건국되었으므로, 이러한 건국이념, 즉 복지국가적 국가목적에 합치되어야 하는 것이다. 따라서 법의 합목적성은 국가목적에 따라 법의 목적을 개별화·구체화한다.

라드부르흐(Radbruch)는 법의 합목적성에 관하여 개인주의·단체주의(공동체주의·초개인주의) 및 인격주의(문화주의)로 구분하여 이를 선택의 문제로 제시하고 있다. 즉 개인주의는 개인의 가치를 중시하여 다수의 이익으로부터 개인의 가치를 보호하려는 데에 대하여, 단체주의는 전체의 이익이 개인의 이익에 우선한다고 한다. 그리고 인격주의는 문화를 중시하며 개인이 문화적 가치실현의 중심에 되고, 국가는 문화에 기여한다는 가치관이라고 보았다. 그러나 이는 선택의 문제가 아니라 이해조절의 문제라 할 것이다. 민주주의에서는 이 가운데 어느 것도 절대적일 수 없으며, 국민의 가치관이나 세계관에 의해 선택될 수 있다는 의미에서 상대주의적이라 할 수 있다.

4) 법이념의 상호관계

법의 이념으로 제시된 정의·합목적성·법적 안정성은 법질서 유지의 필요조건이면서도 상호 모순 또는 보완관계에 있다.

(1) 법이념의 상호모순관계

우선 정의와 합목적성은 법의 내용에 관한 문제이다. 그러나 정의는 일반적·추상적·이상적 개념임에 반하여, 합목적성은 각각의 국가에 있어서의 개별적·구체적·가치적 개념이다. 따라서 정의는 합목적성에 의하여 구체화된다.

그러나 법적 안정성은 법 적용상의 문제이며, 실제적·현실적·실천적 개념이다.

그러므로 정의는 합목적성에 의하여 구체화되고 법적 안정성에 의하여 현실적으로 보장된다. 합목적성은 법적 안정성을 거부하고 합목적성이 입각하고 있는 국가관에 따라 기존의 정의 관념까지도 수정할 것을 요구한다. 법적 안정성은 법의 내용이 비록 정의나 합목적성에 부합하지 않더라도 사회질서유지를 위하여 그 실효성의 확보를 요구한다.

정의만을 강조할 경우 법은 이상적일 수 있으나 현실적이지 못하게 되며, 합목적성만을 강조하게 되면 정의를 무시한 채 현실적인 편의성만을 추구할 우려가 있다. 또 법적 안정성만을 강조하다 보면 정의와 합목적성과는 동떨어진 결과를 낳을 수도 있다. 악법도 법일 수 있기 때문이다.

(2) 법이념의 상호보완관계

법이념은 상호간에 대립·모순 관계에 서기도 한다. 이를 극복하고 상호 보완하는 관계가 되어야만 국가법질서의 정당성과 합리성을 실현할 수 있다. 실제로 이들 상호간에 대립·모순이 있는 경우 어느 요소를 우선시하여야 하는지는 구체적인 사회와 시대에 따라 다르게 해석되는 상대주의적인 것이므로 구체적 상황에 따라 해결하여야 한다.

그렇지만 정의·합목적성·법적 안정성 중 어느 하나의 요소만을 단정적으로 우선시하여서는 아니된다. 정의롭지 못한 법이어서도 아니 되며, 수단과 방법이 부당하여 합목적성을 훼손시켜서도 아니 된다. 그리고 법적 안정성만 강조하다 보면 법의 내용은 정의와 합목석성에 부합하지 아니하여 공허한 것이 되고 만다.

따라서 법이념의 3요소가 서로 대립·모순된다고 하더라도 법이 부단히 추구하여야 할 목표이므로 이들을 상호 보완하여 합리적으로 조화시켜 나가야 할 것이다.

제 2 절 법의 기능

Ⅰ. 의의

법의 기능이라 함은 법규범이 현실적으로 인간의 사회생활에 영향을 미치는 효과를 의미한다. 법이 생명력을 가지려면 그가 담당하는 기능을 훌륭히 수행하여야 한다. 법의 목적이나 이념을 현실적으로 구현하는 것이 법의 기능이다. 따라서 법의 기능도 법의 목적이나 이념에 따라 결정된다.

법은 개별법이 지닌 목적에 따라 각각에게 부여된 여러 가지의 기능을 수행하게 되지만, 법 일반이 수행하는 주요한 기능은 다음과 같이 다양하다. 이러한 법의 다양한 기능은 독자적으로 나타나는 것이 아니라 서로 복합적인 모습으로 나타나는 것이라는 점에 유의하여야 한다.

Ⅱ. 질서유지기능

법은 생명 · 신체 · 재산 · 인격 · 환경 등 개인적 법익과 사회적 법익 및 국가적 법익을 보호함으로써 사회공공의 안녕과 질서를 유지하는 기능을 담당한다. 사회공공의 안녕질서의 유지기능은 법의 제1차적 기능이다. 이 기능은 법적 안정성과 밀접한 관련이 있다.

법의 질서유지기능은 법이 지닌 다른 기능보다 우선적으로 수행된다. 예컨대, 헌법 제37조제 2항은 질서유지를 위하여 기본권도 제약할 수 있도록 규정하고 있다. 또한 민법 제103조는 질서유지를 위하여 선량한 풍속 기타 사회질서에 위반하는 법률행위를 무효로 하도록 규정하고 있는 것이다.

Ⅲ. 지도기능

1. 의의

법의 지도기능(指導機能)이란 법이 존재한다는 사실 그 자체의 권위에 의하여 법이 사회질서를 지도하는 기능을 말한다.

2. 지도기능을 확보하기 위한 요건

법의 지도적 기능이 확보되기 위해서는 법규범이 그 내용적 타당성을 지니고 있는 동시에, 그 실효성이 국가의 권위에 의하여 강제적으로 보장이 되어야 한다. 이를 위해서는 다음과 같은 요건이 필요하다.

첫째, 불특정 다수인 규범의 준수의무자에게 당해 규범의 내용을 충분히 숙지할 수 있도록 하여야 한다. 특히 기술적인 내용이나 종래의 관습 및 법의식과의 일정한 괴리가 있는 규범 또는 새로운 현상에 적응하기 위하여 장래에 향하여 효력을 지니는 규범 등에 있어 요구되는 정도가 강하게 나타난다. 이를 위해서는 충분한 입법예고절차의 이행, 입법안의 내용에 관한 사전협의 또는 이해관계인의 의견청취 및 법령시행에 있어서의 충분한 유예기간의 확보 등이 필요할 것이다. 그러나 우리나라의 경우 이러한 방법과는 거리가 먼 것으로 나타나고 있다. 예컨대, 법령안 입법예고제도의 형식적 운영, 관보나 공보에의 게재의 행정편의주의, 청문 및 공청회의 형식적 개최, 찬양주의자만으로 토론 또는 의견진술자를 구성하는 관행, 국회나 정부의 권력 또는 재력지향성 등이 그것이다.

둘째, 법규범의 내용의 평이성이 확보되어야 한다. 법은 민중의 것이 되어야 한다. 이는 사회일반의 건전한 사고방식을 지닌 구성원이 이해하고 이를 실천하기가 용이하여야 한다는 의미이다. 게르만고법 시대의 법은 민회의 만장일치의 의사표시에 의하여 결정되었고, 로마의 경우 또한 이와 마찬가지로 법규범의 내용이 일반민중이 이해하기 쉬운 평이한 것이었으며, 우리나라의 경우도 이와 유사한 고대사의 기록이 있다. 그러나 동서양을 불문하고, 권력이 소수자 또는 1인에게 집중되어 감에 따라 법은 권력의 지배하에 존재하게 되었으며, 특히 법이 고래의 관습을 계승하지 못하고 외국의 법을 계수하여 법적 혁명을 거친 경우에는 민중의 관습과 멀어지게 되어 법규범의 내용이 관료법화 내지 법조법화하는 경향을 보이게 된다. 우리나라의 경우도 예외가 아니다.

Ⅳ. 통제 및 교정기능

1. 의의

법은 국가에 의하여 강제성을 수반하는 규범이다. 그리하여 법은 목적을 실현하기 위하여 통치권에 입각하여 명령을 하고 의무를 부과한다. 이로써 개인의 의사와 행동이 통제된다. 즉 법은 사회통제의 한 수단이 되는 것이다.

개인이 의무에 위반하거나 의무를 이행하지 아니한 경우에는 법에 의하여 제재를 가하거나 강제로 의무를 이행시키게 함으로써 의무의 위반이나 불이행 행위에 대한 현실적인 시정조치를 함으로써 이를 교정하는 기능을 담당한다. 이러한 법의 기능을 법의 통제(統制) 및 교정기능(矯正機能)이라 한다.

예링(Jhering)은 이러한 법의 통제 및 교정기능을 법의 가장 본질적 기능이라고 보아, 강제가 없는 법은 타지 아니하는 불과 같다고 비유하고 있다.

2. 교정기능의 필요성

법은 그것이 지향하는 목적을 제시하고 이를 당해 사회의 구성원이 자신의 법의식속에 내재화하여 이를 준수함으로써 사회질서가 유지되고 정의가 실현되며, 궁극적으로는 그 사회구성원의 복리를 증진하는 것이 가장 이상적이라 할 것이다.

그러나 현실적으로는 법이 지향하고자 하는 목표문화란 결국 현재의 상태보다 조금 나은 상태(for the better state or stage of human life)를 의미하는 것이므로 불완전한 인간이 이에 위반할 가능성이 상존하는 것이다. 따라서 법규범이 지니는 교정기능은 법의 목표문화를 달성하기 위한 필요악(necessary evil)이라 할 수 있다.

3. 교정기능의 요건

첫째, 법의 내용이 타당하여 당해 사회구성원의 의식 내에 법규범으로서의 타당성이 내재화되어 있어야 한다.

둘째, 법 자체에 강제규정이 있어야 한다.

셋째, 강제규정을 실행에 옮길 수 있는 국가권력이 확립되어 있어야 한다.

Ⅴ. 평가기능

법규범은 인간의 사회생활준칙이다. 그러므로 법규범은 인간이 사회생활을 영위함에 있어 행하는 모든 행위가 적법하고 타당한 것인가의 여부에 대한 판단의 가치기준으로서 기능한다.

이를 법의 평가기능(評價機能)이라 한다.

법의 이념과 관련하여 과연 이 행위가 정의로운 것인가, 합목적적인 것인가 또는 기존의 질서에 부합하는 것인가의 여부에 대한 평가가 이루어지는 것이다.

즉, 살인행위나 절도행위를 처벌하는 조항을 통하여 사회구성원은 살인이나 절도를 하는 행위 등이 개인적 법익이나 사회적 법익 또는 국가적 법익을 침해하는 행위라는 평가를 받게 하는 형법상의 규정은 물론, 사법이나 행정법·소송법 등 모든 법규범은 평가규범으로서의 기능을 가진다.

Ⅵ. 제도형성기능

법은 제도를 형성하는 기능을 수행한다. 일반적으로 제도(制度 ; institution)란 사회의 구성원 사이에서 여러 가지 생활영역을 중심으로 한 규범(規範)이나 가치체계에 바탕을 두고 형성되는 복합적인 사회규범의 체계를 말한다. 단적으로 말하면 제도는 규범의 복합체이다. 이 '규범'의 내용은 형식화되고 정리되어 공권력(公權力)을 수반하는 법률에서부터 형식화되지 않은 채 일상생활에서의 막연한 약속과 같은 습속(習俗)이나 관습에 이르기까지 그 범위는 광범하다. 즉 정치제도·경제제도·교육제도·가족제도·종교제도 등에서부터 도덕이나 언어와 같은 것까지 포함한다.

그런데 법치국가에서는 중요한 제도의 대부분은 법에 의하여 만들어진다. 법에 의하여 만들어진 제도를 법제도 또는 법제라 한다. 법제도는 일정한 목적에 따라 체계적·유기적으로 배열된 법률관계의 전체를 가리킨다.

그리고 근대 이후의 입헌주의에서는 역사적·전통적으로 형성된 일정한 기존의 객관적 제도 그 자체에 착안하여 그 제도의 본질적이고 핵심적인 요소를 입법권(행정권, 사법권 포함)의 침해로부터 객관적으로 보장하고 유지하기 위해 특정한 제도를 헌법적으로 보장하고 있다. 이를 제도적 보장 또는 제도보장이라고 한다.

제도보장은 이러한 객관적 제도를 헌법에 규정함으로써 당해 제도의 본질을 보장하려는 것이다. 제도보장을 곧 제도의 본질, 중핵을 헌법에 규정함으로써 일반적인 입법에 의한 폐지나 본질의 훼손으로부터 이를 보호하려는 점에 그 의의가 있는 것이다.

제4장 법의 생성과 발전

제1절 개 관

원시사회의 미분화사회규범으로부터 국가권력에 의하여 강제되는 규범으로 생성된 법은 사회의 변천에 따라 부단히 변화·발전되어 왔다.

파운드(Pound)의 "법은 안정을 요구하나 정지됨을 허용하지 아니한다"는 표현처럼 법은 사회의 변천에 부응하여 부단히 발전하게끔 되어 있는 것이다.

제2절 법의 생성

사회 있는 곳에 법이 있다는 표현에서도 알 수 있는 바와 같이 원시시대(原始時代)에도 법, 즉 사회규범은 존재하였다. 원시인은 습속(習俗)의 노예(奴隷)라는 표현대로 습속은 원시 사회생활을 규율하는 사회규범이었다. 따라서 이 시대에는 종교·도덕·관습·법 등의 사회규범은 아직 분화되지 아니한 혼합된 것이었다. 이를 원시적 규범이라 한다.

원시시대의 법은 그 정확한 형태를 제대로 알 수 없으나, 일반적으로는 자연력에 대한 경외에서 출발하여 법이 생성된 것으로 보고 있다. 그리하여 자연물(自然物), 즉 동물이나 산악, 수목, 거석, 일월(日月) 등을 수호신이나 토템(Totem)으로 삼았다. 그리고 원시시대는 혈족법, 특히 씨족장이나 가장이 중심되어 권리를 행사하는 부권의 절대성 시대라 할 수 있다.

Ⅰ. 토템

1. 토템의 의의

토템은 원래 Superior 호수 서편에 사는 북아메리카 인디언인 Ojibwa족이 사용하던 오토테만(ototeman ; 그는 나의 일족이다)에서 비롯된 용어로서 오늘날에는 사회학 용어가 되었다. Ojibwa족은 동물토테미즘을 숭배하며, 오토테만은 형제·

자매 또는 친척이라는 혈연관계를 의미한다.

이는 어떤 특정한 종류의 동물이나 식물을 신성시하여 자신이 속해 있는 집단의 조상이라고 믿는 특수한 관계가 있다고 믿고 그 동·식물류(독수리·수달·곰·메기·떡갈나무 등)를 토템이라 하여 집단의 상징으로 삼은 데서 유래한다. 그러므로 집단을 전제로 하지 아니한 특정 개인의 수호신이나 무당의 동물신 등은 토템이라 할 수 없다.

2. 토테미즘

토템에 의해 형성되는 신념·의례·관습 등의 사회체제 및 종교형태를 토테미즘(totemism)이라 한다.

토테미즘이 형성되기 위해서는 다음의 조건을 갖추어야 한다. 즉 ① 집단은 그 집단의 토템의 이름으로 불리며, ② 집단과 토템과의 관계는 신화나 전설에 의하여 뒷받침되고, ③ 토템인 동·식물을 죽이거나 잡아먹는 일은 금기(禁忌)로 하며, ④ 토템집단 구성원 간의 결혼은 금지될 뿐만 아니라, ⑤ 토템을 대상으로 하여 집단적 숭배의식을 행한다는 조건을 갖추어야 하는 것이다.

이러한 토템 및 토테미즘은 동·서양을 물론하고 널리 발견되고 있다. 우리의 경우에도 곰과 호랑이 또는 말·소·돼지·개 등의 토템과 이를 바탕으로 하는 토테미즘이 발견된다. 단군신화의 토템과 관련된 의례의 핵심은 재생을 나타내주는 신화적 표상과 일정 기간 동안의 성스러움을 지향하는 격리와 금기이다. 즉 환웅은 인간이 되고 싶다는 호랑이와 곰에게 쑥과 마늘을 주고 100일 동안 햇빛을 보지 말라고 한다. 호랑이는 이를 견디지 못하나 곰은 3·7일이라는 일정한 기간 동안에 원화위인(願化爲人)을 위한 혈거생활과 음식 금기를 지켜냈고, 인간화된 곰은 웅녀가 되어 환웅과 혼인하게 된다. 이로써 곰 또는 호랑이 등을 숭배하는 토테미즘이 존재했음을 알 수 있다.

한 집단의 토테미즘은 유전되고 평생 지속되는데, 그것은 토템 신앙이 그의 자녀와 혈족과의 관계를 규제하고 심지어는 출산을 위한 배우자의 선정까지도 좌우하기 때문이다. 이와 같이, 토템과 타부 및 족외혼은 복잡하게 얽혀 있다. 오늘날에 있어서도 토테미즘은 특정한 동·식물을 법령으로 보호한다든지 또는 근친혼을 법적으로 금지하는 등 직·간접적인 영향을 미치고 있다.

Ⅱ. 금기

원시규범인 습속에서 출발하여 서서히 법이 발생한 것은 금기(Taboo)에서부터라 할 수 있다.

금기(禁忌)라 함은 Tapu(금지된 것)라는 Polynesia어에서 유래되는 것으로 원시인의 자연에 대한 공포심이 원시적 종교와 결합하여 규범으로 기능한 것을 말한다.

금기는 일정한 행위를 한다거나, 또는 특정한 사물이나 인간의 특정한 상태를 보거나 접촉하는 경우 신벌(神罰)이나 재앙(災殃)을 받는다는 것을 내용으로 한다. 예컨대, 성년남녀의 접촉을 금한다든지, 족장의 신체에 손을 대지 않아야 한다든지 하는 것이다.

Ⅲ. 복수

형벌제도가 제대로 발달되지 않았던 고대사회에서는 타인에 의하여 권리가 침해된 경우에는 자력구제(自力救濟)와 무제한적 복수(復讐)가 행하여졌다. 자력구제라 하는 것은 국가 등의 정치집단의 조력을 받을 수 없는 경우에 피침해자 본인이 스스로 자신의 권익을 보호하기 위한 행위를 하는 것을 말하는 바, 국가권력이 형성되기 이전에는 당연히 자신이 자신의 권익을 보호하는 형태를 취하게 된다.

한편, 복수는 "한 방울의 피에도 파도가 인다"라는 게르만 법언이나 "피는 물보다 진하다"는 우리나라의 속담에서도 잘 나타나는 바와 같이, 신체나 재산에 대한 침해에 대하여 피침해자의 혈족(Sippe)이나 친족의 의무적 복수인 혈족(血族)복수나 친족(親族)복수가 행하여졌다.

Ⅳ. 탈리오

사회의 변화에 따라 국가의 사법권(司法權)이 형성되면서 자력구제와 복수를 제한하게 되었다. 이를 탈리오의 법칙(lex talionis)이라 한다.

Talio의 법칙이라 함은 종래 행하여져 온 무제한의 복수를 동해보복(同害報復)에 그치도록 하는 법칙을 말한다.

이 법칙은 성서 레위기 17-21에서도 찾아볼 수 있다. 여기에서는 "사람을 쳐 죽인 자는 반드시 죽일 것이요, 짐승을 쳐 죽인 자는 짐승으로 짐승을 갚을 것이며, 사람이 만일 그 이웃을 상하였으면 그 행한 대로 그에게 행할 것이니, 파상(破傷)은 파상으로, 눈은 눈으로, 이는 이로 갚을 것이다. 남에게 손상을 입힌 대로 그에게 그렇게 할 것이며, 짐승을 죽인 자는 그것을 물어줄 것이요 사람을 죽인 자는 죽일 것이라"고 적혀 있다.

이는 흔히들 생각하는 복수의 정당화가 아니라 상호 불필요한 생산력이나 인명의 손실을 감소시키고자 하는 것으로 복수를 제한한다는 데에 본질적인 목적이 있다고 하여야 한다.

Ⅴ. 도피읍(소도)과 공권력의 등장

점차 국가의 형벌권(刑罰權)이 확립된 이후에는 복수 및 자력구제가 금지되고, 그 반면에 이에 관한 사항은 국가가 관장하게 되었다.

이는 국가의 사법권이 형성되었음을 의미하는 것으로 도피읍(refuge ; 逃避邑) 또는 소도(蘇塗)라는 공권력에 의하여 제재 내지는 권리구제기관이 생겨났다는 것을 나타낸다. 따라서 법 중에서 가장 먼저 발달한 것은 소송법(訴訟法)이라 할 수 있다.

이와 같이 국가조직이 발달함에 따라서 복수는 점차 금지되어 왔으며, 사적인 손해배상제도와 공적인 형벌제도에 흡수되었다.

즉, 근대적인 법률에서는 일체의 사적인 복수가 금지되고 국가의 배타적인 형벌권 안에 포괄되고, 만약 이 사적인 복수가 있는 경우에는 동기 여하를 불문하고 범죄로서 처벌을 받게 되었다.

제 3 절 법의 발전

Ⅰ. 고대사회와 법

1. 개설

고대사회(古代社會 ; ancient society)란 원시사회가 해체된 후 중세 봉건제사회가 시작되기 전까지의 시기에 해당되는 사회를 말한다. 서양사의 기원은 보통 고대의 동방제국, 즉 수메르, 이집트, 바빌로니아, 헤브라이 등으로부터 시작된다. 이들 국가에서도 수메르법전, 바빌로니아의 Hammurabi왕(B.C. 1728-1688)에 의한 함무라비법전(Code of Hammurabi)과 헤브라이의 모세 5경 등이 존재하였다. 또한 중세 이전의 그리스·로마시대가 이에 포함된다.

2. 수메르(須密爾)법전

수메르는 티그리스·유프라테스 두 강으로 형성된 지방으로 B.C. 5000년경부터 농경민이 정주하여 B.C. 3000년경에는 오리엔트 세계 최고의 문명을 창조하였다. 수메르인들은 수메르법이라는 법전도 만들었다.

우르 제3왕조 시대의 우르남무 법전이나 슐기 법전은 단편적이지만 오늘날까지 남아 있다. 우르남무 법전(Code of Ur-Nammu ; B.C. 2100년~B.C. 2050년)은 세계최고의 성문법전으로

점토판에 수메르어로 기록되어 있다. 우르남무 법전은 함무라비 법전보다 약 3세기 앞선 것이다.

3. 함무라비법전

고대 바빌로니아 제1왕조의 제6대 왕인 함무라비가 B.C. 1750년경에 편찬한 성문법전이다. 이 법은 높이 2.25m의 원기둥 모양의 비석에 설형문자로 새겨져 있다. 비석의 윗부분에는 함무라비왕이 법과 정의를 주관하는 태양(샤마슈 ; Shamash) 신으로부터 법전을 받는 장면으로 보이는 부분이 있어 법신수사상(法神授思想)을 알 수 있다. 1901년 말 프랑스 탐험대가 페르시아의 고도(古都) 수사(Shush)에서 발견하였으며, 현재 완전한 원형으로 루브르 미술관에 소장되어 있다.

함무라비법전은 높이 2.25m 되는 돌기둥에 설형문자로 새겨진 게시법(揭示法)으로, 전문(前文)·후문과 본법 282개 조로 구성되어 있다. 민법·상법·형법 등 여러 항목에 걸쳐 있는데, "눈에는 눈, 이에는 이"라는 보복주의적 형벌 규정은 냉혹한 측면을 보이고 있으며, 상거래 규정과 같은 상당히 발달된 경제생활의 모습도 보여주고 있다. 이것은 후에 이슬람율법과 로마법의 기초가 되었다.

이 법전은 오랫동안 메소포타미아 지역에서 통용되던 보복적 관습법과 율법을 집대성하여 체계화한 것이다. 이 법전을 통해 바빌로니아 사회가 사제와 귀족, 상인과 시민, 노예 등 세 계층으로 구성되어 있었다는 것과 농경과 목축보다는 상업 중심 사회였다는 사실을 알 수 있다. 또한 함무라비 법전에서는 복수법과 신분 계층에 따른 차별적용이 인정되었으며, 여성의 사유재산 보유와 금전을 통한 노예의 해방에 관해서도 규정하고 있다.

계급적 법제도·신판(神判)·동해보복형(同害報復刑) 등의 잔재가 남아 있으나, 농업사회의 법 이외에 운송·중개 등 상사에 관한 규정까지 포함되어 있다. 또 실체법 규정, 특히 사법(私法) 규정이 대부분이어서 절차적 규정이 극히 적은 점, 종교적 색채의 규정이 적은 점 등 고대법보다 진보된 내용이 있다.

함무라비법전은 수메르법과 아카드법을 절충하며, 종래의 제정법을 종합·발췌하여 제정한 것이며, 후세의 바빌론법이나 아시리아법에 큰 영향을 끼쳤다. 또, 로마의 십이표법(十二表法)·헤브라이법 사이에도 역사적 관련이 있었으므로, 이 비교 연구에도 중요한 자료가 된다.

4. 모세 5경(Five Books of Moses)

구약성서의 맨 앞에 있는 '창세기', '출애굽기', '레위기', '민수기', '신명기' 등 5종의 책을 모세 5경 또는 모세 5서(五書)라 한다.

또 유대교에서는 이를 '율법서·예언서·성문서'라는 긴 이름으로 부른다. 율법서인 토라(Torah)에는 창세기[1]·출애굽기[2]·레위기[3]·민수기[4]·신명기[5]가 들어 있다. 이 때문에 토

1) 창세기(Genesis, 創世記)는 이스라엘 민족의 종교적 관념들과 성립에 대한 역사적 가정들과 근본적인 이야기들을 제시해주며, 이스라엘의 역사, 법, 관습 등을 소개하고 있다.

2) 출애굽기(Exodus, 出埃及記)는 하느님의 백성으로서의 이스라엘 민족이 고난으로부터 해방되는 자유와 하느님의 훈계에 대해 복종하는 자유, 성서와 종교사상의 특질로서의 자유를 가르치고 있다.

3) 레위기(Leviticus)는 이스라엘인의 종교의식·예배·일상생활 속에서 지켜야 하는 율법이 기록되어 있다.

4) 민수기(Numbers)는 토지분할의 규정, 미디안 부족에 대한 복수에

라를 모세 5경(펜타튜크 ; Pentateuch)이라고도 한다.

본래 모세가 쓴 것으로 여겨 왔기 때문에 '모세 5경'이라고 불렀는데, 지금은 많은 자료를 바탕으로 몇 사람이 편집한 것임이 밝혀졌다. 그러나 그 주인공은 모세이며, 그 정신이 전체에 일관되어 있어 '모세 5경'이라는 호칭이 그 의미를 상실하는 것은 아니다. 거의 600년이라는 긴 역사의 흐름 속에서 단계적으로 이루어져, B.C. 400년경에야 결집이 완성된 것으로 보고 있다.

5. 고대 로마법

1) 12표법(Leges Duodecim Tabularum)

(1) 12표법의 제정과 공시

로마는 트로이의 장군인 에네아스(Aineias)의 후손인 로물루스(Romulus), 레무스(Remus) 쌍둥이 형제를 조상으로 하여 티베르 강가에 건설된 도시국가로부터 발달하였다. 초기 로마법은 관습법으로 발달하였다. 즉, 로마 최초의 성문법이라고 할 수 있는 12표법이 제정되기 이전에는 예로부터 내려오던 관습을 법으로 적용하였던 것이다.

그 후 로마 공화제 초기 국가의 주도권은 파트리키(귀족 또는 원주민 ; patrici)에게 있었으며, 플레브스(평민 또는 신주민 ; plebs)는 정치적 경제적으로 배제되어 있었다. 플레브스

대한 내용이 기록되어 있다.

5) 신명기(Deuteronomy, 申命記)는 이스라엘 사람이 지켜야 할 율법에 대해 모세가 재차 행한 고별설교가 기록되어 있다. 이 책에서는 주로 유일신인 주 하느님을 예배하라는 등 근본적인 가르침을 새삼 강조하고 있는데, 거기에 새로운 요소를 가미하여 특별히 율법을 지키는 동기나, 율법을 지켰을 때의 보답 등에 관하여 설명하고 있다.

는 로마북동부에 있는 성산(聖山 ; Mons Sacer)에서 정치적·사회적 불평등을 타파하기 위하여 파트리키에 대하여 격렬한 무장 신분투쟁을 전개하게 되었다. 이것이 B.C. 494년~B.C. 449년의 성산사건이다. 그 결과 '12표법(十二表法)'이라고 불리는 로마 최초의 성문법이 제정되었으며, 호민관(護民官) 제도가 도입되었다.

로마 최초의 성문법인 12표법을 12동판법(銅板法)이라고도 부른다. 그러나 갈리아와의 전쟁 도중 소실되었기 때문에 이 법이 동판에 새겨진 것인지 아니면 상아나 목판에 새겨졌는지는 불확실하다. 종래 법에 관한 지식과 공유지 사용을 독점하였던 patrici에 대한 plebs의 반항에 따라 이를 무마하기 위하여 제정되었으며 시장(市場)에 공시되었다.

(2) 12표법의 내용

12표법에는 탈리오의 법칙이 포함되어 있었으며, 12표법은 소송의 종류와 방식을 규정하고 있는 소송법(1·2·3표), 가장권, 후견, 보좌, 상속 및 유언 등을 규정하고 있는 가족법과 상속법(4·5표), 물권과 채권에 관한 재산법(6·7표), 불법행위법(사죄) 및 형법(공죄:반역죄 모독죄 및 살인죄)에 관한 규정(8표), 공법 및 신법(9·10표) 그리고 추가규정(11·12표)로 구성되어 있다. 이와 같이 12표법은 신법(神法)과 인법(人法), 공법(公法)과 사법(私法)을 구분하여 규율하였다.

(3) 12표법의 성격과 한계

그렇지만 12표법은 거래법으로서는 불충분하였으며, 수확물에 대한 저주의 금지, 엄격한 상린관계(相隣關係)의 법 등 좁은 고대적 농업사회의 시민법이었다.

또한 파트리키(patrici)가 주도적으로 제정하였기 때문에 파트리키(patrici)의 배타성과 우월성이 바탕에 깔려 있다. 예컨대, 파트리키(patrici)와 프렙스(plebs) 간의 통혼(通婚)을 금지하는 내용이 포함되어 있었으며, 가혹한 채무법과 노예제도를 그 내용으로 하고 있어 여전히 되어 있어 갈등의 소지를 안고 있었던 법이다.

이러한 갈등은 그 후 양자 간의 통혼을 허용하는 것을 내용으로 하는 카눌레이우스법(Lex Canuleius, B.C. 445), 2명의 집정관 2명 중 1명을 선출직의 plebs에게 맡기고, 공유지의 과다점유를 금지하고 공유지에 방목할 가축의 수를 제한하며, 부채상환제도를 개선하여 patrici와 plebs 간의 갈등을 해소하는 것을 내용으로 하는 리키니우스 섹스티우스법(Lex Licinius-Sextius, B.C. 367), 부채노예제[6] 폐지를 내용으로 하는 포에텔이우스법(Lex Poetelia Papiria(B.C. 326) 등에 의하여 점차 완화되기에 이른다.

2) 호르텐시우스법(Lex Hortensius)

B.C. 287년, 호민관인 호르텐시우스가 제안하여 통과시킨 법률이다. 이전까지 로마에는 전체 시민, 즉 파트리키(patrici)와 프렙스(plebs)가 참여하는 민회(民會)가 있었으나, 평민들만이 참여하는 평민회에서 의결된 사항도 원로원(元老院 ;

6) 로마에서는 일찍이 부채노예제도가 광범히 시행되었다. 이는 12표법에서 유래하는 것이다. 부채를 변제하지 못하는 채무자는 채권자에게 인신이 양도될 수 있었다. 따라서 채무자는 인신이 구속된 부채노예가 되어 채권자에게 강제로 노동을 제공하거나 채권자의 자의적 처분에 맡겨질 수 있었다.

senatus)[7]의 승인을 얻어야 했다.

호르텐시우스법은 평민회에서 의결된 사항에 대하여는 원로원의 승인 없이 모든 시민에 대하여 법적 구속력을 갖도록 했다. 이로 인해 평민들의 영향력이 증대되기 시작하였으며, 공화정 시기에 계속 대립해 온 귀족과 평민 사이의 신분 투쟁이 법제상으로 종결되었다.

3) 시민법

(1) 시민법의 의의

시민법(市民法 ; ius civile)은 본래 고대 로마에서 로마 시민에게만 적용되는 법을 의미한다. 이는 만민법(萬民法)에 대응하는 개념으로 사용되었다.

(2) 시민법의 성격

시민법은 도시국가 로마의 법으로서, 농민의 법 및 가족 중심의 법이다. 또한 형식엄격주의(形式嚴格主義)의 법으로서의 특색을 지닌다.

(3) 시민법대전의 성립

시민법을 집대성한 것이 시민법대전(市民法大全 ; Corpus Iuris Civilis)이다. 이를 로마법대전이라고도 한다.

---

7) 로마 건국자 로물루스에 의하여 설치되었다. 씨족의 장로로 구성된 것으로 본다. 공화정 때에는 의원수가 300명에 이르며, 그 뒤에 600명이 되었다가 카이사르 때는 900명으로 늘어났다. 의원의 임기는 종신(終身)이었다. 처음에는 patrici만으로 구성되었으나 점차 plebs도 의원이 되었으며, B.C. 3세기경부터는 임기 만료된 정무관(政務官)이 자동적으로 의원이 되었다. 공화정에 이르러 민회·정무관(政務官) 등과 함께 로마를 지탱하는 3개 기둥이 되었다. 원로원 결의는 법률과 똑같은 효력을 가졌다.

527년에 동로마제국의 황제가 된 유스티니아누스는 기존의 법률들이 너무나도 낡아서 당시의 사회사정에 맞지 않을 뿐만 아니라 내용도 서로 모순되는 등의 문제점을 나타내고 있다고 판단하였다. 이 때문에 그는 민권을 보장하는 로마법의 황금시대로의 복귀를 희망하여 법률제도의 전면적인 개혁을 단행했던 것이다.

그리하여 유스티니아누스는 트리보니아누스(Tribonianus) 등 10명의 법학자를 위원으로 하여 공화정 이래의 로마의 법률, 판례, 칙령과 법률에 관한 학설 등을 모아 포괄적이고도 방대한 법전의 체계적인 편찬을 계획하여 칙법휘찬(Codex)[8], 학설휘찬(Digesta)[9], 법학제요(Institutiones)[10], 신칙법(Novellae)[11] 등을 편찬하였다. 유스티니아누스의 법전은 1583년에 시민법대전이라는 단행본으로 간행되었다.

유스티니아누스에 의하여 추진되었던 법전편찬사업은 너무 서둘렀기 때문에 중복·누락되는 것도 있고 통일성이 결여되어 있는 등 여러 가지 결함이 있다는 점을 부인할 수는 없다.

그렇지만 앞 시대의 것을 자료로 쓴 것은 역사적으로도 매우 중요하며, 법전편찬 작업이 있었기 때문에 인간존중사상 등을 포함하고 있는 로마법이 중세·근대 및 현대에 전하여질 수 있었다는 점에서 보면 우리는 유스티니아누스의 법전편찬사업을

---

8) 칙법휘찬은 529년의 구칙법휘찬(Codex Vetus)과 이를 수정하여 534년 공포한 신칙법휘찬(Codex Repetitae Praedectionis)이 있다.

9) 고전기 법률가들의 저서에서 발췌하여 편찬하였다. 이를 '會典(Pandectae)'이라고도 부른다. 전체 50권으로 구성되어 있으며 로마법대전의 중핵을 이룬다.

10) 트리보니아누스 등의 협력으로 편찬된 초학자의 교과서용이다.

11) 유스티니아누스 자신이 발포한 158개의 칙법을 그의 사후에 편찬한 것이다.

지대한 공적이라 하지 않을 수 없다.

4) 만민법

(1) 만민법의 의의

만민법(萬民法 ; ius gentium)은 고대 로마제국에서 로마시민과 외국인 또는 외국인 상호간에 적용된 법을 말한다. 이는 로마의 시민권을 부여받은 자에게만 적용되었던 형식주의적인 시민법(市民法)에 대응하여 칭하게 되었다.

(2) 만민법의 필요성

로마의 정복활동이 활발함에 따라 로마에 복속된 이민족들과 다른 여러 도시국가들과의 교류에 있어서 이 시민법이 적용되지 않는 영역이 발생하여 법 제정의 필요성이 증대하게 되었다.

(3) 만민법의 내용

만민법은 도시국가(都市國家)인 로마가 세계적인 대제국으로 발전하는 과정, 특히 여러 도시, 여러 민족과의 재산이나 노예의 교섭·거래에서 신의·성실을 중시하는 입장을 유지하기 위하여 생겨난 법질서를 그 내용으로 하고 있다. 만민법은 관습을 기초로 하고 여러 도시 및 여러 민족에게 공통되는 자유롭고 비형식적인 것이며, 로마시민에게나 외래인(外來人)에게나 똑같이 적용되었다. 이러한 만민법 사상은 성서 레위기 22절에서도 볼 수 있다. 레위기는 동해보복규정의 적용과 관련하여, '외국인에게든지 본토인에게든지 그 법을 동일하게 적용하라'고 규정하고 있다.

(4) 자연법사상에의 영향

만민법은 모든 사람들에게 공통적으로 적용될 수 있었다는 점에서 자연법사상에 영향을 미쳤다는 데에 의의가 있다. 왜냐하면 로마시민과 외래인 간에 공통적인 '자연적 이성'을 원리로 하여 자연법이 성립될 수 있는 가능성을 제시한 것이 만민법이기 때문이다. 로마의 정치가이며 철학자인 키케로(Cicero) 또한 소크라테스의 영향을 받아 자연법과 만민법을 결부시켜 자연법을 '진실한 법'이라고 주장하여 했다. 가이우스(Gaius) 또한 만민법과 자연법을 동일시했다. 이에 반해, 울피아누스(Ulpianus)는 이 둘을 구분하여 자연법은 본능적인 습관에 가까운 것으로 규정하기도 했다.

그 후 212년 로마 제국 내의 모든 자유민에게 로마 시민권이 부여되어 시민법과 만민법을 구별할 필요가 없어짐에 따라 자연법 개념 속에 포함되었다.

5) 고대 로마법의 의의

로마인들의 법(ius) 관념은 다른 문명된 민족과 비교할 때, 이미 일찍이 종교 및 도덕과 분리된 법의 독자적인 영역을 구축했고, 특히 강력한 권리의식에 의해 뒷받침된 생존과 정의를 위한 투쟁은 로마의 초기부터 로마문명의 기본적인 특성을 보여주었다.

그리하여 로마민족은 후대에 '법의 민족'으로 평가받기에 이르렀고, 로마의 멸망 후에도 법을 통한 세계를 제패하는 것이 가능하였던 것이다.

예링(Jhering)은 그의 저서 『로마법의 정신』에서 로마는 세계를 3번 통일하였다고 표현하였다. 즉 로마제국의 무력에 의한 국가통일, 로마제국의 몰락 후 종교에 의한 유럽대륙통일,

그리고 중세 이후 로마법의 계수를 통한 세계법의 통일이 그것이다.

예링의 표현을 빌리지 않더라도 로마법은 비단 대륙법계 뿐만 아니라 영미법계에도 영향을 미쳤으며, 라드부르흐가 적절히 표현하고 있는 바와 같이 아시아의 극동인 한국에까지 영향을 미쳤음을 부인할 수 없다.

6. 고대 게르만법

1) 고대 게르만법의 의의

게르만인은 국가적 통일체를 이루지 못한 상태에서 역사에 등장했다. 최고(最古)의 법상태도 명확하지 않다. 고대게르만법은 지금의 독일, 스칸디나비아, 북프랑스, 북부 이탈리아 지방에서 거주했던 고대 게르만 민족의 법률을 총칭한다.

2) 고대 게르만법의 성격

로마법과는 달리 고대 게르만법은 비제정법으로 본래 부족들의 관습이지 중앙정부가 공포한 법전이 아니었다. 고대 게르만법은 일반적인 풍습에서 비롯된 특정부족의 관습을 내용으로 하는 판고법(判告法, Spruch recht)으로서 불문법(不文法)이었으며, 각 소속 부족에게만 적용되는 속인법(屬人法)이었다. 즉, 거주 영토가 아니라 소속 부족에 따라 법률이 적용되어 유목생활을 하는 부족이 이동할 때면 이동한 영토 내의 법률의 지배를 받는 것이 아니라 소속 부족의 법률의 지배를 받았다.

게르만인의 법은 무엇보다도 조상들로부터 내려오는 관습이었으며, 그들에게 인정되는 사회생활의 바른 질서를 의미한다.

따라서 법은 누구에 의하여 창조되었거나 명령된 것이 아니요, 신비한 힘을 가졌지만 신의 명령 자체도 아니고, 생활관계의 올바른 질서 또는 사람들의 확신을 의미하는 것이다.

3) 고대 게르만법의 사상적 기초

법이라는 규범은 단지 각자의 자율의지에 의한 복종에 맡겨지는 윤리적인 것이 아니라, 사회력에 의하여 강제될 수 있는 것으로 받아들여졌다. 그러한 성질의 법은 세 가지의 사상, 즉 명예(Ehre)와 성실(Treue)과 평화(Friede)에 의하여 지탱되었다.

(1) 명예

명예란 사람들이 사회적 지위에 상당한 행동을 하여야 한다는 기대와 신뢰를 사회로부터 받고 있는 상태를 말한다. 사람은 누구나 명예에 반하는 행동을 하여서는 아니될 의무를 부담한다. 만일 이 의무에 위반할 때에는 공동체의 구성원에서 제외되는 평화상실자(Friedenlosige) 또는 권리상실자(Rechtlosige)가 되었다.

(2) 성실

성실이란 명예와 밀접한 관계가 있다. 신의(信義)라고도 한다. 성실은 특히 채무법의 영역을 지배하는 원리의 하나이다. 그것은 군주와 신하, 주인(Master)과 종제, 상전과 가인 같은 상하관계에 가장 강하게 나타나는 규범가치였다.

그러나 게르만인의 성실은 한쪽만이 희생되는 것이 아니라 쌍방이 서로 다 같이 성실해야 한다는 원리였다. 어느 일방에 의한 성실의무의 위반은 반역(Felonie)이라 하여 중대한 제재의 대상이 되었다.

(3) 평화

평화란 명예와 성실을 포괄하는 보다 고차원의 사상이다. 신분적 또는 계급적 질서에 관계없이 모두가 평등의 관계에 서는 게르만인의 최고의 사회원리이다.

그들의 혈연단체는 곧 평화공동체(Friedensgemeischaft)였고, 한 구성원에 대한 침해는 공동체 전체의 영예에 대한 침해로서 곧 적대관계(Fehde)와 혈수(Blutrache)로서 회복되어야 했다. 또한 공동체 내에서도 의무를 위반하는 자는 평화상실(Friedlosigkeit)을 선언받고 축출당하여 모든 법적 권리를 상실하게 된다.

그 후 기독교가 전래됨으로써 게르만사회의 엄격한 혈족적 평화사상은 신의 평화(Gottesfriede)운동에 의하여 승화되었다. 신의 평화란 교회가 발기자가 되어 페데(Fehde)의 제한을 목적으로 서약하는 약정(Einungen)으로, 프랑스의 끌뤼니(Cluny) 수도원에서 기초한 교회개혁운동의 한 강령에서 비롯되었고, 10세기말 부르군트(Burgund)와 안뀌따니엔(Anquitanien)에서 시작하여 프랑스를 거쳐 독일로 확대된 것이다.

평화의 사상은 그리스도교회의 권위와 함께 란트법과 레엔법, 그리고 형법의 정신적 기초가 되었다.

Ⅱ. 중세사회와 법

1. 의의

유럽역사에 있어서 중세(Middle Ages)는 서로마 제국의 몰락(476년)부터 르네상스(14-16세기)와 더불어 근세(1500-1800)가 시작되기까지의 약 1000년에 이르는 시기를 말한다. 중세를 Dark Age(암흑시대)라고도 한다.

이 시기는 훈족의 침입에 따른 게르만 민족의 대이동(4세기-6세기)으로 인하여 다수의 게르만 국가가 형성·발전되어온 시기이다. 게르만은 서게르만과 동게르만 및 북게르만으로 나누어진다. 서게르만은 유트, 앙겔, 작센, 수에비, 프랑크족이며, 동게르만은 롬바르트, 반달, 부르군트, 고트족이다. 북게르만은 주로 스칸티나비아 지역의 게르만을 의미한다. 북게르만법은 극히 고대적인 특징을 보여주고 있다. 이는 외래의 영향을 매우 적게 받았을 뿐만 아니라 북게르만인은 게르만족의 대이동에서 제외되어 있어 고대 게르만법의 원형을 쉽게 발견할 수 있다.

중세 초기에는 각지에 건설된 게르만국가에서는 게르만 고유의 관습법(부족법)에 의존하였다. 그러나 후기에는 로마법의 계수가 이루어지게 되어 로마법의 세계화를 촉진시키는 계기가 되었다.

게르만의 대이동으로 로마는 동로마제국과 서로마제국으로 붕괴된다. 그 후 유럽세계는 게르만족과 사라센족의 대이동 그리고 동유럽에서의 슬라브족의 이동으로 크게 변화를 겪게 된다. 그 가운데 서유럽 세계는 옛 서로마제국의 영토를 중심으로 하여 게르만족의 새로운 국가가 지배하게 되었다. 서게르만중 유트, 앙겔, 작센은 후에 브리튼으로 이동하여 영미법의 바탕이 되었으며, 프랑크는 현재의 프랑스에, 수에비는 이베리아반도 북부에 각각 국가를 건설했다. 특히 프랑크법은 나폴레옹입법을 통하여 19세기에 들어서 더욱 넓은 영역을 획득하였다.

그리고 동게르만 중 롬바르트와 동고트는 로마에, 반달은 아프리카 동북부에, 그리고 부르군트는 프랑스남부에 각각 국가를 건설하였다. 이에 따라 서로마제국이 지배하던 지역에서는 전통적인 로마·라틴문명의 바탕 위에 새로이 게르만적 요소가 융합되어 서유럽문명이 발달하기 시작하였다.

2. 중세 봉건제도의 성립

게르만족의 국가들이 통합되고 프랑크왕국이 주도권을 장악하게 됨에 따라 서유럽세계는 서서히 정치적인 안정을 갖게 되었다. 그리고 종교적으로는 로마교회의 포교에 따라 서유럽세계는 카톨릭교회로 통일되었으며, 이러한 정치적·종교적인 통일을 바탕으로 하여 경제·사회적으로는 중세를 상징하는 봉건제도가 성립되었다.

중세의 봉건제도는 게르만의 대이동을 계기로 하여 로마말기의 봉건사회와 게르만의 봉건사회가 결합한 것이다. 토지소유관계를 중심으로 하여 성립하는 주종의 신분적 계급제도인 봉건제도는 국왕을 정점으로 하여 지배계급인 승려, 영주, 기사를 그 중심체로 하고 농민을 하부구조로 하는 피라미드형의 엄격한 계급사회였다.

또한, 봉건사회를 기초로 하여 서유럽세계에 강력한 초국가적 세력을 건설한 로마교황은 프랑크왕국의 뒤를 이은 신성로마제국의 황제와 유럽의 패권을 다투었으며, 서유럽의 정신적 세계를 지배하는 절대적인 권위를 가지게 되었다.

3. 중세사회와 인권

이와 같은 봉건제도와 로마교회의 지배권이 강화됨으로써 인간이 정신적·경제적·신분적으로 반노예적인 예속상태에 놓이게 됨에 따라 중세에는 민주주의 사상이 성장할 수 있는 풍토가 조성되지 못하였던 시기이기도 하였다.

이와 같이 중세에 있어서는 봉건제도와 로마교회의 이중적인 지배 아래 인간의 자율적인 존엄은 유린되었으며 자유롭고 평등한 사회생활을 기대할 수 없었다. 그렇기 때문에 우리는 중세를 가리켜 유럽의 암흑시대(暗黑時代)라고 부르기도 하는 것이다.

4. 중세사회의 법문화

중세 봉건사회의 법으로는 일반법인 란트법과 특별법인 도시법, 봉건법 등을 들 수 있다. 일반법인 란트법(Landrecht)에 대한 특별법으로서 도시주민에게 적용되는 도시법(都市法 ; Stadtrecht) 및 각 계급간에 적용되는 법이 있다.

각 계급간에 적용되는 법의 예로서는 봉주와 봉신 사이에 적용되는 봉건법(封建法 ; Lehnrecht), 장주와 예농과의 관계를 규율하는 장원법(莊園法), 가인관계를 규정한 가인노무법(家人勞務法) 등이 있었다.

이와 같이, 일반적으로 봉건적 정치체제와 상공업 길드제도를 배경으로 하여 사회가 신분적으로 고정되어 있었으므로, 법도 사회구성의 계층에 따라 분화되어 있었다. 이를 법권(法圈)의 분열(分裂)이라 한다.

또한, 법의 내용도 신분적 계급적 전제적 성격을 면치 못하였으며, 법의 내용도 지극히 엄격한 동시에, 고대 그리스 로마의 권리 본위의 법문화와는 달리, 일반인의 입장에서 볼 때 의무 본위의 법문화를 나타내었다.

1) 란트법

란트법(Landrecht)은 중세 독일에서 일정한 지역의 주민에게 적용된 일반법이다. 13세기 작센 지방의 란트법이 아이케 폰 레프고(Eike von Repgow)라는 기사(騎士)가 쓴 작센슈피겔(Sachsen Spiegel)이라는 이름의 법률서에 수록되어 오늘날까지 전한다. 작센슈피겔은 저자가 각 지방의 법원에서 참심원으로서 일한 경험을 바탕으로 작센 지방, 특히 오스토파렌의 관습법을 성문화한 것이다. 이에는 국제법(國制法)·소송법·형법·가정법·재산법 등에 관한 규정이 담겨 있다.

2) 도시법

도시법(Stadtrecht)은 도시주민에게 적용되는 법이다. 11세기 말부터 형성되기 시작한 초기의 도시법은 관습법의 형태를 보였으나 12세기 이후 성문화되기 시작하였다.

성문의 도시법은 처음에는 중세 유럽의 도시군주가 부여한 특허의 형식으로 이루어졌지만, 자치권을 취득한 도시에서는 시민이 자체적으로 자치법을 제정하게 되었다. 그리하여 중세 후기에는 도시법을 체계적으로 기록·편찬한 '도시법서'가 출현하게 되었다.

도시법의 내용에는 도시자치의 내용을 이루는 도시참사회(都市參事會)[12]의 권한, 도시의 재판권, 도시의 성벽 건설, 시장의 개설, 화폐의 주조 등이 포함되었다.

도시법은 도시가 국왕특허장에 의해서 획득한 여러 특권과 도시 내부에서 자연히 성립한 관습법 등이 모체가 되고, 여기에 도시의 외교협정문서, 도시 내 길드규약, 도시참사회의 제반 결정 등이 추가되었다.

3) 장원법

중세에는 국왕·교회·영주의 대토지 소유가 발전하여 그 경영 형태로서 장원제가 발달하였다. 장원제의 지배는 종래의 촌락공동체의 관습과 대립·모순되는 것이었다. 그 모순에 대한 타협의 결과로 나타난 것이 장원법(Hofrecht)이다.

장원법은 11세기경부터 각 장원에 설치된 법원의 판례를 기초로 한 관습법이다. 그 내용은 농민의 신분문제, 장원재판소의 개정(開廷)절차, 법정구성원의 소집방법, 공조(貢租)·지대(地代)의 체납에 대한 처벌 등이다. 장원농민생활의 법적 질서를 규정한 것인데, 18세기 말에 소멸하였다.

장원법은 레엔(Lehen ; 봉토)관계를 바탕으로 한다. 레엔관계는 인적(人的)인 면에서는 수수탁신행위(授受託身行爲)와 성실선언(誠實宣言)에 의하여, 물적(物的)인 면에서는 레엔의 수여, 즉 인베스티투르에 의하여 설정되었다. 인베스티투르는 봉신에 대하여 레엔의 게베레[13]를 수여하고 동시에 타인의 물건

---

12) 도시참사회는 도시의 교역상인들로 구성된 의회로서 도시의 운영을 담당하였다.

13) 게베레(Gewere)란 게르만법에서 물적 지배권(物的支配權)을 외부적으로 표현형식을 말한다. 게르만법에서는 물적 지배권(현행법상의 관념으로는 소유권이라든지 처의 재산에 대한 남편의 관리권 등)은 외부적 표현형식(현행법상의 관념으로는 동산인 경우에는 점유, 토지

에 대한 용익물권을 수여하는 행위이다.

독일에서는 봉주에 대하여 레엔에서의 성실 의무는 일정한 한도 안에서 부담하는 것이었다. 따라서 프랑스와 영국에서 레엔제적 성실을 무조적건 성실로 강화시켰던 것과는 그 성격이 다르다. 그러므로 독일에서는 레엔을 포기함으로써 봉신으로서의 의무도 면할 수 있었다.

4) 봉건법과 가인노무법

장원법은 영주와 농민의 관계를 규율하는 법이다. 이에 반하여, 봉건법은 봉주와 봉신의 관계를 규율하는 법이다. 그리고 가인노무법(가인법 또는 가인근무법)은 가인과 그 주인과의 법관계를 규율하는 법이다.

Ⅲ. 근대사회와 법

1. 개설

흔히 근대사회는 3R(revolution, reformaition, renaissance)로 시작된다고 한다. 근대에는 중세의 봉건적 정치체제가 붕괴되고, 근대적 의미의 중앙집권적 통일국가가 출현하였으며, 시민혁명(civil revolution)을 통하여 새로운 시민계급이 등장하였다.

근대사회가 산업혁명을 계기로 하여 경제적인 발전을 이루는

인 경우에는 수익권)을 수반한다고 보아, 이것을 가리켜 게베레라고 하였다. 로마법의 점유(possessio)는 소유권 등의 본권(本權)과는 별개의 것인 데에 반하여, 게베레를 본권과 별개의 것으로 보지 않고, 본권의 외부적 표현형식이라고 보았다.

한편, 정치적 측면에서는 민주주의가 발전하였다. 근대민주주의는 전제적인 정부에 대한 반항으로서 대두된 것이었다.

근대국가 성립 초기에는 봉건영주와 교황의 세력을 타도하기 위하여 시민계급과 세속군주가 서로 제휴하였던 것은 사실이지만, 그 후에는 점차로 강대하여진 국왕의 중앙집권적인 전제정치로부터 시민계급은 그들의 자유와 존엄성을 위하여 투쟁하기 시작하였다. 3대 시민혁명이라고 불리는 1688년 영국의 명예혁명과 1776년 미국의 독립혁명 그리고 1789년 프랑스대혁명은 절대주의 및 전제정치를 타파하기 위한 것이었다. 이러한 3대 시민혁명을 계기로 근대민주주의가 확립되었다.

근대민주주의 아래에서는 무엇보다도 정치를 권력으로 간주하였다. 그렇기 때문에 이와 같은 정치적 권력이 전제화하거나 절대화하는 것을 방지함으로써 정치적 권력으로부터 해방된 각 개인의 자유를 확보하고자 하는 것을 그 목적으로 하였던 것이었다.

근대에서는 개인주의, 자유주의, 자연법사상을 바탕으로 하여 정치적·경제적 개혁이 단행되었다.

2. 자연법사상

자연법이란 인위적이 아닌 자연적 성질에 바탕을 둔 보편적이고 항구적인 법률 및 규범을 말한다. 실정법에 대비되는 개념이다. 자연법은 민족이나 사회 또는 시대를 초월하여 영구불변의 보편타당성을 지닌다.

이러한 사상은 시대에 따라 다양한 형태로 존재해 왔다. 특히 고대 그리스시대에는 실정법과의 관계에 대해 많은 이견이 있었다. 예컨대, 아리스토텔레스는 자연법은 항상 똑같은 효력을 지니므로 인간의 판단에 근거한 실정법의 정의와 항상 일치하는 것은 아니라고 보았다. 스토아(Stoa)학파는 자연법이야말로 올바른 이성에 맞는 완전히 평등한 법이라고 보았다. 키케로(Cicero)는 "자연에 합치되는 것이 정의"라고 하였으며, "진정한 법은 모든 인간 안에 스며 있는 올바른 이성"이라고 하였다.

중세에 들어서는 이원적인 기독교적 세계관에 근거하여 신의 세계를 영원보편적 법의 세계라고 보고 신법(神法)에 종속된 법의 세계인 인간의 세계를 매개하는 것을 자연법이라고 한 토마스 아퀴나스(Thomas Aquinas)를 대표로 하는 기독교적 자연법사상이 등장하였다.

종교개혁 이후에는 중세 교회의 권위와 구속에서 벗어나 자연법의 개념은 새로운 전기를 맞이하게 되었다. 17세기에 이르러 그로티우스(H. Grotius), 홉스(T. Hobbes), 로크(J. Locke) 그리고 루소(J. J. Rousseau) 등의 사상가들은 인간의 본능을 자연으로 규정하는 경험적 자연법사상을 발전시켰다. 사회계약설은 경험적 자연법사상을 바탕으로 하여 발달한 것이다. 그 후 인간의 이성을 자연의 개념으로 설명하는 이성적 자연법이론이 칸트(I. Kant)에 의하여 완성되었다. 이러한 일련의 사상적 배경이 인간존중사상을 발달시키고 민주주의를 실현하는 원동력으로 작용하였다.

3. 사회계약설

자연법사상에 바탕을 둔 사회계약설은 그 근원이 고대 이스라엘 시대부터라 할 수 있으나, 그 주된 발전은 근대 이후의 일이다. 근대사회계약설은 16세기의 통치계약설과 17·18세기의 사회계약설로 나누어 볼 수 있다.

1) 통치계약설

통치계약설은 불평등한 신분제를 전제로 하여 통치자와 피치자간의 상하계약관계를 중심으로 한다. 통치계약설은 군주의 선정(善政)만을 목적으로 하는 단순계약이기 때문에 군주가 선정을 하는 한 인민은 이에 순종하지만 만약 악정을 하는 경우에는 계약위반이라는 조건으로 군주를 추방한다는 것이었다.

이것은 종교개혁 당시 신앙의 자유를 억압한 군주에게 대항하기 위하여 주장된 것으로 대표적 학자는 영국의 뷰캐넌(G. Vuchanan), 후우커(R. Hooker)와 프랑스의 랑게(H. Languet) 및 독일의 알투지우스(J. Althusius) 등이다.

그런데 군주 그 자체를 부정하지 않고 선정만을 요망했다는 점에서 계몽사상과 일맥상통한다. 18세기 볼테르, 몽테스큐 등에 의해서 대표되는 계몽사상은 자유와 이성과 순리로 전통적 우상을 타파하고 구제도(Ancien Regime)를 배격할 것을 주장했으나 반드시 절대군주 그 자체를 배척한 것은 아니었다.

2) 사회계약설

사회계약설은 모든 인간이 평등하다는 전제에 입각하여 개인과 개인간의 수평적 계약관계를 중심으로 한다.

이와 같은 사회계약설은 인간의 생활관계를 자연상태와 국가상태로 구분하여 설명한다. 우선 사회생활에 있어서의 모든 정치적 지배와 국가법제가 존재하지 않는 상태인 자연상태를 가정하고, 자연상태에 있는 인간을 자유롭고 평등한 존재로 표현한다. 그 다음에 그러한 개인간의 자유로운 합의인 사회계약에 의하여 국가상태가 성립하는 것으로 설명하려는 것이다.

그러므로 단순히 절대군주의 각성을 촉진하거나 절대군주에 대하여 제약을 가하는 것만으로 만족하는 통치계약설과는 달리, 사회계약설은 국가구성의 근본을 자유롭고 평등한 인민의 주권에 두는 저항적 혁명사상이었다.

이것은 그로티우스(H. Grotius)와 스피노자(B. Spinoza) 등에 의하여 창도되었고, 독일의 푸펜도르프(S. Pufendorf), 영국의 홉스(T. Hobbes), 로크(J. Locke) 등에 의하여 발전되었으며 프랑스의 루소(J. J. Rousseau)에 와서 그 절정에 달하였다.

홉스(Hobbes)는 인간의 자연상태를 만인의 만인에 대한 투쟁상태로 파악하고, 이와 같은 투쟁상태에서는 이기적인 본성을 충족시킬 수 없기 때문에, 인간은 보다 많은 이기적 행동을 확보하기 위하여 자연상태를 포기하고 국가를 조직한다는 것으로 보았다.

또한 로크(Locke)는 자연상태에서의 인간은 자유롭고 평등하기는 하지만 자연상태에 있어서 부당한 침해와 범죄로부터 자유를 보장할 수 있는 장치가 없기 때문에 이러한 불안을 제거하기 위하여 국가상태를 필요로 하게 되는 것이라고 보았다.

루소(Rousseau) 역시 인간의 자연상태를 가장 자연스럽고 평등한 상태로 보았다. 루소에 의하면 인간은 사회계약에 의하여 자기의 모든 권리를 공동체에 양도하고 다시 공동체로부터 동일한 권리를 양수하기 때문에 자신의 권리는 조금도 손실되지 않는 것으로 보았다. 또한 루소는 절대적 국민주권론을 주장하여 시민혁명에 막대한 영향을 주었다.

4. 문예부흥(Renaissance)과 종교개혁(Revolution)

그러나 봉건제도와 로마교회의 지배도 십자군전쟁을 계기로 하여 점차 붕괴되기 시작하여 근대사회의 발생을 촉진시키게 되었다. 즉, 11세기에서 13세기에 걸친 십자군원정의 말기 이래 지중해와 유럽내륙의 교통이 부활되고 상공업이 발달되면서 무역이 성행하고 새로운 근대적 도시가 건설되기 시작하였다. 도시를 중심으로 한 화폐경제의 발달은 중세의 봉건제도를 서서히 붕괴하여 나갔으며, 로마교황의 권위를 떨어뜨렸다. 이와 같은 변화에 따라 봉건영주와 로마교황의 세력이 약화되자 군주의 지위가 매우 강화되어 14·15세기에 걸쳐 서유럽에서는 중앙집권적 국민국가가 건설되었다. 이 시기는 여러 가지 의미에서 중세에서 근대로의 과도기인 바, 근대화의 다양한 계기가 여기에서 싹트기 시작하였던 것이다. 즉, 14세기 내지 16세기에 걸친 르네상스와 종교개혁 등이 그것이다.

1) 문예부흥

중세 말에 이르러 인간존중과 자유를 추구하는 운동이 본격적으로 활성화된 것은 14세기 이탈리아를 중심으로 일어난 르네상스(Renaissance)를 통해서라고 할 수 있다. 문예부흥운동이라고 부르는 이 르네상스는 당시 지배적이었던 봉건제도와 기독교가 지니고 있던 모든 권위를 부정하고 인간성을 회복하려는 운동이었으며, 해묵은 전통과 권위에 반항하고 인간의 가치를 높이려는 운동이었다.

르네상스가 지향하였던 인간해방운동은 그리스 특히 아테네

인들이 향유하였던 자유정신, 지적 예술적 자유를 회복하고자 하는 것이었다. 그리하여 이룩된 인도주의(humanism)는 민주주의의 모체로서 인간을 발견하고 개인의 가치를 인식하게 하는 동시에 인간으로 하여금 각자의 주체성을 확립하고 인간적인 것을 추구하게 하여 민주주의의 사상적 원천이 되게 하였던 것이다.

2) 종교개혁

한편 15세기에 있어 유럽인들의 정신적 생활에 일대 변혁을 일으킨 사건으로서 종교개혁(Reformation)운동을 들 수 있다. 물론 르네상스도 근대화의 추진과정에서 중요한 역할을 담당하였지만 르네상스는 지식인과 일부귀족의 취미와 교양의 대상에 불과하였다.

이에 비하여 종교개혁은 중세적 권위의 상징이라고 할 수 있는 로마교황과 로마교회에 정면으로 대항하여 싸워나감으로써 중세를 부정하는 동시에 근대화를 적극 추진하는 운동이었던 것이다.

독일의 루터(M. Luther), 스위스의 츠빙글리(Zwingli)와 칼뱅(J. Calvin), 프랑스의 위그노(Huguenot)파 등에 의하여 추진된 종교개혁운동은 로마교회의 지배를 받고 있었던 유럽인들의 이성을 해방시키고 또한 교회의 권위에 눌려 지내던 사람들의 지성을 회복하려는 것이었다.

돌이켜 보건대 중세에는 세속군주인 국왕과 교황과의 세력다툼이 끊이지 않았었다. 중세말기에는 중앙집권국가가 성립되거나 성립되고자 하던 나라에서는 교황권을 몰아냄으로써 교회와 수도원의 재산을 국가의 손아귀에 넣는 것이 무엇보다도 시급한 형편이었다. 이러한 바램은 국민주의사상의 지지를 받았으며, 신흥 시민계급도 교황의 과세권으로 인하여 부(富)가 해외로 흘러나가는 것에 대해 불만을 품고 국왕이 교회재산을 몰수하는 데에 적극적으로 협력하였다. 또한 농민들도 봉건영주의 지위에 있는 교회와 수도원의 착취에 불만이었음은 두말할 필요가 없다. 더구나 로마교회는 중세의 봉건적 분위기 속에서 원시크리스트교의 싱싱한 생명력을 상실한 채 종교의식이 복잡하여진 반면, 신앙 그 자체는 형식적인 것으로 변하였으며 내용도 공허한 것이 되어 갔다. 그 뿐만 아니라 도덕적인 타락도 극심하여 갔다.

이러한 현실을 바탕으로 하여 이를 개혁하고자 하는 신파(新派)와 이에 맞서는 구파(舊派)간의 분열·항쟁이 일어나게 되었으며, 그 과정에서 자유스러운 비판정신에 바탕을 둔 개혁사상은 더욱 거세어 갔다. 신파와 구파의 대립은 약 3세기에 걸친 분쟁을 거친 다음, 독일에서는 베스트팔렌조약, 영국에서는 명예혁명 그리고 프랑스에서는 낭트칙령의 폐지를 계기로 하여 종결되었다.

그렇지만 종교개혁운동의 영향은 각국의 사정에 따라 다르게 나타났다. 왜냐하면 종교개혁운동을 주도한 신파와 제휴한 세력이 누구인가에 따라 그 영향이 달리 나타났기 때문이다. 그러나 종교개혁에 의하여 교회의 정신적 독재가 파괴되고 각 개인의 마음에서 우러나오는 신앙이 존중되어 신앙의 자유와 자율 및 양심의 자유를 낳는 데에 결정적인 영향을 끼쳤다는 점은 누구도 부인할 수 없는 사실이다.

5. 근대사회의 법문화

법은 근대국가의 성립에 의하여 제정, 성문법의 형태로 정비되기 시작하였다. 이 시대의 법의 특색을 정리하면 다음과 같다.

첫째, 통일적 성문법화이다. 이는 중세 법권의 분할에 따른 지방법, 봉건법, 관습법을 통일적으로 성문화하는 한편, 근대 시민계급의 정치적 투쟁의 산물을 성문화할 필요를 충족시켜야 하였고, 근대 법치주의 사상을 구현하기 위한 현실적인 필요가 있었던 데에 기인한다.

둘째, 의무본위의 법문화가 권리본위의 법문화로 전환되었다. 이는 중세의 특권계급에 대한 복종문화의 퇴색, 계몽사상과 권리의 자각 및 시민혁명 등으로 인한 권리의식의 강력하게 대두된 데에 따른 것이다.

셋째, 신분(복종)에서 계약(자유의사·개인주의)으로의 전환이다. 중세에는 봉건적 신분관계에 의한 신분적 법제도로 일관하였으나, 근세에 이르러서는 개인주의, 이성적 자유주의 사상에 근거하여 인간간의 법적 관계를 각자의 자유의사에 근거한 평등한 계약에 의하여 규제하게 되었다. 이리하여 신분관계로부터 특정인의 자유의사에 기한 계약관계의 형성을 가능하게 되었던 것이다. 이는 한편으로는 근대자본주의 발전의 원동력이 되기도 하였으나, 다른 한편으로는 불평등한 지위에서 출발하였기 때문에 근대 후기사회의 혼란을 초래하는 원인으로 작용하게 되었다.

넷째, 근대는 시민적 경쟁사회와 형식적인 평등 및 형식적 법치주의를 초래하였다. 이러한 사회를 물구나무선 사회(1/25:24/25

의 사회)라고 비난한 사람은 공상적 사회주의자인 상 시몽이었다. 공상적 사회주의자들은 계몽사상을 배경으로 하여 이성의 자각에 의해 근대사회의 폐해를 시정하고자 노력하였다. 이와는 달리 현실적 불평등을 제거하기 위한 이론체계가 과학적 사회주의자들에 의하여 제시되었다.

다섯째, 근대사회의 시민적 자유는 허구라는 점이다. 근대사회는 시민, 즉 유산자 중심으로 형성된 사회에 불과하였다. 따라서 시민 이외의 무산자 또는 대중이 근대사회의 중심이 되지는 못하였다는 한계가 있다. 이는 결국 프롤레타리아 혁명의 배경이 되었다.

근대 자본주의의 계약자유의 원칙이나 자유경쟁의 원리 또는 근대 시민민주주의의 형식적 자유와 평등으로 인한 사회의 불합리적 병리가 드러났음은 앞에서 살펴본 바와 같다. 결국 사적 자치는 자유방임으로 되어 노동자와 자본가 간의 대립을 초래하였다.

근대의 시민적 자유를 심하게 표현하면 약자의 굶어죽을 자유와 강자의 돈에 깔려 죽을 자유를 보장한 데에 지나지 않는다. 따라서 인간의 자유와 권리도 형식적으로 보장되는 데에 그쳤다.

Ⅳ. 현대사회와 법

근대 시민사회의 한계는 마르크스레닌주의(Marxism-Leninism)의 대두와 소비에트 혁명의 성취, 자본주의사회에 대한 위협으로 나타났다. 그리하여 이러한 제반 사회적 문제에 대하여 사회본위의 측면에서의 반성이 대두되었다. 이러한 점을 시정하기 위한 현대국가의 이념을 복지국가주의라 한다.

현대사회에 있어서의 법의 특색을 정리하면 다음과 같다.

첫째, 인간의 존엄을 보장하고자 하는 점이다. 인간의 존엄성 보장 노력은 기아나 전쟁, 그리고 시민적·형식적 법치국가의 폐해를 시정하기 위한 것이다. 구체적으로 예를 든다면 일본 이시이부대에 의한 생체실험, 나치의 유대인학살, 호주의 원주민사냥, 그리고 미국의 인디언보호구역의 설정, 제1차 및 제2차 세계대전에서의 인명살상 등에 대한 반성에서 인간의 존엄성 보장의 필요성이 등장한 것이다.

둘째, 인간존엄을 국내·외적으로 보장하고자 노력하고 있다는 점이다. 현대사회에서는 종래의 개인주의를 시정하여 사회본위로의 전환을 꾀하고 있을 뿐만 아니라, 생존권적 기본권의 보장과 복지국가의 실현을 목적으로 한다. 이에 따라 재산권 행사의 무제약성을 수정하여 공공복리에의 적합의무를 강조하고, 근대 시민법에서의 계약자유의 원칙 및 과실책임의 원칙을 수정하여 계약의 자유에 대한 국가의 통제제도를 도입함과 함께 무과실책임을 인정하기에 이르고 있다. 또한, 사회적·경제적 약자의 보호를 위한 사회법이 다양하게 생성·발전하고 있다.

셋째, 국제평화주의를 통하여 인간존엄을 보장하고자 한다는 점이다. 이를 위하여 다수의 국제법이 대두되었고, UN 등 국제기구가 등장하여 인간존엄을 실현하고자 노력하고 있다.

제5장 법의 계통

제1절 의 의

법계(法系, Legal system ; Rechtssytem)란 둘 이상의 국가 또는 여러 민족의 법이 계수(Rezeption) 등의 방법에 의하여 동일한 계통의 법문화권을 이루고 있는 것을 말한다.

법계를 파악하는 목적은 특정 국가의 현행법의 유래와 발전과정을 추적하여 분석함으로써, 현행법제도의 개선방안을 발견하는 데에 있다.

지금까지 파악된 법계의 수는 학자에 따라 다르다. 법계는 크게 대륙법계와 영미법계로 구분할 수 있으며, 상호 대조적인 특색을 지닌다. 보다 세부적으로는 여섯 개의 법계로 구분된다. 대륙법계, 영미법계 외에 사회주의 법계, 게르만법의 요소를 가장 많이 간직하고 있는 북유럽법계, 유교적 요소를 간직하고 있는 동양법계, 그리고 이슬람법계와 힌두법계로 나누어 볼 수 있다. 최근에는 사회주의의 몰락으로 인하여 사회주의 법계는 그 존재가치가 현저히 낮아졌다.

오늘날에 있어서는 교통·통신 등의 발달에 따라 법문화가 세계적으로 통일되는 추세에 있음을 염두에 두어야 한다.

여기에서는 대륙법계, 영미법계 및 사회주의법계를 개략적으로 살펴본 다음, 우리나라의 법계에 대하여 간략히 살펴보기로 한다.

제2절 대륙법계

Ⅰ. 의의

대륙법(大陸法)이라 함은 영미법에 대비되는 개념으로 로마법적 요소와 게르만법적 요소가 혼합되어 발전된 유럽대륙의 법을 의미한다.

대륙법계(大陸法系) 국가로는 독일과 프랑스, 스위스, 스페인, 이탈리아 등 유럽대륙의 제국 및 멕시코, 브라질, 아르헨티나 등 스페인 법을 계수한 중남미 국가, 그리고 한국, 일본, 중국 등의 아시아국가를 들 수 있다. 대륙법이라 하더라도 그 중에서 주로 독일·프랑스의 법을 대표적으로 말하며, 게르만고법의 영향이 강하고 로마법적 요소가 상대적으로 약한 북게르만

지역의 스칸디나비아 3국 등의 법은 약간의 특이성이 있으므로 보통 대륙법이라 할 때에는 이들 나라의 법은 제외된다.

왜냐하면 대륙법계의 중심인 독일과 프랑스는 로마의 지배를 오랫동안 받아왔으며, 중세에 들어 프랑크왕국을 중심으로 게르만독자의 문화가 형성되었지만, 로마법의 계수를 통하여 로마의 법문화가 이식되었다. 즉, 대륙법계의 법문화는 초기의 로마법의 계수를 거쳐 근세로 넘어오면서 로마법이 독일과 프랑스에 전면적으로 계수되면서 형성되었다. 이는 유럽에서의 근대사회가 게르만족의 대이동으로 인한 로마법의 계수 그리고 르네상스와 시민혁명 및 종교개혁으로부터 시작한다는 표현에서도 잘 알 수 있다.

Ⅱ. 대륙법계의 특색

대륙법계는 로마법의 영향이 특히 강하여 내용상으로는 개인주의적이며 분석적이고도 논리적인 것이 특색이다. 로마법에 비하여 게르만 고유법의 색채와 게르만 부족법적 색채가 비교적 약하다. 그리고 형식적으로는 법전주의 · 성문법주의를 중심으로 하고 있다는 점이 특색이라고 할 수 있다. 이것은 대륙법계 국가들이 로마법의 계수라는 현상을 통하여 법적 혁명을 거쳤다는 역사적 사실에 비추어 보면 당연한 현상이라고 보아야 한다.

그러나 대륙법계 국가의 법도 개별적인 법에 따라 각각 특이성이 있어서 일률적으로 말하기는 어렵다. 예컨대, 민법전에 있어서 프랑스 민법전은 18세기의 자유주의적인 개인주의사상의 결정(結晶)이라 할 수 있고, 독일 민법전은 19세기의 성숙한 개인주의 사상을 반영하고 있으며, 스위스 민법은 20세기 초의 단체주의적 사상을 취하고 있는 것과 같다. 우리나라는 대륙법, 주로 독일법을 계수하여 왔기 때문에 대륙법계에 속하나, 최근에는 형사소송법상의 당사자주의·구속적부심사제도, 사법상(私法上)의 신탁제도(信託制度) 등 영미법계의 법제도가 부분적으로 계수되고 있다.

제 3 절 영미법계

Ⅰ. 의의

영미법계란 독일과 프랑스를 중심으로 하는 유럽 대륙의 대륙법계와 대립된 개념이다. 영미법은 대륙법과 함께 오늘날의 자유세계 여러 나라에서 쓰이고 있는 중요한 법계이다. 구체적으로 영미법계(英美法系)라 함은 영국을 중심으로 하여 그의 법체계를 도입한 나라들의 법형태를 말한다. 주로 영연합왕국(United Kingdom of Great Britain and Northern Ireland)과 영국연방국가[1] 및 미국 그리고 미국의 식민지였던 국가들이 이에 속한다.

1) 영국제국의 식민지에서 독립한 나라들로서 다른 독립국가에서는 볼 수 없는 특수한 관계로 맺어져 있다. 일반적으로는 코먼웰스(Commonwealth of Nations)를 영국연방 또는 영연방이라 칭한다. 오스트레일리아·뉴질랜드·캐나다 등과 같이 영국여왕을 국왕으로 하는 군주국도 있고 인도·가나와 같이 공화국도 있다. 2014년 기준으로 영국연방 회원국은 53개국이다.

Ⅱ. 특징

1. 불문법주의

유럽대륙의 법제가 주로 성문법주의를 채택하는 데에 반하여 영미법계는 원칙적으로 판례법 및 관습법으로 이루어진 불문법주의를 중심으로 하여 발달되었다. 이는 그 모태가 관습법이며 판고법이었던 게르만 고법을 토대로 하여 성립하였고, 대륙제국의 법률과는 달리 법적 혁명을 거치지 아니하였음을 의미하는 것이다.

2. 게르만적 요소의 유지

영미법에는 로마법적 요소가 전혀 없는 것은 아니지만 게르만적 요소를 풍부하게 지니고 있다. 이는 영국의 역사를 살펴볼 때, 고대 게르만족 가운데 앙겔(Angel)족과 작센(Sachsen)족이 중심이 되어 국가를 발전시켜 온 데에 기인하는 것이며, 앵글로색슨(anglo-saxon)은 앙겔 작센의 영미식 표현라는 점을 통해서도 잘 알 수 있다. 그 앵글로 색슨족을 정복하여 1066년에 왕조를 건설한 노르만인들도 역시 대륙에서 건너간 사람들로서 역시 인종적으로는 게르만인에 속한다. 그들의 법도 역사를 거치면서 많이 변하였지만, 그 뿌리는 역시 게르만 관습법이었다.

다만, 미국의 경우 영국에 비하여 대륙법적 요소가 보다 많이 가미되어 있다. 이는 영국으로부터의 독립전쟁 시에 프랑스의 영향을 다수 받은 것으로 이해될 수 있다.

Ⅲ. 영국법의 발전

1. 대헌장

13세기 초까지의 영국에서는 강력한 통치체제를 갖춘 봉건제도 아래서 일부 귀족이나 왕족이 모든 권한을 독점하고 있었다. 이러한 어려운 여건 속에서도 1215년에 영국에서 있었던 대헌장(Magna Carta)의 제정은 영국 국민의 권리를 크게 신장시켰음은 물론, 다른 나라의 인권사상과 자유사상의 발달에 큰 자극제가 되었다.

일반적으로 중세의 국민들은 왕을 관대하게 용서하였는데 그것은 국왕의 통치가 최악의 상태라고 하더라도 무정부상태보다는 나은 것으로 보았기 때문이었다. 그러나 영국의 존(John)왕은 여러 가지 이유로 인하여 귀족과 전 국민을 자신의 반대파로 만들고 말았으며, 교회와도 불화를 일으켰다. 그리하여 교황에게 굴복한 존 왕은 대륙과의 전쟁을 시도하였으나 신하, 귀족의 호응을 얻지 못했을 뿐 아니라 프랑스 북부 부빈에서 패전하였다. 이윽고 1215년 귀족들의 충성포기선언이 있자 국왕은 이에 대응하기 위하여 민병대를 조직하려 하였으나 이 또한 그의 뜻대로 되지 않았다. 결국 존 왕은 귀족들이 통치하고 있었던 영토의 권리와 영주의 특권을 왕이 보장하고 교회와 백성의 권리를 비록 군주라 할지라도 자의로 침해하지 못한다는 문서에 서명하였던 것이다. 이것이 곧 리미니드 초원에서 서명된 63개 조항으로 구성된 대헌장으로서, 존 왕은 대헌장에 서명함으로써 군주보다도 법이 우위에 있다는 점을 명백히 하였던 것이다.

물론 대헌장, 즉 마그나카르타는 근대헌법처럼 시민적 반항의 결과로서 얻어진 것이 아니라 오히려 봉건제도내에서 귀족들의 봉건적 이익을 국왕의 지나친 간섭으로부터 보호하기 위한 것이었다. 그러나 중요한 의미를 갖는 것은 그 동기가 아니라 대헌장에 함축되어 있는 내용이며, 훗날 이것이 천부인권사상을 주창하는 근거의 하나가 되었다는 점이다. 이때로부터 군주의 권력이 약화되어 가는 대신 국민의 권리가 점차 확대되어, 1295년에는 이른바 모범의회가 구성되어 대의정치의 선구적 역할을 하게 됨에 따라 시민들이 국정에 참여할 수 있게 되었다.

2. 명예혁명과 의회주권의 성립

영국에서는 1215년의 마그나카르타 이후에도 왕권을 제약하려는 시도는 끊임없이 계속되었다. 그 중 마그나카르타 직후에 나타난 것이 시몽 드 몽포르(Simon de Montfort)에 의한 의회제도 계획이다. 오늘날 영국의 의회를 의미하는 Parliament는 노르만 정복왕조의 초기에 왕의 측근으로 구성된 왕회(王會 Curia Regis)로부터 분리된 대평의회(Magnum Concilium)가 1293년부터 Parliament라는 명칭으로 개칭된 데에서 유래한다. 무력으로 헨리 3세를 제압하여 실질적인 권한을 얻은 몽포르는 귀족, 군 대표, 도시 대표 등이 고루 의회에 참여하도록 하여 의회의 성격을 크게 변화시키려 하였다. 그리하여 1295년의 모범의회(Model Parliament)[2]에 이르러 영국의회의 기초

2) 1295년 11월 영국 에드워드 1세가 소집한 의회. 웨일스·스코틀랜드

가 형성되었으며, 1372년에는 고위성직자와 귀족들로 구성된 상원(House of Lords Spiritual and Temporal) 및 기사와 시민들로 구성되는 하원(House of Commons)의 양원제가 확립되었다.

그 후 장미전쟁의 결과로서 헨리7세가 즉위함에 따라 개막된 튜더(Tudor)왕조의 절대주의시대에도 의회는 상당한 권한을 가지고 있었으며, 의회와 국왕 간에는 상당히 긴밀한 협조관계가 형성되어 있었다고 할 수 있어 의회는 자신의 자주성과 권위를 입증해 나갔다.

그러나 튜더왕조를 이은 스튜어트왕조(Stuart王朝)[3]의 초대 국왕인 제임스(James) 1세와 2대 국왕인 찰스(Charles) 1세가 힘과 권위를 가지고 있던 의회를 무시하는 동시에 왕의 무제한적 권력을 인정하는 근거인 왕권신수설(王權神授說)을 제창하고 왕권을 유지·강화하기 위하여 각종 조세를 부과함에 따라, 의회는 개인의 기본적 인권을 확보함과 아울러 근대적인 재정이념의 관철을 위해 국왕에 대한 투쟁을 전개하지 않을 수 없었다.

그리하여 17세기의 영국은 의회와 국왕간의 격심한 세력다툼이 일어났던 것이다. 즉 1628년의 권리청원(權利請願 ;

및 대륙의 위기에 대처하기 위한 재정적 필요에서 소집하였다. 귀족·고위성직자 약 120명, 각 주교관구(主教管區)의 하급성직자 2명, 각 주의 기사(騎士) 2명, 각 도시의 시민 2명 등이 출석하였다. 그 뒤의 의회 구성의 모범이 되었다는 이유로 19세기에 이 이름이 붙여졌다.

3) 스튜어트왕조(Stuart王朝)는 1371년 이래 스코틀랜드를 지배하고 튜더 왕조를 계승한 영국 및 스코틀랜드의 왕조. 스코틀랜드의 제임스 6세가 제임스 1세라 하여 영국 왕을 겸하면서 시작되었다. 명예혁명을 겪고 1714년 앤(Anne) 여왕이 죽은 뒤에 하노버 공(Hanover公)이 왕위를 계승하여 하노버 왕조로 바뀌었다.

Petition of Rights),[4] 1640년대의 청교도혁명(Puritan Revolution)과 그 결과로서의 찰스(Charles) 1세 처형(1649), 자유공화국(Free Commonwealth)의 선포, 왕정복고와 인신보호법(Habeas Corpus)의 통과, 1688년의 명예혁명(Glorious Revolution)과 1689년의 권리장전(Bill of Rights) 선포 등이 그것이다.

이러한 움직임을 결국 근대민주주의의 이념을 정착시키는 과정이었다고 할 수 있다. 명예혁명은 피를 흘리지 않고 이루어진 혁명이기 때문에 붙여진 이름이다. 의회는 이들이 왕위에 오르기 전에 권리선언(Declaration of Rights)을 제출하여 왕에게 국민의회가 획득한 역사적 권리의 확인을 요구하였는데, 이 선언은 윌리엄 3세의 이름으로 권리장전(Bill of Rights)이 공포되어 민권의 법적 근거가 확립되는 동시에 영국헌법의 기본이 되었다.

권리장전은 마그나 카르타 · 권리청원과 함께 영국 헌정상 3대 기본문서라고도 불린다. 이는 자의적인 전제왕권을 엄격하게 제한하고 인민의 자유와 의회의 권리를 보장한 것이다. 이리하

4) 1628년 영국 하원에서 기초하여 그 해 6월 7일 찰스 1세의 승인을 얻은 국민의 인권에 관한 선언이다. Charles 1세의 전제정치에 대하여 의회가 왕과의 대립을 하게 되었고, 하원의원이었던 E. Coke 등이 중심이 되어 국왕에게 청원이라는 형식으로 권리선언을 한 것이 곧 권리청원이다. 권리청원의 주요내용은 의회의 동의 없이는 어떠한 과세나 공채도 강제되지 않는다는 것, 법에 의하지 않고는 누구도 체포 · 구금되지 않는다는 것, 육군 및 해군은 인민의 의사에 반하여 민가에 숙박할 수 없다는 것, 민간인의 군법에 의한 재판은 금지한다는 것, 각종의 자유권을 보장한다는 것 등이었다. 그러나 1629년 국왕은 이 권리청원을 무시하고 의회를 해산함과 동시에 의회의 지도자를 투옥한 뒤 11년간 의회를 소집하지 않고 전제정치를 하였다. 이것이 청교도혁명의 직접적인 원인이 되었다.

여 청교도 혁명에서도 완전한 해결을 보지 못하였던 국왕과 의회, 즉 절대주의와 자유민주주의의 충돌과 항쟁은 명예혁명에 의하여 종지부를 찍게 되었다.

의회는 권리장전과 3년마다 의회를 소집하도록 하는 삼년회기법(Triennial Act, 1694)을 통하여 의회의 권력을 강화하고 자유민주주의를 표방하는 의회주권을 확립하였다.

이리하여 확립된 의회주권(Sovereignty of Parliament), 곧 국가제도에 있어서의 의회우위는 양대정당인 토리당(Tories)과 휘그당(Whigs)을 중심으로 하는 의원내각제를 완성하였으며, “국왕은 군림하되 통치하지는 않는다(King reign but does not govern)”라는 전통이 수립되었다. 이와 같이 의원내각제가 확립됨에 따라 영국의 정치는 국왕 대 의회의 투쟁에서 의회 내에서의 정당 대 정당의 투쟁으로 옮겨가게 되었다.

명예혁명의 이데올로기는 로크의 자연법사상이었다. 이것은 전형적인 시민혁명인 미국 독립혁명과 프랑스 대혁명의 사상적 기반이 되었다. 다만, 영국의 경우 시민혁명을 통하여 권력의 균형상태나 분립상태가 이루어진 것이 아니라 의회주권, 즉 의회절대주의가 성립했다는 점은 다른 두 혁명과는 다르다는 점에 유의할 필요가 있다.

3. 보통법(common law)과 형평법(equity)의 발달 및 통합

영국에서는 봉건적 농업사회 이래의 엄격하고 형식주의적이었던 판례법으로서의 관습법인 보통법(common law)을 중심으로 하여 발전하기 시작하였다.

그러나 보통법이 시대의 변화에 적응하지 못하였을 때에는 상원의장을 겸하는 대법원장(Lord Chancellor)[5]이 양심과 정의와 형평에 입각하여 판결하였다. 그 후 형평법재판소가 설치되었으며 그 판례법이 집적된 것을 형평법(equity)이라 한다.

1875년 영국재판기구의 대개혁이 이루어진 뒤에는 보통법과 형평법이 함께 적용되고 있다.

Ⅳ. 미국법의 발전

1. 의의

미국의 법은 미국에서 제정, 시행되고 있는 법을 말한다. 미국은 보통법 및 형평법 등의 영국법을 많이 계수하였으며, 특히 1750년부터 1776년의 미국 독립 선언에 이르는 동안에 보통법이 상당 부분 도입되었다.

2. 미국법의 특색

미국법의 특색은 연방과 각 주(州)에 법원과 입법부가 있어서 판례법(判例法)과 성문법(成文法)이 이원적으로 존재할 뿐만 아니라 각 주에 따라 다른 법이 병존하는 것이다.

20세기 들어 주법(州法) 통일운동이 일어나 통일주법안이

5) 1876년부터 대법원장과 상원 의장을 겸하는 대법관(Lord Chancellor)과 법률 귀족으로서 상원 의원인 대법관(Lords of Appeal in Ordinary: 상임 항소 재판관)들이 민사사건에 관해서는 영국 전체를, 형사사건에 관해서는 스코틀랜드(Scotland)를 제외한 영국 전체를 관장하는 최고법원의 역할을 담당해 왔다. 그러나 2005년 헌정개혁법(Constitutional Reform Act)에 따라 2009년 10월부터 독립된 대법원(Supreme Court of the United Kingdom)이 설립되어 사법에 관한 상원의 권한이 대법원으로 이전되었다.

작성되어 판례의 공분모(公分母)를 조문 모양으로 통일·재표현한 미국법협회(American Law Institute)의 리스테이트먼트(Restatement)[6]가 만들어졌다. 이에 따라 판례구속성의 원칙에 변화가 왔고, 판례에 의존하기보다 표준화된 법조문에 근거하여 판결을 내리는 경우가 많아졌다.

3. 미국법의 생성과 발전

1) 형성기

미국법 형성기(1776~1865)는 독립 전의 식민지 시대에 이민이 고국(故國)으로부터 휴대하여 온 영국법의 계수가 확립됨과 동시에 성문의 연방헌법(聯邦憲法)이 성립을 본 시대이다.

당시의 미국 사회는 산업화가 이루어지기 전이었으므로 블랙스톤이 정리·통합시킨 보통법(common law)을 계수하였다. 또 사법권 우위의 사법심사제가 채용되었다.

2) 발전기

남북전쟁 후의 미국법 발전기(1865~1937)에는 계수한 영국법을 산업화한 미국 사회에 적합하도록 발전시켜 나갔다. 한편, 보수적인 사법부는 형성기의 자연법주의적·개인주의적 법사상을 유지하였다.

3) 사법 개혁 이후

루스벨트 대통령은 뉴딜(New Deal) 개혁입법에 반대하는

6) Restatement는 미국법협회가 공통된 판례와 원리들을 대륙법에서의 법전과 같이 명료하게 배열한 것으로 '요약설명서'라고도 번역된다. 계약, 불법행위, 신탁, 저촉법 등에 관한 Restatement가 있으며, '2차적 법원'으로 취급된다.

보수적 사법부에 대한 구조개혁[7]을 기도하였고, 그러자 연방대법원은 뉴딜 정책과 루스벨트에 우호적 판결을 내리기 시작하였다. 이와 같이 루스벨트의 뉴딜 정책에 기초를 둔 사회 입법의 등장으로 미국법은 제3기 현대를 맞이했다.

자본주의가 발달하고 대도시가 생기며 법을 사회의 필요에 맞게 고치는 사회입법이 늘었다. 대표적인 예가 반독점법과 노동법 등인데 이는 미국 고유의 자유주의·개인주의 사상에 반하는 예이다.

4. 미합중국헌법

미합중국 헌법은 미합중국의 최고법이며, 미국의 법제와 정치문화에서 핵심적인 위치를 차지하고 있다. 미국에서 헌법이라 함은 성문헌법으로서의 헌법전(憲法典)과 불문헌법으로서의 판례법을 포함하는 소위 헌법률(憲法律, Constitutional law)을 의미한다.

미국은 연방정부와 주정부로 구성된 연방국가이다. 그러므로 연방헌법 이외에도 각 주는 개별적인 주헌법을 각자 보유하고

---

7) 1929년에 시작된 대공황으로 신음하던 미국은 1933년 3월 루스벨트의 대통령 취임과 더불어 경제회생에 대한 희망을 품고 많은 개혁 입법을 추진했다. 그러나 1935년에 들어와 연방대법원은 뉴딜의 대표적인 개혁 입법에 대해 위헌판결을 내리기 시작했다. 이에 루즈벨트는 비밀리에 사법부 구조개혁안을 의회에 제출했다. 명목상으로는 사법부 구조개혁안이 과중한 소송사건 부담을 덜어 공정하고 신속한 재판을 하기 위한 것이라는 하지만, 실질적으로는 보수적인 대법관들을 축출하는 것이었다. 그러자 연방대법원은 루스벨트와 뉴딜에 우호적인 판결을 내리기 시작하였다. 그러나 사법부 구조개혁안은 루스벨트의 뜻대로 입법화되지 못했다. 만약, 사법개혁안이 통과되었더라면 언제든지 대통령이나 입법부가 원한다면, 대법관의 수를 변경할 수 있다는 나쁜 선례가 만들어졌을 것이다.

있다.

미국 연방헌법은 Pennsylvania주 Philadelphia에서 개최된 헌법제정회의(Constitutional Convention)에서 1787년 9월 17일 각 주의 대표들이 서명함에 따라 성립하였고, 1789년 13개 주에서 '인민(the People)'의 이름으로 비준되었다. 제정헌법은 연방정부의 권력분립에 관한 3개조와, 각 주의 권리와 의무 및 주간의 관계(제4조), 헌법개정절차(제5조), 연방 최고법으로서의 헌법의 위치(제6조) 및 헌법의 비준과 효력(제7조)로 구성되었다.

미 합중국헌법은 1969년 7월까지 26회의 수정이 가해져서 현재 50개 주에 적용되고 있다. 수정은 상원의 3분의 2의 찬성을 얻은 후 50주의 9분의 5가 비준하면 성립한다.

5. 미국 독립혁명

1) 식민지 개척 초기 상황

아메리카대륙에 대한 영국의 식민개척은 1620년부터 시작되었다. 영국 스튜어트왕조의 전제정치와 종교적 탄압을 피하여 청교도를 중심으로 하는 자유를 찾는 사람들이 주로 신천지로 이주하여 왔다. 신천지로 항해하던 May Flower호의 선상에서 이들은 상호 인격을 존중하고 정당하고 평등한 법률, 명령, 규칙을 제정하며, 모두가 협력하여 민주정치를 확립할 것을 서약하였음은 널리 알려진 사실이다.

이 May Flower호의 서약은 로크의 사상에 영향을 받은 것으로서 미국 독립선언의 기초가 되었다. 전체적으로 볼 때 사회적 지위의 불평등은 있었으나 빈부의 격차도 그다지 심하지 않았고 유럽에서와 같은 신분제도 없었다. 정치적인 측면에서 볼 때도 영국에서 파견된 총독이 있었으나 실제의 정치는 당시 가장 민주적으로 구성된 식민지의회를 중심으로 상류계급에 의하여 이루어졌다. 따라서 식민지의회는 유럽대륙의 어느 의회보다도 큰 권한을 갖고 있었으며 1760년까지의 총독과의 권한투쟁에서 식민지의회가 우위를 차지하여 왔었다. 그리하여 각 식민지는 처음부터 자유를 향유하여 왔으며, 자치도 확고하게 뿌리를 내렸다. 이러한 분위기 속에서 13개 식민지는 상호간에 상당한 공동체의식과 유대감을 갖게 되었던 것이다.

영국은 식민지에 대하여 중상주의 정책을 실시하여 식민지를 원료공급지 또는 상품시장으로 다루어 왔으나, 적어도 1763년까지는 중상주의적 통제나 종교 등에 관한 본국법률을 엄격하게 실시하려 하지는 않았었다.

2) 식민지의 결속력 강화와 식민지배의 강화

그러나 오랫동안의 영·프 식민지 전쟁이 1763년에 끝나게 되자 사정은 달라졌다. 이 전쟁에서 식민지인들은 전쟁 상대인 프랑스를 거의 자신의 힘으로 압도하게 됨에 따라 자신을 얻어 본국에 대한 충성심이 떨어지게 되었으며, 서로 간에 독립적으로 발달해 온 13개 식민지의 결속력이 전쟁수행과정에서 강화되는 결과를 가져 왔는데, 영국은 전쟁비용과 새로 얻은 땅의 방위비를 식민지인에게 부담시키기 위하여 식민지에 대한 지배를 강화하기 시작하였다. 따라서 점차 식민지의 불만이 고조되어 갔다.

그 후 이 불만은 1765년 영국국회가 인지조례(印紙條例)를 제정하여 식민지에 인지세를 부과한 것을 계기로 하여 본국에 대한 반항으로 나타났고, 그 후 아메리카 식민지와 본국과의 항쟁은 식민지에 대한 과세권이 과연 본국에 있는가를 중심으로 하여 전개되었다. 식민지는 마그나카르타를 수용하여, 식민지의 대표자가 포함되지 않은 본국 국회에는 식민지에 대한 과세권이 없다고 주장하였다.

본국도 1770년에는 다른 세금을 모두 폐지하고, 동인도회사가 수입하는 차에 대한 세금만 부과하였다. 그러나 1773년의 보스톤 차 사건이 발생하자 이 사건을 계기로 하여 본국은 보스톤 항을 폐쇄하고 매사츄세츠의 특권을 철회하는 등 강경한 입장을 취하였다.

3) 대륙회의의 독립선언서 채택과 파리조약

다시 식민지는 이에 대항하여 대륙회의를 개최하였으며 1775년에는 전쟁상태에 들어갔고, 다음해 7월 4일 필라델피아에서 개최된 대륙회의는 독립선언서를 채택, 13주들은 각각 자유독립을 선언하였다. 식민지군은 처음에는 불리했던 전쟁을 점점 유리하게 이끌어 1781년까지 계속되었다. 결과적으로 전쟁에 패한 영국은 1783년 9월 3일 파리조약에 의하여 13개주의 독립을 승인하게 되었다.

4) 독립선언서의 내용

1776년에 발표된 독립선언서는 미국 민주주의의 아버지라 불리는 제퍼슨(T. Jefferson)이 기초하였다. 선언의 내용은 두 부분으로 나누어진다. 앞부분은 독립의 이론적인 근거를 밝힌 것으로서 영국 명예혁명의 이론적 근거가 되었던 로크의 사회계약설과 인민주권론으로 이루어져 있으며, 뒷부분은 영국의 국왕인 조지 3세의 폭정을 열거하고 미국의 독립이 필연적인 결과라고 강조하고 있다. 독립선언서가 발표되었던 7월 4일은 현재 미합중국의 독립기념일로 되었으며, 미국의 독립선언서는 프랑스 인권선언과 더불어 근대민주주의의 발전에 큰 영향을 끼친 것으로 평가되고 있다.

제 4 절 사회주의 법계

Ⅰ. 의의

사회주의 법계라 함은 구 소련을 중심으로 하는 공산주의 정치체제를 갖추고 있는 나라들의 법제도를 의미한다. 최근에 들어 공산주의 정치제도의 붕괴를 감안할 때 특별히 고찰할 가치는 없는 것으로 판단된다.

다만, 우리의 경우 통일을 대비하여 북한의 정치제도와 법률을 검토할 필요가 있다는 의미에서 특별히 고찰할 필요는 상존하고 있다.

Ⅱ. 특징

자본주의 국가의 법제도와는 달리, 사회주의 법계는 법의 이념(일반적으로는 자유·평등 그리고 정의 또는 박애라고 설명된다) 가운데 평등이라는 요소를 보다 강조한다. 마르크스주의의 이론을 기초로 한 경제구조를 취하고 있으므로 사유재산제도를 부정함에 따라 사법의 범위가 축소되어 있다.

또한 법의 궁극적인 목적이라 할 수 있는 정의의 구현이나 도덕의 실현 등과는 현실적으로 거리가 먼 제도를 채택하고 있다.

따라서 자본주의 국가의 법과 비교할 때 그 입법 및 법의 적용이나 해석의 기본원리가 상이하다.

제 5 절 우리나라의 법계

우리나라의 법계는 고조선 이래 자주적인 형식을 취하여 왔다고 할 수 있으나, 이를 지속시키지 못하고 법적 혁명을 수차에 걸쳐 겪어야 하는 역사를 안고 있다. 즉 중세 이후 우리 법제는 중국의 법제를 모방하여 발전시켜 왔으며, 일본제국주의의 영향을 받은 이후에는 일본자국의 필요에 의하여 후발 산업혁명국가인 독일의 법제를 모방한 일본의 영향을 강하게 받았음을 인정할 수밖에 없다. 그 영향으로 우리 법계는 대륙법계의 계보에 속한다고 할 수 있다.

그러나 강력한 중앙집권적 체제를 취한 독일의 법제보다도 엄격한 법제를 취하였던 일본이 그 식민지였던 우리나라에 적용한 법은 그 엄격한 정도가 극심하였음은 두말할 나위가 없다. 그리고 제2차 세계대전 이후에는 미국의 영향을 강하게 받게 되면서 영미의 제도가 서서히 그 영향력을 확대하고 있음에 유의하여야 한다.

결국 우리나라의 현행 법제는 서양법계 중의 독일과 프랑스를 중심으로 하는 대륙법계, 특히 독일의 법제를 바탕으로 하고 있음은 부인할 수 없는 현실이다.

결론적으로, 우리는 우리의 고유법시대와 중국법계수시대 및 서양법계수시대 등으로 우리의 법제사를 구분할 수 있어 2차례의 법적 혁명을 거쳤다고 할 수 있다. 따라서 우리의 관습과는 동떨어진 법제도로 인하여 성문법주의의 요소가 특히 강하다고 하여야 할 것이다.

제6장 법의 연원

제1절 개 관

일반적으로 연원이란 사물의 근원을 의미한다. 법의 연원(淵源)을 줄여 법원(法源 ; source of law, Rechtsquelle)이라고 한다.

법원이라는 말은 여러 뜻으로 사용된다. 첫째, 법을 제정하는 힘을 법원이라고 하는 견해이다. 이 경우에는 신 · 군주 · 국민 또는 국가 등을 법원이라고 하게 된다. 둘째, 법에 포함되어 있는 재료를 법원이라 하기도 한다. 이 경우에는 종교 · 도덕 · 관습 · 판례 · 조리 · 학설 등이 법원이 된다. 셋째, 법을 형성하는 원동력 내지는 법규범의 타당성의 근거를 법원으로 보는 견해가 있다. 이에 관하여는 신의설(神意說) · 사회계약설 · 승인설 ·

주권자명령설 · 자연법설 · 실력설 등의 학설이 대립되고 있다. 넷째, 법을 발견할 수 있는 자료 내지는 법률지식을 얻을 수 있는 자료를 법원이라고 보는 견해도 있다. 이 경우에는 법전이나 판례집, 학자의 저서나 논문 등을 법원이라고 하게 된다. 다섯째, 법의 구속력의 기초를 법원이라고 하는 견해이다. 이는 법철학적 의미의 법원으로서 법이 구속력을 갖는 기초에 관한 이론체계를 의미한다. 마지막으로, 법의 존재형식 내지 인식근거를 법원이라고 한다. 흔히 법원이라고 할 경우에는 법의 존재형식이나 인식근거로서 법관이 재판기준으로 적용하는 법규범의 존재형식을 의미한다. 이 경우 법원은 보통 법관이 재판의 근거(기준)로 원용(援用)할 수 있는 것을 말하며, 각국의 법제에 따라 다르나 일반적으로 성문법원으로 헌법 · 법률 · 조약 · 조례(條例)와 명령 · 규칙이 있고, 불문법원으로는 관습법 · 판례법 · 조리(條理)가 있다.

대륙법계 국가에서는 성문법이 주요 법원이 되고 있으며, 영미법계 국가에서는 판례법이 주요 법원이 되고 있다.

대륙법계에 속하는 우리나라 역시 성문법주의를 원칙으로 한다. 우리 민법에서는 '민사에 관하여 법률에 규정이 없으면 관습법에 의하고 관습법이 없으면 조리에 의한다'(민법 1)고 규정하고 있으므로, 관습법이 법률에 규정이 없는 경우의 보충적 법원이 되고, 관습법이 없는 경우에는 조리가 보충적 법원이 된다(민법 1). 한편 상법(商法)은 상사적용법규와 관련하여 '상사(商事)에 관하여 상법에 규정이 없으면 상관습법(商慣習法)에 의하고 상관습법이 없으면 민법(民法)의 규정에 의한다'고 규정(동법 1)하고 있으므로, 상법에서는 관습법이 성문법인

민법에 우선하여 보충적 법원이 된다.

그러나 형법(刑法)에 있어서는 죄형법정주의(罪刑法定主義)에 따라 성문법만이 법원이 되고 불문법은 배척된다. 성문법주의를 원칙으로 하는 행정법에서는 성문법 외에 관습법(행정선례법 및 민중적 관습법)·판례법·조리 등이 법원이 된다.

제 2 절 법원의 분류

Ⅰ. 개설

법원을 법의 존재형식이라고 할 경우에는 이를 다음과 같이 분류할 수 있다. 실정법은 성문법과 불문법으로 대별되며, 성문법은 다시 국내법과 국제법으로 구분된다.

성문의 국내법은 국가법과 자치법으로 구분된다. 국가법은 헌법을 정점으로 하여 법률과 명령 또는 규칙으로 피라미드형태를 띠고 있다. 그리고 자치법은 조례와 규칙으로 구분된다.

한편, 국제법은 성문국제법인 조약과 일반적으로 승인된 국제법규 그리고 불문의 국제법으로 구분된다.

Ⅱ. 성문법

1. 성문법의 개념

1) 성문법의 의의

성문법(成文法 ; written law, geschriebenes Recht) 혹은 제정법은 불문법 혹은 비제정법에 대립되는 개념이다.

성문법이란 규범적 의사를 문서의 형식으로 표현되고 일정한 절차와 형식을 거쳐서 공포된 법을 말한다. 국가나 지방자치단체 등의 통치단체에 의하여 공식적으로 제정되었다는 의미에서 제정법이라고도 한다. 근대국가는 국민의 기본권을 보장할 목적으로 법치주의(法治主義)를 채택하고 있으므로 성문법을 갖추고 있는 것이 보통이다.

성문법은 그 외부적 체제에 따라 법전과 단행법으로 나눌 수 있다. 법전(code, Gesetzbuch)은 특수한 사항에 관한 비교적 광범위한 법규범을 조직적·체계적으로 편별한 성문법을 의미하며, 편·장·절·관 등으로 나누어져 있다. 단행법은 특수한 사항에 관하여 편별 없이 제정한 성문법을 의미한다. 그러나 이 구별은 상대적이고 엄격한 표준이 있는 것은 아니다.

그리고 성문법은 일반적 추상적으로 문자화되어 고정되어 있으므로 그 제정 및 개정·폐지에 번거로운 절차를 요하는 점에 특색이 있다. 영미와 같은 불문법국가에도 점차 성문법이 증가하는 추세에 있다.

성문법은 국내법과 국제법으로 대별되며, 국내법은 다시 성문헌법·법률·명령·규칙 등의 국가법과 조례와 규칙으로 구성되는 자치법(자주법이라고도 한다)으로 구분된다. 국제법은 조약 및 일반적으로 승인된 국제법규 등으로 구분된다.

2) 성문법주의와 불문법주의

성문법과 대립하는 개념으로서 불문법(不文法 : unwritten law, ungeschriebenes Recht)이 있다. 이는 문장의 형식을 취하지 않은 법을 말하며 비제정법이라고도 한다. 불문법에는 관습법이나 판례법 그리고 조리가 있다.

한국이나 유럽 대륙 여러 나라와 같은 대륙법계에서는 성문법주의를 지향한다. 성문법주의에서의 불문법은 성문법을 보충하는 데 불과하다. 이와는 반대로 불문법주의를 채택하는 영미법계(英美法系)에서는 판례법이 법 중에서 중요한 부분을 차지하고 있으며, 영국에서는 헌법의 대부분도 관습법이다.

그러나 성문법주의와 불문법주의가 절대적으로 구분되는 것은 아니다. 영국이나 미국도 상당히 많은 법률을 의회가 제정하고 있으며, 대륙법계 국가는 성문법주의를 원칙으로 하면서도 불문법의 법원성을 인정하고 있기 때문이다.

성문법주의와 불문법주의는 각각 장점이 있어 어느 것이 더 우월한 것인지는 판단하기 어렵다. 일방의 장점은 타방의 단점이 된다. 이들의 장점을 열거하면 다음과 같다.

(1) 성문법주의의 장·단점

성문법은 법의 통일과 정비가 용이하며, 외국법을 계수하기도 쉽다. 그리고 성문법은 합리적인 법의 구체화에 적합하고 여러 제도를 급속히 개혁하는 데 편리하며, 법의 존재와 그 내용이 명백하여 법적 생활의 안정성을 확보할 수 있다는 등의 장점이 있다.

그러나 법이 제정되면 고정화되므로 부단히 유동하는 사회실정에 즉응할 수 없고, 입법이 복잡·기술화하여 국민의 체계적 이해가 어렵다는 점 등의 단점이 있다.

(2) 불문법주의의 장·단점

불문법은 사회의 변화에 대한 적응성이 뛰어나며, 법이 고정화되지 아니하여 법과 사회와의 간격이 벌어지지 않는다. 그리고 법에 대한 인식이 건전한 상식과 일체화되어 있어 실효적이다.

이에 반해 불문법은 법의 통일적 정비가 곤란하고, 법의 존재와 내용이 불명확하며, 외국법의 계수가 용이하지 아니하다는 등의 단점이 있다.

2. 성문법원의 분류

1) 개설

성문법은 국내법상의 성문법과 국제법상의 성문법으로 구분된다. 국내법인 성문법은 헌법을 정점으로 하여 피라미드형을 취하고 있다. 이는 다시 국가법과 자치법으로 구분된다. 자치법을 자주법이라고도 한다.

국가법이라 하는 것은 자치법에 대립되는 개념으로 당해 국가의 영토 및 영민 전반에 걸쳐 효력을 가지는 법을 말한다. 이에는 헌법·법률·명령·규칙 등이 포함된다. 그리고 국가법이 국가전체에 걸치는 효력을 지니고 있음에 반하여, 자치법은 당해 지방자치단체 내에서 당해 지방자치단체의 주민에 대해서만 그 효력이 미치는 등 효력의 범위에 차이가 있으며, 국가법이 국가라는 사회단체의 통일성 계속성을 유지하는 사항을 주로 규율대상으로 하는 데에 반하여, 자주법은 부분사회, 즉 지방자치단체의 주민의 복리증진에 관한 사항을 주된 규율대상으로 한다. 이에는 조례와 규칙이 있다.

한편, 국제법 중 성문법으로는 국가 간의 합의인 조약과 일반적으로 승인된 국제법규를 들 수 있다.

2) 성문헌법

(1) 의의

일반적으로 헌법(憲法 ; constitution ; Verfassung)이란 국가의 통치체제를 규정한, 즉 정치체제의 조직과 운용을 정한 기본법을 말한다. 헌법은 근본법(根本法) 또는 기본법(基本法)이다.

헌법은 역사의 발전에 따라 그 개념이 변용되었다. 첫째, 고유한 의미의 헌법이다. 이는 국가최고기관의 조직, 구성과 권한 행사방법, 권력기관 상호관계를 규정한 국가의 근본조직법을 의미한다. 이러한 의미의 헌법은 국가가 있는 한 헌법이 있게 마련이다.

둘째, 근대 입헌주의적 의미의 헌법이다. 이는 개인의 자유와 권리의 보장, 그리고 권력분립에 의하여 국가권력의 남용을 억제하는 것을 내용으로 하는 헌법을 말한다. 18세기 말에서 19세기 초에 유럽에서는 점차적으로 전제적 군주국가가 붕괴되어 자유주의적 근대국가가 건설되었다. 이러한 자유주의국가에서는 권력분립제와 국민의 권리보장이 가장 중요한 정치원리가 되었다. 프랑스의 '인간과 시민의 권리선언' 제16조(1789년)는 '권리의 보장이 확보되어야 한다'고 선언하고 있다. 그래서 이 두 개의 원리를 갖는 헌법을 특히 근대헌법(近代憲法)이라 하여, 고유의 의미의 헌법, 즉 국가의 근본조직법으로서의 헌법과 구별된다.

셋째, 현대 사회국가적 의미의 헌법이다. 이는 모든 국민의 인간다운 생활을 보장하는 것이 국가의 책무인 동시에 그에 대한 요구가 국민의 권리로서 인정되는 복지국가의 이념을 바탕으로 하는 헌법을 말한다.

(2) 성문헌법주의

헌법은 18세기 말부터 성문화되기 시작하였다. 오늘날 영국·이스라엘[1]·뉴질랜드[2] 등 일부국가를 제외하고는 헌법이 성문화되어 있는 것이 일반적인 현상이라 할 수 있다. 이를 성문헌법주의라 한다. 성문헌법주의는 단일 헌법전을 형성하여 다른 입법형식보다 강한 형식적 효력을 인정한다. 그리고 그 개

---

1) 이스라엘은 현재 헌법이 없다. 이스라엘 건국 후 의회는 일련의 기본법 제정권을 위임받았다. 의회가 제정한 기본법들은 향후 헌법을 형성하게 될 것이다. 기본법은 법률의 형식을 띠고 있으나, 대통령, 의회, 행정부, 사법부, 이스라엘 방위군, 감사원, 직업선택의 자유, 인간의 존엄성, 자유에 관한 내용을 담고 있어 실질적으로는 헌법의 기능을 수행하고 있다. 기본법의 보통법에 대한 상위 규범성은 1995년 대법원에 의하여 인정되었다. 대법원은 판례를 통해 언론, 집회, 종교의 자유 및 평등을 이스라엘의 기본적 가치로 발전시켰으며, 개인의 정부기관에 대한 청원을 심판했다.

2) 뉴질랜드에도 성문헌법이 없다. 뉴질랜드 법은 뉴질랜드헌법관련법(New Zealand Constitution Act)과 1986년의 영국제국법을 뉴질랜드에 적용한 1988년의 제국법적용법(Imperial Laws' Application Act 1988) 2개로 구성되어 있다. 전자는 1935년의 독립선언과 영국 식민지로의 편입에 관한 1840년의 와이탕이 조약(Waitangi Treaty) 등 역사적 법률 문서와 행정권·입법권·사법권 설치와 조직을 규정하는 모든 국내 법률을 집대성한 법률이다. 후자는 영국의 대헌장(Magna Carta)과 인신보호법 등을 포함하고 있다.

정에 관하여 특별한 절차를 규정하는 것이 보통이다.

영국의 경우 오랜 의회와 국왕과의 투쟁 속에서 대헌장과 권리청원 등의 헌법적 문서와, 권리장전[3], 인신보호법(Habeas Corpus Act, 1679)이나 왕위계승법(Act of Settlement, 1701) 등의 헌법적 법률을 지니고 있다. 이들 헌법적 문서와 헌법적 법률이 실질적 의미의 헌법이라 할 수 있다.

그리고 영국의 경우는 의회주권이 확립되어 있어 만능 또는 무소불위라고 설명되고 있으나, 오랜 전통으로 확립되어 온 의회주권의 원칙 및 법의 지배의 원칙을 폐기할 수 없는 것이 현실이다. 불문의 형식으로 존재하는 헌법원리도 다른 법규범에 비하여 강한 형식적 효력이 인정되고 있다.

헌법은 그 제정주체에 따라 흠정헌법(欽定憲法), 국약헌법(國約憲法), 협약헌법(協約憲法) 또는 민정헌법(民政憲法)으로 나뉜다. 오늘날 대부분의 헌법은 민정헌법의 형식을 취하고 있다.

민정헌법은 국민의 기본적 인권을 보장하는 것을 제1차적 목표로 하고 있으며, 이를 위하여 권력분립의 원칙, 법치주의의 원칙 등을 제시하고 있다. 그리고 현실적인 권력담당자를 입법부와 사법부 및 행정부로 나누어서 규정하고 있다. 우리 헌법

3) 미국 등의 다른 권리장전과 구별하여 영국권리장전(English Bill of Rights)이라고도 한다. 권리청원(權利請願)이 청교도혁명과 관련된 인권선언인 데에 대해서, 권리장전은 명예혁명의 결과 이루어진 인권선언이다. 제임스 2세의 전제정치와 가톨릭 신앙에 반대하여 일어난 명예혁명은 1688년 12월 23일 국왕이 프랑스로 도망하고, 그 이듬해 2월 13일 국민협의회가 윌리엄 3세를 국왕으로 추대함으로써 무혈혁명으로 끝났다. 이때 의회는 새 왕을 추대하면서 왕관과 함께 권리선언(權利宣言)을 제출하여 그 승인을 받았고, 이 선언을 토대로 1689년 12월 16일 '신민(臣民)의 권리와 자유를 선언하고 왕위계승을 정하는 법률'이라는 이름의 의회제정법이 공포되었다. 이것이 권리장전이다.

의 경우에는 국회 · 정부 · 법원 · 헌법재판소 · 중앙선거관리위원회 등으로 구분하여 규정하고 있다.

따라서 국민의 기본적 인권보장에 관한 규정, 이른바 권리장전을 두지 아니한 헌법은 헌법이라 할 수 없는 것으로 보아야 하며, 아무리 권력분립이 잘 되어 있는 헌법이라고 하더라도 국민의 기본적인 인권을 보장하는 데에 소용이 되지 아니한다면, 이는 유명무실한 것이라 할 수밖에 없다.

3) 법률

(1) 의의

여기서의 법률(法律 ; statute, Act of Parliament, Gesetz)은 형식적 의미의 법률 즉, 국가의 입법기관이 제정한 법규범을 의미한다. 따라서 행정부나 사법부가 제정하는 법형식 및 지방자치단체가 제정하는 법형식과는 구별된다.

(2) 입법권의 유래 및 발전

역사적으로 보아 입법권은 인민 또는 민중에 있었으나, 사회가 분화되고 이에 따라 권력이 집중되어 일인집권체제(원수정 또는 전제국가 내지는 독재국가)가 형성됨에 따라 국왕 등 제1인자의 수중에 입법권이 장악되었다.

그 후 시민계급의 등장과 귀족의 세력이 증대됨에 따라 국왕의 권력으로부터 입법권이 분리되어 의회의 손에 귀속되었다. 다만, 그 초창기에는 오랜 기간 동안 의회와 국왕의 입법권이 병존하는 시대를 거치게 되었다. 이것이 이른바 국왕의 포고령에 관한 제도이다. 현재에도 영국의 경우 일정한 범위 내에서 추밀원칙령(樞密院勅令, Order in Council)을 발할 수 있는 권한이 국왕에게 유보되어 있으며, 성문헌법국가에서도 비상대권 등의 발동으로 인하여 헌법적 또는 법률적 효력을 갖는 명령제정권을 인정하기도 한다. 이는 이러한 전통에 기인하는 것이라 할 수 있다.

(3) 법률의 제정 및 효력

우리나라의 경우 헌법상 법률제정권은 국회에 속하고, 법률은 국회에서 의결된 후 15일 이내에 대통령이 공포하거나 재의의 요청을 하지 아니한 경우에는 법률로서 확정되도록 규정하고 있다.

그런데 오늘날에 있어서는 국회의 기능이 현저히 저하되어 통법부화 현상을 나타내고 있다. 이는 현대사회가 전문적 기술적으로 세분화되어 있고, 다량의 정보화 사회로 이행함에 따라 비교적 보수적인 집단으로 구성되는 국회의 구성원이 이에 부응하기 어렵고, 또한 정당정치의 기형적 발전 및 정당민주화의 미흡으로 인하여 여야의 수뇌부의 의사만이 국정에 반영될 뿐 그 밖의 여하한 의견도 반영되지 아니하는 의회운영의 현실에서 볼 때에도 일정한 한계를 드러내고 있음이 분명하다.

이에 대한 대책으로 정치의회와 입법의회를 분리시켜 입법을 전담할 의회를 별도로 구성하여야 한다는 의견도 제시되고 있으나, 의회를 둘로 한다는 것은 어차피 현실적으로 어려운 것이 사실이다.

법률안의 제출은 국회의원과 정부가 할 수 있다(헌법 52). 그런데 현실적으로는 제출된 법률안의 80퍼센트 정도가 정부에 의하여 이루어지고 있다. 또 국회의원이 제출한 법률안이라고 하더라도 그 실질은 정부의 법률안을 국회의원의 이름을 빌어

제출하는 것이 대부분이기 때문에 현실적인 입법자는 정부의 주무 국이나 과에서 관장하고 있다고 보아도 과언이 아니다. 이와 같이 입법은 헌법의 이념을 구체적으로 구현하기 위하여 그 권한을 의회가 행사하는 것이 원칙[4]으로 되어 있음에도 현실적으로는 정부의 손에 있음을 알 수 있다.

그러나 헌법이 인정하고 있는 법률제정절차에 의하여 제정된 것이라는 점에서 그 하위법령인 명령·규칙 등에 비하여 상위의 효력을 지니고 있는 것이다.

3) 명령·규칙

(1) 의의

헌법상의 원칙적인 입법기관인 국회가 아닌 국가기관이 헌법 또는 법률의 수권에 따라 제정한 법규범을 명령 또는 규칙이라 한다.

이 가운데 명령은 일반적으로 대통령을 위시하여 국무총리와 행정각부의 장 등 헌법상 명령의 제정권자인 행정기관이 제정하는 법형식을 의미하며, 일반적으로 시행령이나 규정(대통령령), 시행규칙이나 규칙(총리령·부령)이라는 명칭을 사용한다. 총리령은 중앙행정관서 중에서 부가 아닌 기관의 소관업무에 관하여 제정된 명령이다.

규칙이라 함은 중앙선거관리위원회, 대법원, 헌법재판소 또는 국회 등 행정기관이 아닌 헌법기관이 제정하는 법형식을 말한

4) 권력분립주의에 철저한 대통령제에서는 정부의 법률안제출권을 부정하는 것이 보통이고, 다만 사실상 정부가 작성한 법률안이 여당의원을 통하여 국회에 제출되는 과정을 거치는 것이 보통이다. 그러나 우리 헌법은 정부의 법률안제출권을 전면적으로 인정하여 정부가 입법에 관하여 강력한 영향을 미치게 하고 있다.

다. 이에는 중앙선거관리위원회규칙, 대법원규칙, 헌법재판소규칙 등이 있다.

(2) 명령 · 규칙의 효력

명령과 규칙은 그 실질에 있어서 형식적 의미의 법률의 하위에 위치하는 법규범이라는 점에서 전혀 차이가 없으며, 제정권자에 차이가 있을 뿐이다.

명령에는 헌법적 효력을 지니는 비상명령(구 헌법 51)과, 법률적 효력을 지니는 긴급명령(헌법 76)도 있으나, 일반적으로 명령이라 할 경우에는 법률종속명령, 즉 위임명령과 집행명령을 의미한다. 위임명령은 법률에서 구체적으로 범위를 정하여 위임하는 사항을, 집행명령은 법률을 집행하기 위한 사항을 대상으로 하여 제정된다.

(3) 행정규칙 등과의 구별

규칙의 경우에는 이 외에도, 행정기관의 내부질서와 공법상의 특별행정법관계를 규율하기 위하여 행정주체가 정립하는 행정규칙(규칙 · 예규 · 통첩 · 지시 · 훈령 · 규정 · 수칙 · 준칙 등의 용어로 표현된다)의 의미로 사용되기도 하며, 지방자치단체의 자주법으로서 지방자치단체의 장이 제정하는 법형식인 규칙을 지칭하기도 한다.

그러나 행정규칙과 자치법의 일종인 규칙은 헌법기관이 제정하는 규칙과는 구분되어야 한다.

5) 자주법

(1) 의의

자주법(自主法) 또는 자치법(自治法)은 국가법에 대응하는 개념이다. 자주법은 지방자치단체의 자치입법권에 의하여 정립된 법이다.

자치입법권(自治立法權)은 지방자치단체가 그 존립목적을 실현하기 위하여 가지는 일정한 범위의 권능인 자치권 중의 하나이다. 지방자치단체가 그 자치권에 근거하여 조례·규칙 등을 제정하는 것을 자치입법이라 하고, 이러한 규정을 만들 수 있는 권한을 자치입법권이라 한다.

자주법의 형식에 관하여 헌법은 '자치에 관한 규정'이라고만 규정하고 있어서 그 내용은 법률에 의하여 결정되는데 지방자치법과 지방교육자치에 관한 법률에서는 자주법의 형식으로 조례와 규칙 두 가지를 인정하고 있다. 협의의 자주법은 조례만을 의미하지만 보통 자치법규라고 할 때에는 조례와 규칙 모두를 포함한다.

(2) 조례

조례(條例)란 자주법의 한 형식으로 지방자치단체가 지방의회의 의결을 거쳐 제정한 법형식을 의미한다. 헌법은 지방자치에 관한 장에서 지방자치단체의 자주입법권을 규정하여, 지방자치단체는 '법령의 범위 내에서', 즉 법령에 위반하지 아니하는 한 주민의 복리증진에 관한 사항에 대하여 조례 등 자주법을 제정할 수 있음을 명시하고 있다.

이에 따라 지방자치법은 '지방자치단체는 법령의 범위 안에서 그 사무에 관하여 조례를 제정할 수 있다. 다만, 주민의 권리 제한 또는 의무 부과에 관한 사항이나 벌칙을 정할 때에는 법률의 위임이 있어야 한다'(동법 22)고 규정하고 있다.

우리나라의 경우 5·16군사정변으로 인하여 실시가 유보되어 오던 지방자치제도가 1991년 지방자치법 전면개정 법률에 의하여 지방자치가 다시 시행되게 됨에 따라 조례의 중요성이 보다 강조되고 있다.

(3) 규칙

규칙이라 함은 지방자치단체의 장이 법령 또는 조례의 위임 범위 내에서 그 권한에 속하는 사무에 관하여 제정한 법형식을 말한다. 지방자치법 제23조에서는 지방자치단체의 장은 법령이나 조례가 위임한 범위에서 그 권한에 속하는 사무에 관하여 규칙을 제정할 수 있다고 규정하고 있다.

(4) 조례와 규칙의 입법한계

조례와 규칙은 자주법이므로 자치사무에 관한 사항만을 규율하여야 하며 국가사무를 규율대상으로 하여서는 아니 된다.

그리고 지방 자치단체의 장 등 집행기관이 국가의 지방행정기관(일선기관)의 지위에서 국가사무를 위임받아 집행하는 이른바 기관위임사무(機關委任事務)와 기타 지방자치단체의 집행기관의 권한에 속하는 사무로서 지방의회에 의결권이 없는 사항에 관하여서는 조례를 제정할 수가 없다. 뿐만 아니라, 조례는 법령이나 상급 지방자치단체의 조례에 위반되지 않아야 하고, 주민의 권리 제한이나 의무 부과에 관한 사항이나 벌칙을 조례로서 규정할 때에는 법률의 위임이 있어야 한다.

또한, 시·군 및 자치구의 조례나 규칙은 시·도의 조례나 규칙을 위반하여서는 아니 된다(지방자치법 24).

(5) 조례와 규칙의 제정 절차 등

지방자치법 제26조는 조례와 규칙의 제정절차 등을 규정하고 있다. 즉 조례안이 지방의회에서 의결되면 의장은 의결된 날부터 5일 이내에 그 지방자치단체의 장에게 이를 이송하여야 한다. 지방자치단체의 장은 이송 받은 조례안을 20일 이내에 공포하여야 하나, 이송받은 조례안에 대하여 이의가 있으면 그 기간에 이유를 붙여 지방의회로 환부(還付)하고, 재의(再議)를 요구할 수 있다. 다만, 조례안의 일부에 대하여 또는 조례안을 수정하여 재의를 요구할 수는 없다.

재의요구를 받은 지방의회가 재의에 부쳐 재적의원 과반수의 출석과 출석의원 3분의 2 이상의 찬성으로 동일한 의결을 한 경우 및 지방자치단체의 장이 소정의 기간 내에 공포하지 아니하거나 재의요구를 하지 아니할 경우에는 그 조례안은 조례로서 확정된다. 이 경우 지방자치단체의 장은 확정된 조례를 지체 없이 공포하여야 한다. 지방자치단체의 장이 공포하지 아니하면 지방의회의 의장이 이를 공포한다.

조례와 규칙은 특별한 규정이 없으면 공포한 날부터 20일이 지나면 효력을 발생한다.

6) 성문국제법

(1) 조약

성문국제법이라 함은 국가 간의 명시적 합의로서 법적 구속력을 가지는 것을 말하며, 일반적으로 이를 조약(條約 ; treaty)

이라 한다.

조약은 협정 · 약정 · 협약 · 규약 · 헌장 · 규정 · 의정서 · 결정서 · 선언 · 합의서 · 교환공문 등 다양한 명칭으로 불리나, 그 명칭의 여하에 관계없이 국가의 대표자, 즉 대통령에 의하여 체결되어 국회의 동의를 거쳐 대통령이 공포함으로써 효력을 발생(헌법 6①)하는 것을 의미한다.

조약과 법률의 효력에 대하여는 국제법우위설과 국내법우위설 등이 있으나, 법률과 동등한 효력을 갖는 것으로 보는 것이 일반적이다.

(2) 행정협정

의회의 동의 없이 행정부에 의하여만 성립되는 행정협정(executive agreement)은 넓은 의미의 조약의 일종이다. 그러나 조약과는 성질이 다르다. 그러므로 엄밀한 의미에서 조약이라 할 수 없다. 행정협정은 행정부가 의회의 동의 없이 조약이나 법률에 의하여 수권된 사항을 정하기도 하고 조약의 시행을 위해 필요한 세부적 · 기술적 사항을 정하여 체결하는 것이기 때문이다. 행정협정은 명령 · 규칙과 동등한 효력을 갖는 것으로 본다.

(3) 일반적으로 승인된 국제법규

우리 헌법은 헌법에 의하여 체결 · 공포된 조약은 물론 일반적으로 승인된 국제법규를 국내법과 마찬가지로 준수하고 성실히 이행함으로써 국제질서를 존중하여 항구적 세계평화와 인류공영에 이바지함을 기본이념의 하나로 하고 있다(헌법전문 참조).

일반적으로 승인된 국제법규란 우리나라가 체약국이 아닌 조약으로서 일반적으로 국제사회에서 승인된 조약과 국제관습법을 말한다. 일반적으로 승인된 국제법규의 범주에 포함되면 대한민국이 당사자가 아닌 조약이나 국제관습법도 국내적으로 효력이 있다.

일반적으로 승인된 조약으로는 국제연합헌장·국제사법재판소규정·제네바협약·집단살해죄의방지와처벌에관한협약·부전(不戰)조약·세계우편연맹규정 등이 있다.

그리고 국제관습법으로는 포로의 인도적 처우에 관한 전시국제법의 기본원칙, 외교관의 면책특권, 외국의 국내 문제 불간섭의 원칙, 민족 자결(自決)의 원칙, 조약 준수의 원칙, 전쟁법의 일반 원칙, 소수민족 보호 원칙 등이 있다.

(4) 법적 구속력이 없는 합의의 문제

조약이나 행정협정과는 달리, 당사국이 법적 구속력을 인정하지 아니하는 국가 간의 합의는 조약이나 행정협정이라 할 수 없다. 예컨대, 법적 구속력이 없는 정치적·도덕적 합의에 불과한 일반적 협정이나 합의문, 예컨대 신사협정이라든지 비공식적 국제문서 또는 조약 체결전의 합의문 등이 이에 속한다.

7) 성문법원 상호 간의 관계

(1) 형식적 효력의 원칙 : 상위법 우선의 원칙

형식적 효력의 원칙이라 함은 성문법규는 그 단계적 위치에 따라 그 효력에 차이가 있음을 의미한다. 최고규범인 헌법을 정점으로 하여 국내법과 국제법의 우열관계가 정립되어야 하며, 국가법과 자주법의 효력우월여부가 정립되어야 할 과제로 남겨져 있다.

국제법과 국내법과의 효력의 우열관계에 대하여는 국제법우위설·국내법우위설 및 동위설 등으로 학설이 나뉜다. 우리나라의 헌법 제6조 제1항에서는 이 헌법에 의하여 체결·공포된 조약과 일반적으로 승인된 국제법규는 국내법과 동일한 효력을 가진다고 규정하고 있다. 이 경우 국내법 가운데 어느 위치의 법규범과 동위의 효력인가에 대하여는 이론으로 해결하여야 할 것이다. 의회입법의 원칙에 따라 국회의 비준을 거친 조약은 법률과 동위로, 그리고 국회의 비준을 거치지 아니한 행정협정은 명령 또는 규칙과 동위로 보아야 할 것으로 판단된다.

(2) 신법 우선의 원칙

동위의 법규범간에는 입법자의 새로운 의사가 우선하여 적용됨을 의미한다. 그러나 엄격한 의미에서 볼 때에는 신법은 구법을 개정하거나 폐지하는 것이므로 이를 법적용상의 원칙이라 하기는 곤란할 것으로 보인다.

다만, 일반신법은 특별구법을 개폐하지 못하는 것이 원칙이다.

(3) 특별법 우선의 원칙

특별법(特別法)은 일반법(一般法)에 대하여 우선적 효력을 가지고, 따라서 일반법은 특별법에 규정이 없는 경우에 한하여 적용된다. 다시 말하면, 특정한 사람, 사물, 행위 또는 지역에 국한되는 특별법이 모든 사람이나 사물 행위에 대하여 적용되는 일반법보다 우선적용 된다는 원칙이다.

예를 들어 군대 내에서 폭행죄를 저지른 대한민국 군인에게는 일반법인 형법(刑法)이 아니라 특별법인 군형법(軍刑法)이 적용된다. 군형법은 군형법에서 규정하고 있는 죄를 범한 대한민국 군인에게 적용한다(동법 1)고 규정하고 있기 때문이다.

그런데 일반법과 특별법은 절대적으로 정해진 것이 아니라 상대적이라는 점에 유의하여야 한다. 상법(商法)은 민법(民法)의 특별법이지만, 은행법이나 보험업법 등은 상법의 특별법이 된다.

Ⅲ. 불문법

1. 불문법의 의의

불문법(不文法 ; unwritten law)이라 함은 성문법에 대응되는 개념으로서 성문법원 이외의 법원을 말한다. 불문법은 입법기관을 거치지 아니하고 제정되었음에 착안하여 이를 비제정법(非制定法)이라고도 한다. 이에는 관습법과 판례법 및 조리가 있다.

법규범은 불문법으로부터 성문법주의로 발전하여 왔으나, 오늘날 성문법국가에서도 불문법은 보충적 법원으로서의 효력을 지니고 있으며, 변화하는 사회생활을 성문화하는 데에 대한 한계와 성문화 그 자체의 한계로 인하여 그 유용성이 증대되고 있다.

한편, 영미법계 국가에서는 고유의 관행과 법관의 판례에 의하여 성립된 법(judge-made law)인 보통법(普通法 ; common law), 즉 불문법이 중요한 법원으로 발전하여 왔다. 그런데 오늘날에는 영미법계 국가에서도 방대한 양의 성문법이 제정되고 있음은 이미 설명한 바와 같다.

2. 관습법

1) 개념

(1) 관습법의 의의

관습법(慣習法 ; customary law)은 사회생활의 반복에 의하여 형성된 관행이 법적 확신 또는 국가의 승인을 얻어 법규범으로서의 가치를 획득한 불문법원의 한 유형을 말한다.

(2) 사실인 관습과의 구분

불문법의 일종인 관습법은 사실인 관습과 구분하여야 한다. 사실(事實)인 관습(慣習)이란 어떠한 사회에서 오랫동안 지켜 내려와 그 사회의 구성원들이 널리 인정하는 질서나 풍습법규범으로서의 확신이나 승인이 이루어지지 아니한 단계의 것이므로, 법으로서의 강제력이나 구속력을 갖추고 있지 아니한 것을 지칭한다.

따라서 이는 법이 아니라 사회규범의 하나에 불과한 것이며, 단순히 법의 해석자료로서의 의미를 갖는 데에 불과하다. 사실인 관습을 단순히 관습(慣習 ; custom) 또는 관행(慣行)이라고도 한다.

관습법은 바로 법원으로서 법령과 같은 효력을 갖는 것인 데에 반하여, 사실인 관습은 법령으로서의 효력이 없는 단순한 관행으로서 법률행위의 당사자의 의사를 보충함에 그치는 것이다.

법령과 같은 효력을 갖는 관습법은 당사자의 주장·입증을 기다림이 없이 법원이 직권으로 이를 확정하여야 하고 사실인 관습은 그 존재를 당사자가 주장·입증하여야 하나, 관습은 그 존재 여부 자체도 명확하지 않을 뿐만 아니라 그 관습이 사회의 법적 확신이나 법적 인식에 의하여 법적 규범으로까지 승인되었는지의 여부를 가리기는 더욱 어려운 일이므로, 법원이 이를 알 수 없는 경우 결국은 당사자가 이를 주장·입증할 필요가 있다.

사실인 관습은 사적 자치가 인정되는 분야, 즉 그 분야의 제정법이 주로 임의규정일 경우에는 법률행위의 해석기준으로서 또는 의사를 보충하는 기능을 가지므로 이를 재판의 자료로 할 수 있을 것이나, 그 분야의 제정법이 주로 강행규정일 경우에는 강행규정 자체에 결함이 있거나 강행규정 스스로가 관습에 따르도록 위임한 경우 등 이외에는 법적 효력을 부여할 수 없다.

2) 관습법 성립의 타당근거

관습법이 법으로서의 효력을 갖는 근거에 대하여는 다음과 같이 학설이 나뉘고 있다.

(1) 관행설

관행설(慣行說)은 관행에 의하여 관습법이 성립한다는 견해이다. 관행이란 일정한 행위가 사회구성원에 의하여 오랫동안 반복적으로 행하여지는 것을 의미한다. 관행설은 독일의 사법학자인 Ernst Zietelmann이 주장하였다.

(2) 법적 확신설

법적 확신설(法的確信說)은 Friedrich K. Savigny, Paul Laband 등의 역사법학파의 주장이다. 관습법이 성립하기 위해서는 국가의 승인과 관계없이 오랜 관행이 사회구성원 사이에 법이라는 확신(opinio juris)을 획득하게 되는 경우에 법으로 전화된다고 한다.

(3) 국가승인설

국가승인설(國家承認說)은 독일의 형법학자인 Karl Binding의 주장이다. 이 견해는 일정한 관습의 내용을 국가가 승인함으로써 비로소 관습이 법으로 전화된다는 견해이다. 다만, 승인이 성문법의 경우 명시적인 승인인 데에 반하여, 관습법은 묵시적·불문적 승인이라는 데에 차이가 있다.

(4) 통용설

통용설(通用說)은 관행이 법질서의 구성부분이 될 때에 관습법으로 된다는 견해이다. 관행이 법률질서의 구성부분이 되는 때란 관행이 사회경제적으로 보아 유익할 뿐만 아니라 필요한 것이라고 인정되는 때라고 한다. 이 견해는 법적 확신설이 주관적인 확신을 관습의 법으로의 전화시점으로 보는 데에 대하여, 객관적인 운용의 측면을 강조한 것이다.

(5) 결어

관행설에 대하여는 관행, 즉 사실인 관습과 관습법을 혼동하여 관행이 법으로 성립되는 근거를 제시하지 못하였다는 흠이 있다. 그리고 국가승인설은 국가의 승인이 있기 이전에도 관습법이 엄연히 존재하고 있음을 부인할 수 없으며, 이는 국가우월적 사고의 표현에 불과하다는 비판이 가해진다. 한편, 통용설에 대하여는 관습법이 통용되는 시점을 명확하게 확정하기가 쉽지 아니하다는 단점이 있다.

그리고 법적 확신설에 대하여는 관행이 법으로 전화되는 근거를 사회구성원의 법적 확신에서 구하려고 하나 그것이 법으로서의 효력을 갖는 이유에 대한 설명으로 미흡하다는 비판이 가해진다. 그러나 주지하는 바와 같이 시원적 입법권자는 인민 또는 민중이었다는 점에 주목할 필요가 있다. 고대 게르만법에서 보는 바와 같이, 입법권은 부족의 성년남자로 구성된 의회에서 그들의 만장일치에 의하여 행사되었다. 사회의 발전에 따라 불가피하게 도입된 대의제도에 따라 입법권이 국가권력의 하나인 입법부에 의하여 행사되는 간접민주정치가 이루어지고 있지만, 사회구성원 내지 국민의 법적 확신은 성문법보다 우월한 국가의사라고 보아야 한다. 따라서 법적 확신을 획득한 관행이 당연히 시원적 입법권자가 정립한 법으로서의 지위를 차지하게 된다고 하여야 한다.

따라서 관행이라는 객관적 요건에 법적 확신이라는 주관적 요건이 만족되면 관습법이 성립된다는 법적 확신설이 타당하다. 국내관습법의 인정에 대해서는 통설과 판례가 법적 확신을 필수적으로 요구하고 있으며, 국제관습법의 인정에 대해서도 동일하다. 다만, 국제관습법의 인정에 대하여는 많은 국제사법재판소의 판례에서 관행만으로 법적 확신을 추정하여, 별도로 법적 확신을 심사하지 않고 바로 관행만으로 국제관습법의 성립을 인정하기도 한다.

3) 관습법의 성립요건

다수설인 법적 확신설에 의할 경우 관습법이 성립하기 위해서는 다음의 요건을 갖추어야 한다.

첫째, 관행이 존재하여야 한다. 둘째, 사회구성원 간에 당해 관행이 법적 가치를 가진다는 법적 확신이 성립되어야 한다.

셋째, 관행이 기존의 사회질서에 반하지 아니하여야 한다. 그리고 법령에 의하여 인정된 관행이나 법령에 규정이 없는 사항에 관한 것이어야 한다고 한다. 그러나 이에는 후술하는 바와 같이 관습법의 효력과 관련하여 견해가 나뉜다.

4) 관습법의 효력

(1) 성문법과 관습법의 관계

이는 주로 성문법주의를 취하는 국가에서의 문제이다. 왜냐하면, 불문법주의를 취하는 국가에서 성문법을 제정하게 되는 이유는 새로운 사회현상에 대한 선례가 존재하지 아니하는 경우나, 선례가 존재하기는 하나 오늘날의 실정에 맞지 아니하는 경우 그리고 기존의 선례를 정리하고 이를 명문화하여 통일적인 적용을 도모하는 경우 등이다. 따라서 불문법 국가의 경우 일반법인 불문법에 대하여 성문법은 특별법으로서의 지위를 갖게 된다. 그리고 성문법원 상호간에는 전술한 바와 같은 일반이론에 의하여 해결되어야 할 것이다.

성문법 국가에 있어서의 관습법과 성문법과의 관계에 대하여는 보충적 효력설과 변경적 효력설의 대립이 있다.

(2) 보충적 효력설

보충적 효력설은 관습법은 법령에 의하여 인정된 관행이나 법령에 규정이 없는 사항에 관한 것이어야 성립할 수 있다는 점을 근거로 하여 관습법은 성문법에 대하여 이를 보충하는 효력을 가지는 데 그친다는 견해이다.

(3) 변경적 효력설

이는 새로운 관습법은 기존의 성문법을 변경, 즉 개정하거나 폐지할 수 있다는 견해이다. 이를 개폐적 효력설이라고도 한다.

(4) 결어

논리적으로는 변경적 효력설이 타당하다. 왜냐하면 시원적 입법권자인 사회구성원에 의한 관행이 법적 확신을 얻어 성립하는 관습법은 대의기관에 의하여 정립된 성문법보다 우월한 지위에 있는 것이라 하여야 하기 때문이다. 그렇지만 다수설은 보충적 효력설의 입장을 보이고 있다.

국가승인설의 입장에서는 변경적 효력설을 인정하는 추세이나, 국가가 묵시적으로 승인하였다면 성문법원 상호 간의 관계에서 보는 바와 마찬가로 신법우선의 원칙이 준수되어야 할 것으로 보아야 한다.

3. 판례법

1) 의의

판례라 함은 판결로서 법적 가치를 지닌 선례를 의미한다. 따라서 모든 판결이 판례가 되는 것은 아니다. 판례법은 불문법계 국가에서 구체적 사건에 관한 분쟁에서 이를 해결하는 방법으로 선례구속성의 원칙이 수립된 데에 따라 성립된 법규범이다.

2) 선례구속성의 원칙

대륙법계에서는 방대하고 포괄적인 입법을 하여, 그것을 해석하고 적용하는 학문적 노력에 의하여 법이 발전되어 온 데 반하여, 영미법계에서는 선례구속성(先例拘束性)의 원칙에 의하여 판례를 통하여 점진적으로 법의 계속성이 유지되고, 한편으로 이러한 원칙에 의하여 선례가 시대사정에 적응하지 못할 때에는 선(善)과 형평과 양심에 입각하여 선례에 수정을 가하는 방법으로 법이 발전되어 왔다.

선례구속성(先例拘束性)의 원칙(doctrine of stare decisis)이란 구체적 사건에 관한 분쟁에서 선례와 동일하거나 유사한 사건에 대해 판결을 하는 경우에 선례에 의하여 구속을 받고, 상급법원의 판결이 하급법원을 구속하는 원칙을 말한다. 선결례(先決例)의 원칙 또는 선례구속의 원칙이라고도 한다. '선례구속(stare decisis)'이란 판결을 지속시킨다는 의미이다.

선례구속성의 원칙은 재판 관행으로 발전되어 온 것으로서, 법의 지배·배심제도와 함께 영미법의 특색 중의 하나이다. 영미법은 귀납적 방법, 즉 법을 현실 사건 속에서 발견하는 방법으로 형성되었는데 이 경우 법체계의 일관성과 법의 축적을 위해 과거의 판례가 구속성을 가질 필요가 있게 된다. 이 원칙에 의하여 영미법계의 국가는 판례법(判例法)이 가장 중요한 법원(法源)으로 존재하게 된다.

판결 중에서 구속력을 갖는 것은 판결이유이며, 부수적 의견은 재판의 결론에 대해 영향을 미치지 않는다. 영미법에서는 보통법(普通法, common law)이나 형평법(衡平法, equity)상의 여러 원칙들은 법원에 의하여 확보된 선례 중에서 발견된다.

대륙법계 국가의 경우 대부분은 성문법 국가이므로 판례의 법원성이 인정되지 아니하며, 법의 해석기준으로서의 기능을 수행하는 데에 지나지 않는다. 그렇지만 판례의 법원성이 인정되지 아니한다고는 하나, 실질적으로는 법원으로서의 사실상의 구속력을 발휘한다. 하급법원의 판결에 있어 상급법원 특히 대법원의 태도를 참고로 할 수 밖에 없음은 주지의 사실이다.

3) 판례의 법원성

(1) 대법원 판례의 법원성

우리나라의 경우에는 법원조직법 제8조에서 "상급법원의 판결은 당해 사건에 한하여 하급심을 구속한다"고 규정하고 있다. 이는 '당해 사건에 한하여' 구속력을 가지는 데에 그치므로 선례구속성의 원칙은 채택되고 있지 않다. 그러므로 판례법이 성립하고, 판례가 법원이 될 수 있는가에 대하여는 견해의 대립이 있다. 다수설과 판례는 선례의 구속력을 부인하고 있다. 선례의 구속력을 인정한 명문의 규정이 없을 뿐만 아니라, 판례도 변경이 가능하기 때문이라는 점을 논거로 한다.

그렇지만 판례는 심급절차(審級節次) 등을 통하여 사실상(事實上)의 구속력(拘束力)은 인정한다. 그 범위에서 어느 정도 판례법의 법원성이 인정된다고 보는 것이 일반적이다. 왜냐하면, 대법원의 판례는 사실상 하급심을 구속[5]한다는 점, 대법원

5) 대법원의 판례가 법률해석의 일반적인 기준을 제시한 경우에 유사한 사건을 재판하는 하급심법원의 법관은 판례의 견해를 존중하여 재판하여야 하는 것이나, 판례가 사안이 서로 다른 사건을 재판하는 하급심법원을 직접 기속하는 효력이 있는 것은 아니다(대판 1996. 10. 25. 96다31307). 상고법원으로부터 사건을 환송받은 하급심 법원은 그 사건을 다시 재판함에 있어서 상고법원이 파기이유로 한 사실상·법률상의 판단에 기속을 받는 것이나, 파기의 이유로 된 잘못된 견해만 피하면 다른 가능한 견해에 의하여 환송 전의 판결과 동일한 결론을 가져온다고 하여도 환송판결의 기속을 받지 아니 한 위법을 범한 것이라고는 할 수 없다(대판 2001. 6. 15. 99두5566). 환송판결의 하급심에 대한 법률상 판단의 구속력은 파기의 이유로서 원 판결의 판단이 정당치 못하다는 소극적인 면에서만 발생하므로 파기의 이유로 된 잘못된 견해를 피하여 다른 가능한 견해에 의한 이상 환송 전의 판결과 동일한 결론을 가져올 수 있다(대판 1965. 4. 22. 63누200).

의 판례를 변경하고자 하는 경우에는 대법관 전원의 3분의 2 이상의 찬성에 의하여 변경하도록 규정하고 있어 사실상 판례의 변경이 어렵다는 점, 대법원 판례와 다른 판결이 있은 경우 상고이유가 된다는 점 등은 대법원판례가 가지는 사실상의 구속력을 뒷받침하고 있다.

(2) 헌법재판소 판례의 법원성

헌법재판소의 판결은 그 기속성으로 인해 법원성이 긍정된다. 헌법재판소의 위헌판결은 당해사건은 물론 병행사건 및 일반사건에도 효력이 미친다. 헌법재판소에 의한 위헌법률심판에서의 위헌결정이 된 경우 위헌으로 결정된 법률 또는 법률조항은 효력을 상실하고 법원 기타 국가기관 및 지방자치단체 등을 구속하기 때문에 헌법재판소의 판례(위헌결정)는 법원성을 갖는다. 그리고 헌법재판소의 위헌결정의 효력은 그 결정이 있은 이후에 소가 제기된 민사사건에도 미치게 된다(대판 1993. 12. 28. 93다45237).

4. 조리의 법원성

1) 조리의 의의

조리(條理 ; Natur der Sache, naturalis ratio)란 사물의 본질적 법칙 또는 사물의 이치를 말한다. 즉 일반적인 사회인이 보통 인정한다고 생각되는 객관적인 원리 또는 법칙을 의미한다. 조리는 경험칙·사회통념 또는 법의 일반원칙이라고도 한다.

2) 조리의 법원성

그 법원성에 대하여는 긍정설과 부정설이 있다. 대법원은 조리의 법원성을 긍정하고 있다. 아무리 완비된 성문법이라도 완전무결할 수 없다. 따라서 법의 흠결이 있을 경우에는 조리에 의하여 보충하여야 한다. 민법에서는 "민사에 관하여 법률의 규정이 없으면 관습법에 의하고 관습법이 없으면 조리에 의한다"(동법 1)고 규정하고 있다. 즉 민사재판에서 성문법도 관습법도 없는 경우에는 조리가 재판의 규범이 된다고 명문으로 규정하고 있으므로 조리는 보충적 효력을 가진다.

조리의 법원성이 문제되는 것은 어떤 사건에 관하여 그 재판의 기준이 될 성문법이나 관습법 등의 불문법이 모두 존재하지 않는 경우이다.

현실적으로 분쟁이 발생하는 경우, 국민의 재판청구권의 행사에 대응하여 구체적인 판단을 사법부가 하여야 하는 의무를 안고 있다. 이 의무의 수행을 법의 부재를 이유로 하여 거부할 수 없는 것이다.

우리나라 헌법 제103조는 "법관은 헌법과 법률에 의하여 그 양심에 따라 독립하여 심판한다"고 규정하고 있다. 즉, 재판의 근거규범이 존재하지 아니하는 경우 법관은 자신의 직업적 양심에 따라 심판하여야 할 의무를 부담한다. 법관의 직업적 양심에 의하여 발견된 법의 일반원리가 바로 조리이다. 즉, 조리는 법관이 입법자의 입장에 서서 자신의 직업적 양심에 입각하여 찾아내어 심판에 적용하는 사물의 본질적 법칙 또는 법의 일반원리인 것이다. 따라서 조리의 최종적 보충적 법원성을 인정하지 않을 수 없다.

[대법원 1994.2.21. 92스26 결정] 외국인 간의 가사사건에 관하여 우리나라의 법원에 재판관할권이 있는지 여부는, 우리나라 가사소송법상의 국내토지관할에 관한 규정을 기초로 외국인 사이의 소송에서 생기는 특성을 참작하면서 당사자 간의 공평과 함께 소송절차의 적정하고 원활한 운영과 소송경제 등을 고려하여 조리와 정의관념에 의하여 이를 결정하여야 할 것이다.

[대법원 1965.8.31. 65다1156판결] 정관에 보수에 관한 규정이 없고 주주총회의 의결도 없는 경우의 구 민법상의 상무취체역에 대한 보수는 그에 대한 상관습이나 민법의 규정 또는 민사관습도 없는 바이니 조리에 의하여 상당한 액을 지급하기로 한 것이라고 단정하고 그 상당액을 증거에 의하여 일정액으로 인정한 조처에 위법이 있지 아니하다.

제7장 법의 분류

제1절 개 관

Ⅰ. 법체계와 법의 분류

여러 가지의 법규범은 단편적으로 산재되어 있는 것이 아니라 어떠한 통일성을 가지고 전체로서 하나의 체계를 구성하고 있다. 이와 같이 여러 가지의 법규범이 전체로서 하나의 체계를 구성하고 있는 것을 법체계라고 한다.

법은 법체계를 통하여 구분하여 볼 수 있다. 이러한 법의 분류는 법의 본질적인 구분이 아니라 편의상의 구분에 지나지 않는다. 또한 법은 그 분류기준에 따라 다양하게 구분된다.

Ⅱ. 법의 분류기준

일반적인 법의 분류기준은 다음과 같다.

첫째, 국가의 제도권 안에서 정립되어 구체적 실질적인 효력을 가지고 있는 것인가의 여부에 따라 자연법과 실정법으로 분류된다.

둘째, 법의 존재형식에 따라 성문법과 불문법으로 분류된다.

셋째, 법의 제정주체 및 효력의 지역적 범위에 따라 국내법과 국제법으로 분류되며, 국내법은 다시 국가법과 자주법으로 분류된다.

넷째, 법이 규율하는 생활관계의 실제에 따라 공법·사법 및 사회법으로 분류된다.

다섯째, 법의 적용범위에 따라 일반법과 특별법, 원칙법과 예외법으로 분류된다.

여섯째, 법과 당사자의 의사와의 관련 여부에 따라 강행법과 임의법으로 분류된다.

일곱째, 법이 발생하게 된 기초에 따라 고유법과 계수법으로 분류된다.

여덟째, 법이 규율하는 사항의 실체성 여부에 따라 실체법과 절차법으로 분류된다.

마지막으로 법이 규율하는 기능에 따라 행위법과 조직법으로 분류된다.

제 2 절 법의 분류

Ⅰ. 자연법과 실정법

1. 개설

국가의 제도권 안에서 제정된 것인가의 여부에 따라 법은 실정법과 자연법으로 구분된다. 영구불변의 법인 자연법은 입법이라는 과정을 통하여 실정법화되어 우리의 생활관계를 규율하는 것이지만, 현실적으로 자연법을 실정법화하는 데에는 일정한 장애가 상존하고 있다. 이러한 실정법과 자연법의 괴리를 해소하는 방편의 하나가 법의 존재형식에서 살펴본 조리라고 하는 최후의 보충적 법원이다

따라서 광의의 법을 이해하기 위해서는 자연법과 실정법을 조화롭게 접목시켜야 한다. 실정법으로 사회현상이 극복되지 아니할 때에는 자연법을 통하여 이를 해결하여야 되는 것이며, 최소한의 실정법과 최대한의 자연법이 상호 보완・협조관계에 있어야 하는 것이다.

2. 자연법

자연법(自然法 ; natural law)은 실정법에 대응하는 개념이다. 자연법이란 실정의 법제도로 정착된 실정법의 바탕을 이루는 법이다. 자연법은 시대의 변화나 그 주체인 민족이나 국민

의 상이 등에 따라 그 내용을 달리하기 때문에 학자에 따라 자연법의 정의 및 그 내용이 일치하지 아니한다.

그러나 시대의 변화 및 학자의 정의 및 내용의 상이에도 불구하고, 자연법은 인간사회에 있어서 있어야할 규범의 당위의 상태를 상정하는 것이다.

그러므로 자연법은 초실정적인 것으로 인간의 이성 내지 본성을 통하여 시대나 민족 및 사회의 상이 등을 초월하여 영구불변으로 타당성을 지니고 있는 법이라고 정의할 수 있다.

자연법은 실정법의 정당성에 대한 평가의 기준이 될 뿐만 아니라, 실정법의 제정과 개·폐의 기준이 된다. 따라서 자연법의 이념과 정신은 실정법을 통해 구체화되는 것이다.

3. 실정법

실정법(實定法 ; positive law)이란 입법을 통해 제정되거나 경험적 사실에 의거하여 형성된 법으로서 자연법이나 신법(神法 ; divine law)에 대응하는 개념이다.

일상적인 의미로 실정법은 특정한 시대와 사회에서 구체적이고 실질적인 효력을 가지고 있는 법규범을 말하며, 성문의 제정법은 물론, 불문의 관습법·판례법·조리 등을 포괄하는 개념으로 쓰인다. 때로 실정법은 한 사회의 규제를 위해 권위 있는 기관이 제정하거나 채택한 구체적인 법이라는 협의의 의미로도 사용된다.

오늘날 이러한 실정법은 국가권력을 배경으로 하고 있다. 실정법 위반에 대하여는 국가의 강제력이나 제재력이 발동되도록 함으로써 실정법의 실효성을 보장하고 있다.

Ⅱ. 성문법과 불문법

1. 성문법

성문법은 불문법(不文法)과 대립되는 개념이다. 국가적인 입법기관에서 일정한 절차를 거쳐 제정되는 법을 제정법(制定法)이라 하는데, 성문법은 모두 제정법이다. 성문헌법도 성문법의 일종이며, 그 하위의 성문법으로는 법률·명령·규칙·조약·행정협정·조례 등이 있다.

성문법은 합리적인 법의 구체화에 적합하고 여러 제도를 급속히 개혁하는 데에 편리하며, 법의 존재와 그 내용이 명백하여 법 생활의 안정성을 확보할 수 있다는 등의 장점이 있다.

그 반면에 형식적이고 고정적이어서 유동하는 사회실정에 곧바로 응할 수 없고, 복잡·기술화된 입법을 국민이 체계적으로 이해하기가 어렵다는 등의 단점이 있다.

그러나 오늘날에는 성문법을 중심으로 하는, 이른바 '성문법주의'가 지배적인 추세이다. 불문법주의에 입각한 영미법에서도 관습법으로 규율할 수 없는 사회현상이 급증함에 따라 성문법이 점차 많아지고 있다.

2. 불문법

성문법(成文法)에 대응하는 것으로서 관습법이나 판례법, 조리 등이 그 예이다.

한국을 포함하여 대륙법계에서는 법이라 하면 대부분 성문법이며, 불문법은 성문법을 보충하는 데 불과하다. 이것을 성문법주의라 한다.

이와는 반대로 불문법주의를 채택하는 영미법계(英美法系)에서는 판례법이 법 중에서 중요한 부분을 차지하고 있으며, 영국에서는 헌법의 대부분도 관습법이다.

Ⅲ. 국내법과 국제법

1. 개설

법의 제정주체 및 그 효력의 지역적 범위에 따라 국내법과 국제법 및 국가법과 자주법의 구분이 있음은 법원론에서 살펴본 바와 같다. 국제법과 국가법은 그 주체의 상이에 따라 그 효력의 실효성 확보수단 및 상호간의 효력의 우월여부 등이 논의의 대상으로 되고 있다.

국내법의 경우에는 국가가 그 실효성을 확보하는 주체로서의 지위를 점하고 있고, 법 위반에 대하여는 그에 상응하는 강제력 및 제재력을 실효적으로 행사할 수 있다. 이에 반하여, 국제법은 국제사회를 규율하는 법원으로 국가 간의 합의를 바탕으로 하여 국제사회의 행위주체들의 행위와 이해관계를 규율하는 규범이다. 그러나 국제법의 경우에는 그 실효성을 확보하기가 쉽지 않은 것이 현실이다.

또한 국내법과 국제법의 효력의 우월 여부에 대한 견해는 양자간의 일원론적인 입장과 이원론적인 입장으로 구분된다. 일원론적인 입장은 국제법과 국내법을 하나의 체계로 보는 견해이다. 이는 다시 국제법우위론과 국내법우위론 및 양자를 등위

(等位)관계에 두는 등위론(等位論) 또는 동위론(同位論)이 주장되고 있다.

2. 국내법

특정 국가에서 인정되고 시행되는 법으로서 특정한 국가의 자주권과 독립권을 바탕으로 하여 당해 국가의 강제력을 배경으로 하여 시행되는 법을 의미한다.

국내법은 다시 국가법과 자주법으로 분류된다.

1) 국가법

국가법(國家法)은 국가의 입법권에 의하여 제정된 법을 말한다. 헌법은 국회를 원칙적인 입법기관으로서의 지위를 부여하고 있다. 따라서 국가법의 원칙적인 제정주체는 국회이다. 이에 대한 예외로서 헌법은 국회 이외의 국가기관에 대하여도 일정한 형식의 입법권을 행사할 근거를 명시하고 있다. 이에 의하여 제정되는 국가법은 명령과 규칙이다. 명령과 규칙은 의회제정법인 법률보다 하위의 효력을 가지며, 헌법과 법률에 위반하지 아니하여야 한다.

명령은 대통령과 국무총리 및 행정각부의 장이 제정권을 갖는다. 이에 반하여 규칙은 행정부 이외의 국가기관, 즉 국회·중앙선거관리위원회·대법원·헌법재판소가 제정하는 입법형식이다.

2) 자주법

자치입법권에 의하여 정립된 법규를, 국가가 입법권의 작용으로 정립하는 국가법과 구분하여, 자주법(自主法) 또는 자치법(自治法)이라 한다. 헌법은 제117조 제1항에서 지방자치단체는 법령의 범위 안에서 자치에 관한 규정, 즉 자주법을 제정할 수 있다고 명시적으로 규정하고 있다. 또한 이에 따라서 지방자치법은 지방자치단체의 조례제정권(동법 15)과 지방자치단체의 장의 규칙제정권(동법 23)을 각각 인정하고 있고, 지방교육자치에 관한 법률은 교육감의 교육규칙제정권(동법 25①)을 인정하고 있다. 이러한 조례와 규칙 또는 교육규칙을 자치법규라 한다.

자주법은 원칙적으로 당해 지방자치단체의 구역 안에서만 효력을 가진다. 자주법은 지방자치단체의 독자적인 법체계를 구성한다. 그러한 의미에서 자주법은 국가가 입법권의 작용으로 정립하는 국가법과 구별된다.

3) 국가법과 자주법의 관계

자주법도 헌법을 정점으로 하는 국법체계 속에 위치한다. 그러므로 국법질서의 통일성을 유지한다는 의미에서 헌법은 '법령의 범위 내에서' 자치에 관한 규정을 제정할 권한을 지방자치단체에 부여하고 있다. 또한 지방자치법은 기초 지방자치단체의 자주법이 상급의 광역 지방자치단체의 자주법을 위반하여서는 아니된다고 규정하고 있다(동법 24).

이와 관련하여, 자주법, 특히 조례를 중심으로 자치입법권의 한계가 논의되고 있다. 생각건대, 헌법이 지방자치제도를 보장하고 있으므로 이에 따라 국가사무는 국가법으로 규율하고 자치사무는 자주법으로 규율하는 것이 당연하다. 따라서 국가법과 자주법은 충돌할 이유가 없다. 국가법이 자치사무에 해당하는 사항에 관하여 규율해서도 아니 되며, 자주법이 국가사무에 해당하는 사항을 규율해서도 아니 되기 때문이다. 다만, 국가법에 의한 단체위임사무 또는 기관위임사무에 대하여 제정되는 단체위임조례나 기관위임규칙은 수권법에 반하여서는 아니 된다는 점에 유의할 필요가 있다.

3. 국제법

국제법은 둘 이상의 국가 간의 명시적 또는 묵시적 합의에 의하여 성립된 법을 말한다. 여기에서 명시적 합의에 의하여 성립된 것으로서 국회를 거친 것을 그 형식적 명칭에 관계없이 조약이라 하고, 국회를 거치지 아니하고 행정부에 의하여 성립된 것을 행정협정이라 한다. 이를 합쳐 성문국제법이라 한다. 이에 대하여 묵시적 합의에 의한 것을 국제관습법이라고 한다.

조약체결당사국, 즉 체약국이 2인 경우에는 당해 조약의 체약국 상호간에만 효력을 미치나, 다자간의 조약인 경우에는 조약발효시의 체약국과 가입국에 그 효력을 미친다. 다만 이 경우 체약국은 조약이 발효되는 시점부터 그 효력의 적용을 받는 것이 원칙이며, 신규로 가입한 국가는 가입한 시기부터 그 적용을 받게 된다.

Ⅳ. 공법 · 사법 및 사회법

1. 공법과 사법의 구별

1) 구분의 필요성

법을 그 내용에 따라 공법(公法 ; public law, öffentliches Recht)과 사법(私法 ; private law, Privatrecht)으로 구분하는 것은 로마법 이래의 가장 전통적인 분류이다. 그런데 법일원론적 입장에서는 공법과 사법의 구별을 부인한다. 이에 대해 이원설은 이를 긍정하고 있다. 이원론적인 입장에서도 그 구별기준을 무엇으로 할 것인가에 대하여는 학설이 대립하고 있다. 주요한 것은 다음과 같다.

2) 공법과 사법의 구별기준에 관한 학설

(1) 이익설

법이 보호하고자 하는 이익, 즉 법이 보호하고자 하는 목적을 중심으로 하여 공법과 사법을 구별하고자 하는 견해를 이익설(利益說) 또는 목적설(目的說)이라 한다. 이 견해에 의하면, 공법이라 함은 사회 공공의 이익, 즉 공익을 보호함을 목적으로 하는 법으로 이해하는 동시에, 사법은 사익을 보호함을 목적으로 하는 것이라 한다.

이 견해는 로마시대 이래 지속적으로 전개되어온 견해로서, 로마의 법학자 울피아누스는 공법이란 로마의 국가적 이익 내지 공공적 이익을 위하여 존재하는 법이며, 사법이란 개인의 이익을 위하여 존재하는 법이라고 하였다.

그러나 여기서 말하는 공익과 사익은 그 자체가 명확한 개념이 아니다. 어떠한 실정법도 국가적 내지 공공적 이익만을 보호하고자 하는 것은 아니다. 또 사익만을 보호하기 위한 법도 존재하지 않는다. 예컨대, 공법인 헌법이 보호하는 이익은 공익에 그치지 않고, 재산권이나 신체의 자유 및 경제활동의 자유 등을 규정함으로써 사익도 보호하고자 한다. 여러 경찰관련 실정법들도 국가적 법익의 보호와 동시에 개인의 생명과 재산 등 개인적 법익의 보호를 목적으로 하고 있는 것이다. 형사법 역시 국가적 법익과 사회적 법익은 물론 개인적 법익도 보호대상으로 하고 있다. 그리고 일반사법인 민법 가운데 무능력·등기·친족·상속에 관한 규정 등은 개인적 이익을 보호하고자 하는 동시에 또한 국가적 이익과도 깊이 관련되고 있는 것이다.

(2) 주체설

주체설(主體說)이 견해는 법이 규율하는 법률관계의 주체를 구별기준으로 하여 공법과 사법을 구분한다. 독일의 법학자인 옐리네크(G. Jellinek) 등에 의하여 주장된 견해이다. 이에 따르면, 국가 및 공공단체 상호간의 관계 또는 이들과 사인간의 관계를 규율하는 법을 공법, 사인상호간의 관계를 규율하는 법을 사법이라 하게 된다.

이 견해는 국가나 공공단체도 사경제주체로서 사인과 동등한 지위에서 당사자로서 물품조달계약 등을 체결하는 경우를 설명할 수 없다. 이는 공법관계가 아닌 사법관계이기 때문이다.

(3) 법률관계설

법률관계설(法律關係說)은 법이 규율하는 관계가 평등관계인가 아니면 불평등관계, 즉 지배복종관계인가의 여부에 의한 구분한다. 성질설(性質說) 또는 복종설이라고도 한다. 이 견해에 따를 경우, 평등관계에 관한 법을 사법이라 하고, 불평등관계에 관한 법을 공법이라 하게 된다.

법률관계설에 대하여는 국제법은 평등관계에 관한 법인데도 불구하고 공법의 영역에 속하며, 그와 반대로 친족법은 불평등관계에 관한 법임에도 불구하고 사법영역에 속하는 점을 설명하지 못한다는 비판이 가해진다.

(4) 통치관계설

법률관계설과 마찬가지의 입장을 취하나, 통치권의 발동에 따른 법관계인가의 여부에 따라 공법과 사법을 구분하는 통치관계설(統治關係說)은 사람의 사회생활 가운데 국가 및 공공단체의 일원으로서의 생활관계, 즉 공적 생활관계는 통치권의 발동을 요건으로 하므로 이를 규율하는 법은 공법이고, 사인으로서의 생활관계는 통치권의 존재를 요건으로 하지 않으므로 이를 규율하는 법이 사법이라고 한다. 따라서 통치권의 소재, 통치권 발동의 형식, 국가기관의 조직·권한을 규정한 법은 공법이고, 사인의 생활관계를 규율하는 법은 사법이다. 그러나 통치권의 발동이라는 것은 국가권력의 대내적 발동을 의미하는 것이므로 대외적 발동에 기반을 두는 국제법은 공법에서 제외시키는 결과를 초래한다.

(5) 생활관계설

생활관계설(生活關係說)은 인간의 생활관계를 국민으로서의 생활관계와 인류로서의 생활관계로 구분하고, 전자에 관한 법률을 공법, 후자에 관한 법률을 사법이라 구분한다.

이 견해에 의한다고 하더라도 국민으로서의 생활관계와 인류로서의 생활관계를 구분하기가 용이하지 아니하다는 비판이 가하여지고 있다.

(6) 결어

공법과 사법을 구분하는 경우 어느 하나의 기준으로 구별하기란 결코 쉽지 않은 것이 사실이다. 또 각각의 견해가 일면적인 타당성은 가지고 있음을 부인할 수는 없다. 그렇다고 특정의 견해가 지배적이라고 할 수도 없다. 위의 여러 학설 중에서 생활관계설이 가장 유력한 학설이라고 할 수 있다.

결국 공법과 사법은 개개의 법규를 중심으로 판단하여야 하는데, 동일한 법전 속에서도 공법과 사법이 혼합되는 경우가 적지 않다. 따라서 단행 법전의 주요 내용이 대체로 공법적 규정으로 되어 있는 법은 공법이고, 주로 사법적 규정으로 되어 있는 법은 사법이라고 하게 된다. 따라서 헌법 · 행정법 · 형법 · 민사소송법 · 형사소송법 · 국제법 등은 공법에 속하고, 민법 · 상법 · 국제사법 등은 사법에 속하는 것으로 분류한다.

3) 구별의 실익

공법과 사법을 구별하는 실익은 다음과 같다. 우선, 공법과 사법은 그 지도원리가 상이하다는 점이다. 둘째, 법률상의 쟁송에 있어서의 적용되는 실정법상의 절차가 상이하다. 셋째, 법규범에 흠결이 있는 경우 해결방법이 다르다는 점 등이다.

2. 사회법의 등장

1) 사회법의 의의 및 발달배경

(1) 사회법의 의의

사회법(社會法 ; social law, droit social)이란 공법도 아니고 사법도 아닌 독자적인 제3의 법 영역으로서 사회·경제적 약자를 위하여 사적 자치의 영역에 대하여 일정한 제한을 가하는 공법적 제한입법과 사회·경제적 약자를 보호하기 위한 정책입법의 총체를 일컫는 개념이다. 사회법에는 노동법·경제법·사회보장법·사회복지법 등이 있다.

(2) 사회법의 발달배경

사회법은 19세기 후반 이래 대두된 자본주의 사회의 제반 모순을 조정하기 위하여 20세기 초에 등장하였다. 이는 근대의 자유주의가 초래한 노·사 간의 실질적 불평등에 따른 대립을 해소하는 한편, 자본주의 경제발전과정에서 노정된 여러 가지의 폐단을 시정하기 위한 것이었다. 즉 근대국가에 있어서의 자본주의 경제의 발전은 한편으로는 경제적 약자와 강자의 대립 또는 사용자와 노동자의 대립과 시장의 실패를 초래하였다.

여기서 사회·경제적 약자를 보호하고 강자를 제한하며, 노·사간의 대립과 갈등을 완화하기 위하여 사권, 특히 소유권과 계약의 자유에 대하여 공법적 제한을 가하고, 나아가서는 국가의 사회정책적·노동정책적·경제정책적 입법이 점차 늘어나게 되었다. 이것이 집적되어 공법·사법의 어느 것에도 속하지 않는 독자적인 법 영역인 사회법을 형성하게 된 것이다.

2) 공·사법과의 구분

사회법은 비교적 최근에 출현한 법 영역이다. 사법은 사적자치의 원칙을 바탕으로 하나, 사회법은 사적자치의 원칙을 수정함으로써 인종이나 성·신분 등을 위시한 사회·경제적 불평등이라는 현실을 극복하고자 하는 목적을 지니고 발생하였다.

공법은 국가의 동일성유지와 공익의 실현을 위하여 국가 또는 공공단체가 우월적 지위에서 자신의 권력을 통제하고 국민을 일정한 방향으로 유도하여 가기 위하여 강제적인 규정을 다수 포함하고 있는 것인 데에 반하여, 사회법은 사회적 경제적 약자를 보호하기 위한 것으로 강자와 약자의 무기평등의 원칙을 구현하기 위한 보조적인 역할을 수행한다.

즉, 사인간의 자유로운 사적자치의 구현을 위하여 우선 그 전제를 충족시키고자 하는 법영역이라 할 수 있다. 최근에 이와 관련된 문제는 점차 인종차별철폐와 성차별철폐의 영역으로 이행되고 있음에 유의할 필요가 있다.

3) 종류

(1) 노동법

노동법은 영국의 공장법을 중심으로 하여 발달된 법체계로서 노동법은 노사의 실질적 평등을 보호하기 위한 법의 총칭이다.

(2) 경제법

경제법은 예정조화설과 자유방임주의에 바탕을 둔 초기 자본주의의 횡포와 폐해에 대응하기 위한 법체계이다. 경제법은 국민경제의 균형적 발전을 도모하기 위하여 자유주의 경제질서에 일정한 조정을 가하는 것을 중심으로 하는 법을 총칭한다.

(3) 사회보장법

사회보장법이란 국민의 생존권 보장을 위한 법체계이다. 사회보장법은 더불어 사는 국민각자의 인간으로서의 존엄과 가치 및 행복추구권의 최소한의 보장을 위한 법을 말한다.

사회보장이라는 용어는 미국의 루즈벨트 대통령이 1934년 의회에서 뉴딜정책을 설명하는 데서 비롯되었다. 이 개념이 처음 입법화된 것은 1935년의 사회보장법이다.

사회보장(social security)이란 개념은 국가에 따라 상이하게 사용되고 있다. 영국이나 미국과 같은 국가에서 사회보장이라는 용어를 사용할 때는 주로 소득보장이란 의미를 가지고 있고, 일본이나 국제노동기구(ILO)에서는 소득보장 이외에 의료서비스나 사회복지 서비스를 포함하는 의미로서 사회보장이란 용어를 사용하고 있다.

우리나라의 경우 1963년에 제정된 사회보장법은 1995년 사회보장기본법으로 전면개정되었다. "사회보장"이라 함은 출산, 양육, 실업, 노령, 장애, 질병, 빈곤 및 사망 등의 사회적 위험으로부터 모든 국민을 보호하고 국민 삶의 질을 향상시키는 데 필요한 소득·서비스를 보장하는 사회보험, 공공부조, 사회서비스를 말한다(법 3 i)라고 정의하고 있다.

V. 일반법과 특별법

1. 개설

법의 효력범위를 구별기준으로 하는 경우 그 범위의 광협에 따라 일반법과 특별법으로 구분할 수 있다.

특별법(特別法 ; special law)은 특정인이나 특정한 지역에 국한하여 적용되는 법이다. 이에 대하여 일반법(一般法 ; general law)은 그러한 제한이 없이 일반적으로 적용되는 법을 말한다.

그러나 양자의 관계는 상대적인 것이며, 예를 들면 사법에 있어서 가장 일반적인 법인 민법(民法)에 대한 특별법, 즉 민사특별법은 법인(法人)에 대한 공익법인의 설립·운영에 관한 법률, 공동소유에 대한 집합건물의 소유 및 관리에 관한 법률, 담보제도에 대한 입목에 관한 법률, 가등기담보 등에 관한 법률, 공장저당법, 광업재단저당법, 보증에 대한 신원보증법, 임대차(賃貸借)에 대한 주택임대차보호법, 손해배상책임에 대한 국가배상법 등이 그 대표적인 예이다. 또한, 일반사법인 민법에 대하여 상사(商事)만에 관하는 상법(商法)은 특별법이라고 할 수 있다. 담보부사채신탁법은 일반법인 상법에 대하여는 특별법이 된다.

2. 구별실익

원래 특별법은 정의(正義) 또는 형평(衡平)의 관념에 입각하여 일반법 중에서 특수한 사항을 골라내어, 그것을 특별히 취급하려고 하는 취지에서 나온 것이다. 그러므로 특별법은 일반법에 우선하는 것이 원칙(특별법우선의 원칙)이며, 일반법은 특별법에 규정이 없는 경우에만 보충적으로 적용된다(상법 1 참조). 이 두 개념을 구별하는 실익은 법의 효력 및 적용의 순서를 명확히 하는 데에 있다.

특별법우선의 원칙과 신법우선의 원칙이 충돌하는 경우가 있다. 예컨대 일반법이 신법이고 특별법이 구법인 경우의 문제이다. 이 경우 일반신법은 특별구법을 개정·폐지하지 못한다.

3. 특별법과 법체계상의 문제

특별법은 일반적으로 임시조치법이나 특별법, 특례법 등의 명칭이 사용된다. 그런데 이들은 일반법보다 우선하여 적용됨으로써 일반법의 조문을 사문화시키는 경우가 허다하다.

때로는 서로 다른 이해관계에 놓인 주체들은 각자에게 유리한 법령의 적용만을 고집하는 결과를 초래하기도 한다. 특별법 상호간에도 현실적으로는 우선적으로 적용되는 법률이 존재하기도 한다. 결국 이러한 현상은 법질서를 문란하게 하고 법체계를 마비시키기도 한다.

Ⅵ. 원칙법과 예외법

어떠한 사항에 관하여 일반적으로 적용되는 규정을 원칙법(原則法)이라고 하는 데에 반하여, 이에 대한 예외를 인정하는 규정을 예외법(例外法)이라 한다. 즉 일정한 사항에 관하여 특별한 사정이 있는 경우에 그 원칙법을 적용하지 않을 것을 규정한 법이 예외법이다. 실정법상 일정한 법조 내에서 원칙과 예외를 동시에 규정하는 경우가 많다.

"채권은 양도할 수 있다. 그러나 채권의 성질이 양도를 허용하지 아니하는 때에는 그러하지 아니하다(민법 449①)"는 규정에서 보는 바와 같이, 채권의 양도성을 원칙으로 규정하면서도, 그 단서에서 예외적으로 그 양도성을 부정하는 경우 등이 그 예이다. 여기에서 제1문은 원칙법이고 제2문은 예외법이다.

집회 및 시위에 관한 법률 제6조에서는 옥외집회 및 시위의 신고에 관하여 "옥외집회나 시위를 주최하려는 자는 소정의 신고서를 옥외집회나 시위를 시작하기 720시간 전부터 48시간 전에 관할 경찰서장에게 제출하여야 한다. 다만, 옥외집회 또는 시위 장소가 두 곳 이상의 경찰서의 관할에 속하는 경우에는 관할 지방경찰청장에게 제출하여야 하고, 두 곳 이상의 지방경찰청 관할에 속하는 경우에는 주최지를 관할하는 지방경찰청장에게 제출하여야 한다"고 규정하고 있다. 즉 옥외 집회 및 시위의 신고서는 관할 경찰서장에게 제출하도록 하는 제1문은 원칙법이다. 이에 반하여 관할 지방경찰청장에게 제출하도록 하는 제2문은 예외법이 된다.

일반법과 특별법도 원칙법과 예외법과 같이 법의 효력범위에 의한 구별이다. 그런데 일반법과 특별법은 법령과 법령 사이의 구별이지만, 원칙법과 예외법은 동일한 법령 또는 동일한 조문 가운데에서 구별되는 것이 보통이다.

Ⅶ. 강행법과 임의법

1. 개설

법의 효력이 그 적용에 있어서 절대적인가 아닌가를 표준으로 하여 강행법(强行法 ; imperative law)과 임의법(任意法 ; dispositive law)으로 구분된다.

근대에 이르러 개인의 자유가 존중되고 사적 자치의 범위가 확대됨에 따라 임의법의 영역이 크게 확장되었다. 그러나 현대에 이르러서는 사회법이 등장하게 됨에 따라 다시 강행법의 영역이 확장되는 경향이 나타나고 있다.

강행법은 당사자의 의사 여하에 상관없이 그 적용이 강요되는 법을 의미한다. 일반적으로 헌법·행정법·형법·각종 소송법 등의 공법의 법규는 대체로 강행법의 형태를 띠고 있다. 그러나 공법도 임의법 형식을 취하는 경우도 있어, 이를 절대적인 것이라고는 할 수는 없다.

임의법이라 함은 당사자의 의사에 의하여 법의 적용을 배제할 수 있는 법을 의미한다. 일반적으로 민법이나 상법 등 사법의 영역에 많이 나타난다. 그러나 사법 중에도 강제법규가 포함되어 있는 경우도 있다.

2. 강행법과 임의법의 구별

앞서 본 바와 같이, 공법 중에도 임의법규가 포함되어 있는 경우도 있고, 사법 중에도 강제법규가 포함되어 있는 경우도 있다. 예컨대, 민법은 사법으로 임의법의 형태를 띠고 있으나,

물권은 법률 또는 관습법에 의하는 외에는 임의로 창설하지 못하도록 규정하고 있는 제185조 및 부동산물권변동은 등기하여야 그 효력이 생긴다고 규정하고 있는 제186조는 강행규정에 속한다.

따라서 강제법인가 또는 임의법인가의 판단은 하나의 법령 전체가 아니라 각 법규에 관하여 하나하나 개별적으로 판단해야 할 것이다. 그리고 그 구별이 법규의 문장 자체에 의하여 판단하기 곤란한 경우에는 입법배경이나 당해 규정의 취지 및 사회적 사정 등을 고려하여 결정해야 한다.

Ⅷ. 고유법과 계수법

1. 개설

법은 그 발생하게 된 기초에 따라 고유법과 계수법으로 분류된다. 이는 법의 발생을 표준으로 한 분류이다. 고유법(固有法 ; heimisches Rechts)이란 특정 국가 내에서 다른 국가 또는 사회의 법의 영향을 받지 않고 고유한 생활·관습·전통·역사 속에서 시원적(始源的)으로 발생하여 발달한 법이다. 고유법은 특정 국가의 독특한 민족성이나 생활감정 또는 관습이 포함되어 있어서 그 국민에게는 친숙하기는 하지만, 비합리적인 요소가 포함되어 있기도 하다.

이에 반하여, 계수법(繼受法)이란 다른 국가나 사회에서 생성된 법의 전부 또는 일부를 받아들여 형성된 법을 의미한다. 계수법은 그 합리적·보편적 성격을 긍정하여 계수가 이루어지는 것이지만, 그 국민의 생활관습이나 법 감정과 괴리를 보이는 경우가 많다. 로마법의 계수와 관련하여 로마법주의자와 게르만법주의자 간의 의견 대립이 그 예이다. 현대 이전은 물론이고, 현대의 대부분의 국가는 모두 다른 나라에서 형성된 법을 계수한 것이다. 계수의 대상이 된 법을 모법(母法)이라 하고 이를 계수한 것을 자법(子法)이라 한다.

독일에서는 중세기 중반부터 16세기에 걸쳐 로마법을 계수하였고, 우리나라에서는 고대의 고유법 이외에 중국·독일·프랑스·일본 등의 법을 수입하였으며, 제2차 세계대전 후에는 미국법과 영국법 등의 일부를 계수하였다.

이를 구별하는 필요성은 각각 생성된 법원리가 상이하므로 법의 해석과 적용에 있어 그 원리를 달리 하여야 한다는 점에 있다.

2. 고유법과 계수법 구분의 모호성

고유법은 한 국가 안에서 고유의 소재를 중심으로 하여 발전하여온 법을 의미하기는 하나, 계수된 법이 당해 국민의 법의식에 완전히 소화되어 그것이 자국민의 법의식에 완전히 내재된 경우에는 이를 고유법이라고 볼 수도 있다. 그 예로서 로마의 12표법을 들 수 있다. 12표법 역시 분명하지는 않으나 인접국가의 법을 일부 계수한 것이라는 주장도 있기 때문이다. 영국의 경우에도 앙겔(Angel)족과 작센(Sachsen)족의 게르만고법(古法)을 바탕으로 하여 발전하였으나, 오늘날 영국법을 영국고유의 법으로 보고 있는 것이 현실이기 때문이다.

대체적으로 물권법과 신분법 분야에는 고유법이 많고 채권법

분야는 계수법이 많다. 그리고 영국이나 독일 등 선진국에는 고유법이 많고, 한국 등 근대화가 늦은 국가에는 계수법이 많다. 고유법 · 계수법의 구별은 법령상의 구별은 아니고 학문연구상의 구별에 불과하며, 그 효력에 차이가 있는 것은 아니다.

한국의 경우 헌법을 비롯하여 대부분의 법이 계수법이며, 다만 민법 물권편의 전세제도(傳貰制度)와 친족상속법에서 약간의 고유법을 찾아볼 수 있을 뿐이다. 그렇다고 하더라도 친족상속법은 고래의 우리민족의 관습에 의한 것이라고 하기보다는 고려와 조선을 거치면서 유교의 영향을 강력하게 받은 것이라 하겠다.

Ⅸ. 실체법과 절차법

1. 개설

법이 규율하는 사항의 실체성 여부에 따라 실체법과 절차법으로 분류된다. 실체법이 없는 경우라 하더라도 법원은 재판을 거부할 수 없는 점에 대하여는 법원론에서 살펴본 바와 같다. 또한 법의 효력에 있어 실체법은 권리의무에 직접적인 영향을 미치는 법이므로 원칙적으로 소급효를 인정하지 아니하는 것이 원칙이다.

이에 반하여 절차법이 없는 경우에는 재판을 진행할 수 없으며, 절차에 관한 규정은 권리의무와는 무관한 것이므로 소급하여 적용할 수 있다고 보는 것이 일반적인 견해이다. 그러나 새로이 제정된 절차가 당사자에게 부적합한 것인 경우에는 이를 소급하여 적용할 수는 없다고 하여야 할 것이다.

2. 실체법

실체법(substantial law ; 實體法)이란 법률관계의 실체, 즉 권리·의무의 존부를 규율하는 법을 말한다. 법률관계의 실체란 권리·의무의 내용, 귀속자, 범위 등을 의미한다. 민법·상법·형법 등이 실체법에 속한다.

3. 절차법

절차법(procedural law ; 節次法)이란 법률관계의 실현과정 내지 권리·의무의 실현절차를 규율하는 법을 말한다. 행정절차법·행정심판법·행정소송법·민사소송법·형사소송법 등이 이에 속한다.

절차법은 주로 국가권력을 배경으로 한다는 점에서 공법의 영역에 속한다.

4. 실체법과 절차법의 관계

실체법과 절차법은 서로 다른 독립된 법 사이에서만 구별되는 것이 아니라 동일한 법의 규정과 규정 사이에서도 구별될 수 있다. 민법은 실체법이지만 그 가운데 법인의 설립에 관한 규정(민법 40 내지 56)은 절차법이며, 부동산등기법은 절차법이지만 그 가운데 등기한 권리의 순위에 관한 규정(부동산등기법 5·6)은 실체법이다.

실체법은 절차법과 함께 재판규범의 성질을 가지는데, 실체법이 없는 경우에는 재판거부금지의 원칙에 의하여 법관은 법원(法源)에 따라 법의 흠결을 보충하여 재판을 하여야 한다. 그러나 절차법이 없는 경우에는 임의로 절차를 마련하여 재판을 할 수 없다. 따라서 실체법은 절차법이 있음으로써 실효성을 갖게 된다. 그리고 실체법과 절차법이 충돌하는 경우에는 실체법이 우선한다.

X. 행위법과 조직법

1. 개설

마지막으로 법이 규율하는 기능에 따라 행위법과 조직법으로 분류된다.

2. 행위법

행위법이란 법규범 가운데 법률주체(자연인 및 법인, 국가나 공공단체 등 통치단체)가 사회생활을 영위하면서 지켜야 할 행위의 준칙을 정한 법을 말한다. 형법이나 민법·상법이 여기에 속한다. 예를 들면 살인이나 절도 행위를 처벌하는 형법의 규정들은 살인이나 절도라는 행위를 금지하는 것이므로 행위법이다.

3. 조직법

조직법은 인간이 사회생활을 영위해 나가는 사회조직에 관한 규정을 정하는 법이다. 정부조직법·법원조직법·경찰법 등을 예로 들 수 있다.

4. 행위법과 조직법의 관계

행위법과 조직법은 상호보완적인 관계라고 할 수 있다. 즉 살인이나 절도 행위를 금지하는 행위법이 존재하면 이러한 행위법을 실행하기 위한 법원의 조직에 관한 법이 필요하게 되는 것이다. 조직법은 공법상에서는 국가의 정치적 기구·조직을 규율하는 법을 의미하며, 근본법·헌법과 같은 의미로 사용되는 경우도 있다.

제8장 법의 효력

제1절 개 관

사회규범인 법의 생명은 그것이 현실사회에서 실현되는 데 있다. 법의 효력(validity of law)이란 법이 그 규범의 의미대로 현실적으로 사회생활을 규율할 수 있는 규범력을 말한다. 법이 그 의미대로 현실의 사회생활에서 실현되지 않는다면 그러한 법은 아무런 존재가치가 없는 것이다.

법의 효력은 다시 실질적 효력과 형식적 효력으로 나뉜다. 법은 현실사회에서 법으로서의 타당성과 실효성을 갖추어야 효력을 가진다. 이를 법의 실질적 효력이라 한다. 타당성은 법이 실현될 수 있는 자격을 말하며, 실효성은 법이 실현되고 있는 상태를 말한다. 법은 타당성과 실효성을 모두 가져야 하지만,

때로는 그 양자(兩者)가 분리되어 불완전한 법이 되기도 한다.

또한 실정법은 무제한적으로 효력을 갖는 것이 아니라 시간적·공간적·인적으로 한정된 범위 내에서만 효력을 가진다. 이를 법의 형식적 효력이라 한다.

제2절 법의 실질적 효력

Ⅰ. 법의 타당성

1. 의의

법이 현실사회에서 그 의미대로 실현되어야 한다는 강제성 내지 당위성의 요구를 법의 타당성이라 한다. 이는 법이 구속력을 가질 수 있는 법의 가치를 의미한다.

2. 법의 타당성의 근거

법이 현실에서 실현되어야 하는 요구의 근거에 대하여는 예로부터 다양한 견해가 제시되어 왔다. 신의설·자연법설·사회계약설·명령설·실력설·역사법설·승인설·이념설·사회의식설·여론설·법단계설 등이 그것이다.

1) 신의설

신의설은 법의 타당성의 근거를 신의 의사에서 구한다. 즉 법은 절대자인 신의 의사가 직접 또는 간접적으로 계시된 것으로서 합리적이며 보편타당성을 가지므로, 인간은 법에 복종하여야 한다는 것이다.

원시사회의 신벌(神罰 : ordeal) 등의 제재를 수반하는 금기(禁忌 : taboo), 세계에서 가장 오래된 성문법전인 함무라비 법전과 인도의 마누 법전 그리고 모세의 율법 등이 신의설에 바탕을 두고 있다. 중세의 기독교적 자연법도 법의 타당성의 근거를 신의 의사에서 구하였으며, 근대초기의 왕권신수설(王權神授說)도 신의설에 바탕을 두고 있다고 할 수 있다.

그러나 오늘날에는 종교적인 자연법사상을 제외하고는 의미가 없다. 신의설은 법의 타당성의 근거를 신의(神意)에 둔 것으로서 결국 신을 떠나서는 법의 존재를 논할 수 없다는 한계가 있다.

2) 자연법설

자연법설은 법의 타당성의 근거를 영구불변의 자연법에서 찾는 견해이다. 자연법은 인간 및 자연의 본성에 따른 법으로 자연법에 합치되는 실정법만이 법으로서의 타당성을 갖는다고 본다.

자연법은 시대에 따라 달리 해석되어 왔다. 고대의 유물론적 자연법론, 중세의 기독교적 자연법론, 근대의 이성적 자연법론 등이 그것이다.

그런데 자연법은 실정법의 평가기준 내지 지도원리로서의 가치는 인정되나, 자연법 자체가 지닌 관념적이고도 무정부주의적이라는 비판을 면하기 어렵다. 또 그 추상성을 극복하기 어렵다는 데에 문제가 있다.

3) 사회계약설

사회계약설은 국가는 자율성의 원리에 입각한 상호간의 계약, 즉 사회구성원의 합의에 의하여 성립된 것이고, 국가에 의하여 제정된 법에 복종하여야 한다고 본다. 즉, 법의 타당성의 근거를 사회계약에서 구한다.

그러나 실제로 국가나 법이 사회계약으로 성립되었다고는 볼 수 없다는 한계가 있다. 따라서 사회계약설은 하나의 가설에 불과하다고 할 수밖에 없다.

4) 명령설

명령설은 통치권자가 국민에 대하여 일정한 행위를 청구하는 명령을 법이라고 본다. 이 견해는 법적 타당성의 근거를 통치권자의 의사에서 구하고 있다. 오스틴(J. L. Austin)을 중심으로 하는 영국의 분석학파에 의하여 주장되었다.

명령설은 악법도 법이라고 하여 국가입법권의 절대성을 강조하여 실정법만을 법학의 대상으로 하고 자연법을 부인하였다. 또 명령설에 의할 경우 불문법이나 국제법은 법이 아닌 것으로 된다.

명령설은 전제군주국가에서나 타당할 수 있는 것으로서 현대 자유민주주의 국가에서는 인정하기 곤란하다.

5) 실력설

실력설은 법적 타당성의 근거를 지배자의 실력에서 구하는 견해이다. 권력설이라고도 한다. "힘이 법이다(Might is right", "실력은 법에 우선한다"라거나 "권력은 정당한 것이다" 또는

"법은 약자를 지배하는 강자의 권력이다"라는 표현은 실력설을 잘 나타내고 있다.

실력설에 대하여는 법의 실력적 요소만을 지나치게 강조하여 법의 실효성에 대한 근거를 설명하는 데는 유리하나 법의 내연적 타당성 또는 당위성의 근거를 설명하기에는 적합지 않다는 비판이 가해진다. 또한 법과 실력 또는 권력을 동일시하고 있기 때문에 법을 파괴하는 권력도 법이라고 하게 되는 모순에 빠지게 된다.

6) 역사법설

역사법설은 법을 자연발생적인 민족정신의 발현으로 보고, 법의 타당성의 근거를 민족의 법적 확신에서 구하는 견해이다. 19세기 초 독일의 사비니(F. K. v. Savigny), 티보(A. F. J. Thibaut)가 나폴레옹의 법전편찬을 본뜬 통일민법전을 독일에서도 시행하려고 했던 것에 반대하고, 법은 민족정신의 산물로서 언어와 같이 만들어지는 것이 아니라 자연적 역사적 방법에 의해 생성·발전되는 것이지 결코 제정되는 것이 아니라고 주장하였던 역사법학파의 입장이다.

역사법설은 관습법(慣習法)이 유일한 법원(法源)이라고 주장한다. 역사법학파는 얼마 안 가서 로마법학파와 게르만법학파로 분리되었는데, 로마법학파는 티보 등을 통하여 논리적 색채를 중히 여겼다. 베젤러(G. Beseler), 브루너(H. Bruner), 기르케(O. F. v. Gierke) 등의 게르만법학파는 로마법 계수(繼受) 이전의 게르만 고유법에의 복귀를 제창하였다.

그러나 역사법설은 법의 형성과정에 있어서 민족적 특수성을 지나치게 중시하고 제정법의 현실성을 무시하고 있다. 또한 대부분의 국가도 외국법의 계수에서와 같이 역사성이 아닌 합리성의 요구에 부응하는 경우도 있음을 간과하고 있다. 또 하나의 국가도 여러 민족으로 형성되는 경우가 많기 때문에 민족의 법적 확신에서 법적 타당성의 근거를 구하는 것은 비현실적인 주장이라는 비판이 가하여진다.

7) 승인설

독일의 비얼링(E. R. Bierling)에 의하여 주장된 학설이다. 승인설은 법의 효력의 근거를 은 피통치자의 승인에서 구한다. 비어링은 "법의 효력의 근거는 일반인인 피통치자가 법에 대하여 승인하는 정신적 지지에 있다"고 한다.

그러나 법은 개개인의 임의성을 배제하고 강행되는 것이며, 일반인 모두가 시행중인 법을 지지하거나 승인한 것은 아닐 뿐만 아니라 제재가 두려워 어쩔 수 없이 복종하고 있는 것을 승인하였다고 보아서도 아니 된다는 비판이 가해진다.

8) 사회의식설

사회의식설은 사회구성원의 일치된 의사·감정·사상이 형식적인 일정한 절차를 경유하여 형성된 것이 법이며, 법은 개개인의 의식보다 높은 공통의 사회의식을 나타내는 것이므로 개인의식을 제약하고 공통의 사회의식인 법에 따라야 한다는 견해이다.

그러나 사회가 발달할수록 사회구성원의 이해의 대립과 의사의 분열에 의하여 공통의 사회의식이 존재할 수 있는가에 대한 의문이 있다. 그리고 그러한 사회현실에서 생기는 의사가 법의 근거가 된다는 것은 지나친 의제라는 비판이 제기되고 있다.

9) 여론설

영국의 다이시(Dicey)는 여론이야말로 법의 효력의 근거이며, 또 법 창설의 연원이라고 주장했다. 그는 19세기 및 20세기 초 영국의 사회입법이나 행정입법의 경향이 변천하는 여론에 의존하고 있음을 인지하고 여론이야말로 입법의 근원이며 법의 타당성의 근거라고 파악하였다.

그러나 진정한 여론이 존재할 수 있는가의 문제가 있다. 게다가 소수의 여론이나 사이비여론에 압도되어 법을 제정하게 되면, 이러한 여론이 법의 타당성의 근거가 된다고 할 수 없다는 비판이 제기된다.

10) 근본규범설(법단계설)

순수법학자인 켈젠(H. Kelsen) 등 법단계설을 취하는 학자들은 실정법의 타당성의 근거를 근본규범(Grundnorm)이라는 가설에서 찾는다. 따라서 법단계설을 근본규범설이라고도 한다.

근본규범이란 실정법상 최상위인 헌법의 타당근거로서 가설적으로 설정한 개념이다. 실정법질서(實定法秩序)는 최하위의 법형식으로부터 그 타당성의 근거를 찾아 거슬러 올라가면 최종적으로는 헌법이 실정법질서의 궁극적 타당근거라고 하게 된다. 그리고 헌법의 타당근거로서 켈젠이 가설적으로 설정한 것이 근본규범이라는 개념이다. 근본규범이란 '법을 제정할 수 있는 가장 높은 권위의 소재를 가리키는 국가의 정치적 기본원리'를 일컫는다고 한다.

결국 법단계설은 근본규범에 정치성이 내포되어 있음을 인정하는 결과가 되어, 정치로부터 법의 순수성을 지키려는 순수법학의 태도와는 모순된다. 또 구체적으로 근본규범이 무엇인지를 밝혀내지 못하고 있다는 비판이 가해진다.

11) 목적설

목적설은 법의 타당성의 근거를 법의 목적(이념)에서 찾는다. 목적설을 이념설이라고도 한다. 법이 현실사회에서 그 규범의 의미대로 실현되기를 요구한다는 것은 현실사회에서 사회구성원을 지배하며 움직여 나가는 객관적인 목적이 법에 내재되어 있다고 보는 것이다.

그리하여 예링(R. v. Jhering)은 "목적은 전체 법의 창시자"라고 하였고, 라드브루흐(G. Radbruch)는 "올바른 법을 판단하는 구체적인 가치기준은 법의 목적에 있다"고 하였다. 라드브루흐가 법의 목적(이념)으로 정의와 합목적성 및 법적 안정성을 들고 있음은 주지하는 바와 같다.

그러나 목적설은 법의 목적에 어긋나는 악법이 법으로서의 효력을 갖는 근거를 설명하지 못한다는 문제점이 있다. 목적설이 현재 우리나라의 통설이다.

Ⅱ. 법의 실효성

1. 의의

법의 실효성이란 강제규범으로서의 법규범이 국가 등 통치권력에 의하여 실현되는 것을 말한다. 즉, 법이 일정한 행위를 명하거나 금지하였음에도 불구하고 이에 위반하는 자에 대하여는 일정한 제재를 가하여 강제력을 발동하게 된다.

법의 타당성은 변함없는 가치이고 법의 실효성은 법이 지향하는 가치를 실현하기 위한 순간적인 제재라고도 한다.

법은 그 규범내용의 타당성만으로 효력을 발생하는 것은 아니다. 법이 강제력을 배경으로 하여 실제로 실현되어야 하기 때문이다.

2. 법의 실효성의 보장

법의 실효성은 국가 등 통치권력에 의하여 강제로 실행됨으로써 보장된다. 따라서 법의 실효성을 보장하는 것은 국가권력이다. 그리고 국가권력도 강제규범에서 정한 바에 따라 법의 실효성을 보장하게 된다. 근대에 와서는 형법의 실효성을 보장하는 것은 국가형벌권의 실행이다. 오늘날에는 사적 제재는 법의 실효성 보장 수단으로서 인정되지 않는다. 다만, 예외적으로 자력구제를 허용한다. 정당방위[1]나 긴급피난[2] 등이 이에 속한다.

한편, 행정의 영역에서는 행정상의 강제집행과 즉시강제 및

---

1) 정당방위의 성립요건에는 현재의 부당한 침해가 있을 것, 자기와 타인의 법익을 방위하기 위한 행위일 것, 상당한 이유가 있을 것 등이 갖추어져야 한다. 이러한 정도를 넘는 방위행위는 과잉방위라고 하며, 과잉방위의 경우 처벌되지만 형을 감경 또는 면제할 수 있다. 그러나 그 행위가 야간 및 기타 불안한 상황 하에서 공포, 경악, 흥분, 당황 등으로 인한 때에는 벌하지 않는다(형법 21③).

2) 자기 또는 타인의 법익에 대한 현재의 위난을 피하기 위한 행위를 말하는 것으로서 위법성 조각사유의 하나이다. 자기 또는 타인의 생명, 신체, 자유, 재산에 대한 현재의 위난을 피하기 위하여 부득이 행한 행위로서, 그 행위에서 생긴 피해는 피하려는 피해의 정도를 넘지 않은 경우에 인정되며, 그 피해의 정도를 넘은 때에는 과잉피난이 되어 위법성이 조각되지 않는다는 것은 정당방위의 경우와 같다(형법 22). 법익은 생명, 신체, 자유, 재산이다. 그 외에도 명예, 정조에 대한 현재의 실해(實害)와 위험을 피하려는 경우에도 인정된다.

행정벌(행정형벌과 행정질서벌)이 중심이 되어 법의 실효성을 보장한다.

Ⅲ. 법의 타당성과 실효성의 관계

1. 개설

법의 타당성과 실효성은 법의 필수 요건이므로 서로 불가분의 관계에 있다. 그러나 실제로 법의 타당성과 실효성이 합치되지 아니하는 경우도 있다.

법의 타당성은 있으나 실효성이 없는 경우에는 그 법은 현실적으로 시행되지 아니하게 되어 사문화(死文化)될 것이다. 반대로 실효성은 있으나 타당성이 결여된 법은 악법(惡法)이 되기도 한다.

2. 악법의 문제

1) 악법의 기준

법의 타당성을 결여한 법을 악법이라고 한다. 그러나 어떠한 법이 악법인가는 시대와 논자에 따라 다르다. 법의 타당성의 근거를 무엇으로 보느냐에 따라 달라지게 될 것이기 때문이다.

신의설의 입장에서는 신의 의사에 반하는 것을 악법이라고 하게 되며, 목적설의 입장에서 보면, 법의 목적에 어긋나는 법을 악법이라고 하게 된다. 예컨대, 기본권 보장을 최고의 목적으로 하는 현대에 있어서는 기본권을 과잉하게 침해하는 법은 악법이 될 것이다.

2) 악법과 준법정신

악법도 준수하여야 한다. 일단 제정된 이상 정당한 개폐절차를 거쳐 개정 또는 폐지되거나 규범통제소송을 통하여 위헌 또는 위법이라는 판단이 내려지지 아니하는 한 실정법으로서의 실효성이 있기 때문이다.

법의 실효성(법적 안정성)보다 법적 타당성에 중점을 두는 경우에는 악법은 법이 아니라고 할 수도 있다. 그렇다고 하여 사회구성원 모두가 제멋대로 현행법을 악법이라 판단하여 그 준수를 거부한다면 결국 무정부주의 상태로 될 가능성이 있다.

3) 악법과 저항권

악법을 준수하도록 강요하는 것은 민주주의의 이념에 어긋나는 것이다. 따라서 민주주의를 수호하고 국민을 위한 정의로운 법을 지켜내기 위해서는 준법정신 외에도 책임 있는 비판정신과 주인의식을 가져야 한다. 나치정권의 독재를 목격한 라드브루흐는 "악법에 복종하는 것은 범죄행위"라고 하기도 했다. 법적 안정성보다 정의의 가치를 더 높게 평가한 것이다.

독일의 철학자 야스퍼스(K. T. Jaspers)도 "나치정권의 악법에 복종한 독일국민 전체가 전범자"라고 하였다. 그는 법의 실효성보다 법의 타당성을 중시하여 악법에 대한 거부와 저항을 표현한 것이다.

Ⅳ. 저항권

1. 의의

저항권(right of resistance)이란 기본적 인권을 침해하는 국가권력에 대하여 실력으로 저항할 수 있는 국민의 권리를 말한다.

2. 저항권의 제도화

1) 저항권의 등장

저항권이 헌법상 국민의 권리로 등장한 것은 18세기에 들어와서이다. 예를 들면 1776년부터 1784년 사이에 시민의 권리선언 형태로 나타난 미국의 각 주 헌법, 즉 버지니아·펜실베이니아·매사추세츠·버몬트·뉴햄프셔 주의 헌법에 저항권이 규정되어 있고, 또 1789년의 프랑스 인권선언과 1793년의 프랑스 자코뱅헌법에도 저항권 규정이 있다. 그러나 이러한 저항권은 그 후의 권리조항에서는 점차 사라져 버렸다.

제2차 세계대전 후 헌법에는 다시 저항권에 관한 규정이 출현하게 되었다. 1946년의 프랑스헌법 초안(국민투표에서 부결), 독일의 1946년의 Hessen헌법, 1947년의 Bremen헌법, 1950년의 Berlin헌법, 1968년의 연방공화국개정헌법 등에 각각 저항권의 규정이 들어 있다. 이것은 합법적인 독재로부터 인권을 수호하기 위한 필요에서였다.

1950년의 서독 Berlin헌법은 “헌법에 규정된 기본권이 현저하게 침해될 때에는 모든 국민은 저항할 권리가 있다(동법 23③)"고 규정하고 있으며, 1968년의 독일연방공화국 개정헌법은 "자유민주주의 질서를 배제하려고 시도하는 어떠한 자에 대해서도 모든 독일 국민은 다른 구제방법이 없을 때 저항할 권리를 가진다(동법 20④)"고 규정하고 있다.

2) 한국헌법과 저항권

우리나라의 헌법에는 저항권을 명시적으로 규정하고 있지는 아니하다. 다만, 헌법 전문에 "불의에 항거한 4·19 민주이념을 계승하고"라는 문구를 삽입함으로써 저항권 명시를 대신하고 있다.

우리 헌법상 최종적인 헌법수호자로는 대통령(제66조제2항)과 헌법재판소(제111조)가 있을 뿐이다. 그러므로 국민의 저항권은 헌법 밖의 문제로 생각할 수밖에 없다. 제9차 개헌 때 국민의 저항권을 헌법의 전문에 규정해야 한다는 견해가 있었다.

3. 저항권의 인정 여부

우리 헌법상 저항권이 인정될 수 있는가의 여부에 관하여 학설은 긍정설과 부정설로 나뉜다. 대법원과 헌법재판소의 태도 역시 나뉘고 있다.

1) 학설

(1) 긍정설

긍정설은 인간의 존엄과 가치 및 행복추구권을 규정하고 있는 헌법 제10조와 헌법에 열거되지 아니한 기본권에 관하여 규정하고 있는 헌법 제37조제1항을 근거로 하여 헌법이 저항권을 간접적으로 인정하고 있으며, 헌법전문은 저항권의 표현이라고 할 수 있는 3·1운동과 4·19민주이념의 계승에 대하여 규정하고 있다는 점을 논거로 하여 저항권이 헌법상의 권리라는 점을 긍정하는 견해이다.

(2) 부정설

이에 반하여, 부정설은 헌법이 저항권을 인정하는 명문의 규정을 두고 있지 않고, 이러한 개념은 법적 안정성을 파괴할 위험이 있음을 이유로 부정하는 견해이다.

(3) 결어

생각건대, 헌법 제10조와 제37조 제1항이 저항권에 관한 근거 규정일 수 없다고 보는 경우에도 저항권을 부인할 수는 없다. 저항권은 자연법에 근거한 인간의 자연권이기 때문이다. 마치, 인권이 헌법에 규정되지 않았다고 할지라도 그것은 인간의 자연권으로 존재하는 것과 같이, 저항권도 그러한 인권이 있는 이상 그것을 수호하기 위한 자연권으로 인간에게 주어져 있는 것이다. 저항권을 헌법에 명시적으로 규정하는 것은 그 자연권의 존재를 확인하는 것일 뿐이며, 실정법상의 권리를 창설하는 것은 아니다.

2) 판례의 태도

대법원은 부정설에 입각하고 있으나, 헌법재판소는 이를 긍정하는 입장을 취하고 있다.

대법원은 현대 입헌 자유민주주의 국가의 헌법이론상 자연법에서 우러나온 자연권으로서의 소위 저항권이 헌법 기타 실정법에 규정되어 있는 없든 간에 엄존하는 권리로 인정되어야 한다는 논지가 시인된다 하더라도 그 저항권이 실정법에 근거를 두지 못하고 오직 자연법에만 근거하고 있는 한 법관은 이를 재판규범으로 원용할 수 없다고 할 것인바, 헌법 및 법률에 저항권에 관하여 아무런 규정 없는 우리나라의 현 단계에서는 저항권이론을 재판의 근거규범으로 채용, 적용할 수 없다(대법원 1980. 5. 20. 선고 80도306 판결)고 한다.

이에 대하여 헌법재판소는 "저항권은 국가권력에 의하여 헌법의 기본원리에 대한 중대한 침해가 행하여지고 그 침해가 헌법의 존재 자체를 부인하는 것으로서 다른 합법적인 구제수단으로는 목적을 달성할 수 없을 때에 국민이 자기의 권리·자유를 지키기 위하여 실력으로 저항하는 권리"(헌재 1997. 9. 25. 97헌가4)라고 한다.

4. 저항권의 행사요건

1) 긴급성

저항권의 행사는 공권력에 대한 실력에 의한 저항이기 때문에 질서교란의 위험을 수반한다. 따라서 저항권의 행사는 개별 헌법조항에 대한 단순한 위험이 아니라 통치자의 비합법적 폭정이나 통치권의 비합법적 찬탈 등 민주적·법치국가적 기본질서나 기본권보장체계에 대한 중대한 침해가 이루어짐으로써 그 질서 또는 체계 자체가 부인되는 경우라야 한다.

이러한 제도적 장치가 독재나 찬탈에 의해 기능을 발휘하지 못하고 기본권 침해가 노골화되면 그 헌법은 위기에 처하게 되며, 긴급구조를 필요로 한다. 이에 따라 발동하는 권리가 저항권이다.

그러므로 저항권은 위기에 처한 자유민주주의 헌법과 기본권 보장 체계의 회복을 위한 긴급권이라 할 수 있다.

2) 명백성

저항권을 행사할 수 있기 위해서는 민주적·법치국가적 기본질서나 기본권보장체계에 대한 중대한 침해가 이루어짐으로써 그 질서 또는 체계 자체가 부인되는 것이 객관적으로 명백한 경우라야 한다.

3) 보충성

저항권은 기본권과 자유민주주의 체제를 수호하기 위한 최후의 수단이다. 그러므로 저항권은 민주적·법치국가적 기본질서를 재건하거나 기본권보장체계를 복구하기 위한 최후의 보충적 수단으로서 저항권의 행사만 남아 있다고 판단되는 경우에만 행사될 수 있다.

따라서 저항권을 행사할 수 있기 위해서는 헌법이나 법률에 규정된 일체의 법적구제수단이 이미 유효한 수단이 될 수 없는 경우, 즉 현행 법질서가 허용하는 법적 구제수단을 모두 거친 경우라야 한다.

다시 말하면, 공권력의 발동이 단순히 헌법의 특정조항에 위반되는 것에 그치는 경우 등에는 현행법상의 구제제도와 제도화된 저항권 및 국민의 정치적 통제수단에 의하여 해결하여야 한다. 제도화된 저항권이란 일반적으로 자유민주주의 헌법질서에서 인간의 기본권을 보장하기 위하여 마련되어 있는 여러 가지 제도적 장치를 말한다. 권력분립, 헌법재판제도, 사법권의 독립, 언론의 자유, 탄핵제도 등이 그러한 것들이다.

제 3 절 법의 형식적 효력

Ⅰ. 개설

법은 무제한적으로 효력을 갖는 것이 아니라 일정한 시간적, 장소적 그리고 대인적 범위 내에서만 효력을 갖는다.

이 가운데 법의 시간적 효력이 가장 기본이 된다. 왜냐하면 시간적 효력이 전제되지 아니하면 대인적 또는 지역적 효력을 논의하는 실익이 존재하지 아니하기 때문이다.

법의 효력이란 어느 범위에서 상대방을 구속하는 힘을 가지는가의 문제이다.

법원의 종류에 따라 그 효력도 상이하게 나타난다. 예컨대, 관습법이나 판례법은 현행의 관습법이나 판례법과 다른 새로운 관습법이나 판례법이 나타나거나 이들에 대한 성문화가 이루어진 경우에는 관습법이나 판례법으로서 더 이상의 의미가 없게 된다. 조리의 경우에도 성문화가 이루어지고 있음은 전술한 바와 같다.

따라서 법의 효력을 논의하는 경우에는 주로 성문법원을 중심으로 하여 고찰하게 된다.

Ⅱ. 시간적 효력

법은 당해 법의 효력 발생시점부터 효력 상실시점까지 그 효력을 가진다. 즉 그 시간적 범위 내에서만 법으로서의 타당성과 실효성을 가지는 것이다.

1. 효력발생시기

1) 원칙

일반적으로 성문법령은 헌법과 법률이 정하는 바에 따라 공포일 또는 일정한 주지기간이 경과한 후 경우 시행일로부터 효력을 갖는 것이 원칙이다.

개별법령에서 시행일을 명시적으로 규정하는 것이 통례이다. 일반적으로는 당해 법령의 부칙에서 당해 법령의 시행시기를 명시하고 있다.

부칙(附則 : supplementary provisions)이란 법령의 본문 내지 본칙에 부수되어 보충적 또는 구체적 사항을 정하는 규정을 말한다. 부칙에는 당해 법령의 효력발생 및 소멸시기에 관한 사항, 기존 법령의 개정 또는 폐지 등 다른 법령과의 관계에 관한 사항 기타 경과조치 등에 관한 사항을 규정하는 것이 일반적이다.

시행시기를 부칙에서 명시하는 경우에는 ① 공포일을 시행일로 하는 경우(공포일 시행주의), ② 일정한 기간(유예기간 또는 주지기간)을 경과한 후에 이를 시행하도록 하는 경우, ③ 효력발생일을 명시적으로 규정하는 경우, ④ 하위법령(대통령령

등)에 그 시행일을 위임하는 경우 등으로 구분된다.

2) 예외

시행시기에 관하여 당해 법령이 명시적인 규정을 두고 있지 아니한 경우에는 헌법과 법령등공포에관한법률 및 지방자치법 소정의 규정이 정하는 바에 의하여 일정기간이 경과한 후에 법령의 효력이 발생한다.

헌법 제37조 제5항에서는 "법률은 특별한 규정이 없는 한 공포한 날로부터 20일을 경과함으로써 효력을 발생한다"고 규정하고 있다.

그리고 법령등공포에관한법률 제13조에서는 "대통령령, 총리령 및 부령은 특별한 규정이 없으면 공포한 날부터 20일이 경과함으로써 효력을 발생한다"고 규정하고 있으면서도, 동법 제13조의2에서는 "국민의 권리제한 또는 의무부과와 직접 관계되는 법률, 대통령령, 총리령 및 부령은 긴급히 시행하여야 할 특별한 사유가 있는 경우를 제외하고는 공포일부터 적어도 30일이 경과한 날부터 시행되도록 하여야 한다"고 규정하고 있다.

한편, 지방자치법 제26조 제8항은 "조례와 규칙은 특별한 규정이 없으면 공포한 날부터 20일이 지나면 효력을 발생한다"고 규정하고 있다.

3) 결어

법령이 공포일 시행주의를 취하거나 또는 일정한 유예기간을 명시적으로 규정하고 있는 경우에는 당해 법령을 공포한 날 또는 소정의 유예기간이 경과한 날부터 효력을 발생한다.

이러한 명시적 규정이 없는 경우에 있어서는 법령은 최소한

20일, 국민의 권리제한 또는 의무부과와 직접 관계되는 법령은 원칙적으로 30일의 유예기간을 두어 그 기간이 경과함으로써 효력을 발생하게 된다.

2. 공포한 날

1) 공포

법령등공포에관한법률에서는 국가법의 공포 등에 관하여 규정하고 있다. 이 법률에서는 "공포란 법률이나 명령 또는 조약을 관보에 게재하는 행위 또는 국회의장이 법률을 공포하는 경우에는 서울시에서 발행되는 일간신문 2 이상에 게재하는 행위를 말한다"고 규정(법 11)하고 있다.

그리고 자치법인 조례와 규칙의 공포 등에 관하여는 지방자치법에서 규정하고 있다. 여기에서의 "공포란 조례와 규칙을 해당 지방자치단체의 공보에 게재하는 행위를 말하며, 지방의회의 의장이 공포하는 경우에는 공보나 일간신문에 게재하거나 게시판에 게시하는 행위를 말한다"고 규정(지방자치법 26 · 동법시행령 30)하고 있다.

2) 공포한 날

법령등공포에관한법률과 지방자치법의 관련규정을 종합해 보면 법령의 공포일이란 그 법령 등을 게재한 관보나 공보 또는 신문이 발행된 날 또는 게시판에 게시된 날을 의미한다.

그런데 실제로 공포일을 어느 시점으로 보아야 할 것인지에 관하여는 견해가 나뉜다. ① 관보일부일영시설, ② 발송절차완료시설, ③ 최초구독가능시설, ④ 지방최초구독가능시설, ⑤ 최종도달시점설 등이 그것이다. 어느 견해를 취하든 문제는 있다. 통설과 판례는 최초구독가능시설을 취하고 있다.

3. 주지기간

법령이 제정 또는 개정된 경우 국민 또는 주민이 제정 또는 개정된 법령의 내용을 주지하는 한편, 법령소관기관이 그 시행을 준비하기 위한 기간이 필요하다. 이를 주지기간 또는 시행유예기간이라고 한다.

특별한 규정이 없는 경우에는 법령은 공포한 날로부터 20일을 경과함으로써 효력을 갖는다. 다만 국민의 권리의 제한 또는 의무의 부과와 직접 관련되는 경우에는 원칙적으로 30일을 경과함으로써 효력을 갖는다. 그러므로 대개의 경우 주지기간은 20일이다.

4. 소급적용금지의 원칙

1) 의의

소급적용금지의 원칙(Prinzip der Nichtrückwirkung)이란 법은 효력발생시점 이후에 발생한 사항에 대하여 적용되며, 그 효력발생시점 이전에 발생한 사항에 대하여는 소급하여 적용되지 않는다는 원칙이다. 법률불소급의 원칙이라고도 한다.

이 원칙은 법에 소급효를 인정하여 그 효력발생 이전의 사항에 대하여서도 신법을 적용한다면 국민의 법적 생활이 불안정하게 되고, 법질서가 혼란에 빠질 우려가 있기 때문에 인정되는 것이다. 그러므로 특별한 규정이 없는 한, 법은 시행일로부터 장래에 향하여만 효력을 발생한다.

2) 성격

(1) 일반법원리로서의 성격

소급적용금지의 원칙은 형법뿐만 아니라 법의 일반적인 원칙인 것이며, 명문의 규정이 없는 경우에도 법의 해석·적용에 있어서 당연히 준수되어야 할 원칙이다.

(2) 진정소급효의 금지

소급적용의 금지는 진정소급효를 금지하는 것이지 부진정소급효를 금지하는 것은 아니다. 여기에서 진정소급효이란 법의 효력발생시점 이전에 이미 완료된 사실관계나 법률관계에 대하여는 그 법을 해석·적용하는 것을 말한다. 이는 원칙적으로 금지된다.

부진정소급효이란 법이 효력을 발생하는 시점 당시 아직 진행 중인 사실관계나 법률관계에 대하여 법을 해석·적용하는 것을 말한다. 부진정소급효는 특별한 사유가 없는 이상, 원칙적으로 허용된다.

(3) 소급입법금지의 원칙과의 구분

소급적용금지의 원칙은 법의 해석적용(解釋適用)에 관한 원칙이다. 그러므로 입법상의 원칙인 소급입법금지의 원칙과 구분하여야 한다. 소급입법금지란 공법상의 원리로 법령을 이미 종결된 사실관계 또는 법률관계에 적용하기 위해 입법하는 것을 금지하는 헌법원칙을 말한다. 소급입법금지의 대상이 되는 소급입법은 진정소급입법이다. 진정소급입법도 그로 인해 침해되는 상대방의 신뢰이익이 적거나 신뢰보호요청에 우선시되는 중대한 공익상의 사유가 소급입법을 정당화하는 경우 등에는 예외적으로 허용된다. 부진정소급입법은 원칙적으로 허용된다. 그렇지만 소급효를 요구하는 공익상의 필요와 기존법령에 대한 국민의 신뢰이익을 형량하였을 때 국민의 신뢰이익이 훨씬 큰 경우라면 헌법상 신뢰보호원칙위반으로 위헌법령이 될 수 있다.

헌법재판소는 "일반적으로 국민이 소급입법을 예상할 수 있었거나 법적 상태가 불확실하고 혼란스러워 보호할 만한 신뢰이익이 경미한 경우와 당사자의 손실이 없거나 적은 경우 그리고 신뢰보호의 요청에 우선하는 심히 중대한 공익상의 사유가 소급입법을 정당화하는 경우 등에는 예외적으로 소급입법이 허용된다"고 판시하고 있다(헌재 1999. 7. 22. 97헌바76,98 헌바50,51,52,54,55(병합)).

3) 소급적용금지의 원칙과 죄형법정주의

헌법 제13조 제1항에서는 "모든 국민은 행위 시의 법률에 의하여 범죄를 구성하지 아니하는 행위로 소추되지 아니하며"라고 규정하고 있다. 이에 따라 형법 제1조 제1항에서는 "범죄의 성립과 처벌은 행위시의 법률에 의한다"고 규정하고 있다. 이는 죄형법정주의(罪刑法定主義)를 명시적으로 선언하고 있는 것이다. 죄형법정주의는 소급적용금지의 원칙에 기초를 두고 있다.

그렇지만 어떠한 사항에 관하여 그 발생 당시의 법보다도 신법을 적용하는 것이 합리적이며 사회의 실정 또는 정의의 관념에 합치되는 경우에는 특히 명문으로 법의 소급효(遡及效)를 인정할 수도 있는 것이다. 민법부칙 제2조에는 "본법의 특별한 규정이 있는 경우 외에는 본법 시행일 전의 사항에 대하여도 이를 적용한다. 그러나 이미 구법에 의하여 생긴 효력에 영향은 미치지 아니한다"고 규정하여 신법의 소급효를 일반적으로 인정하고 있다. 또 형법 제1조 2항에서는 "범죄 후 법률의 변경에 의하여 그 행위가 범죄를 구성하지 아니하거나 형이 구법보다 경(輕)한 때에는 신법에 의한다"고 규정하여 역시 신법의 소급효를 인정하고 있다.

5. 효력상실시기

1) 한시법인 경우

당해 법령에서 명시적으로 유효기간이나 적용시한이 정해져 있는 법을 한시법이라 한다. 한시법은 그 유효기간이나 적용시한이 경과함으로써 자동적으로 그 효력이 상실된다.

한시법의 유효기간 중에 행해진 위반행위에 대하여 효력상실 후에도 그 법령의 처벌규정을 적용할 수 있는가의 여부에 대하여 죄형법정주의와 관련하여 학설은 ① 적용부정설, ② 적용긍정설, ③ 동기설로 구분된다. 다수설은 적용긍정설을 취한다. 동기설이란 법률변경의 동기가 법적 견해의 변경에 의한 경우에는 행위의 가벌성이 소멸되었으므로 처벌할 수 없지만, 단순한 사실관계의 변화에 기인한 경우에는 가벌성이 소멸되지 아니하였으므로 처벌할 수 있다는 견해이다.

대법원은 도로교통법상의 지정차로 제도와 관련하여 동기설을 취하고 있다.[3] 현행 도로교통법시행규칙은 차로에 따른 통

3) [대법원 1999. 11. 12. 선고 99도3567 판결] 도로교통법상의 지정차로 제도가 한때 폐지된 일이 있었으나 그 폐지는 법률이념의 변천으로 종래의 규정에 따른 처벌 자체가 부당하다는 반성적 고려에서 비롯된 것이라기보다는 당시의 특수한 필요에 대처하기 위한 정책적 조치에 따른 것이라고 판단되므로 그 제도 폐지 전에 이미 범하여진 위반행위에 대한 가벌성은 소멸되지 않는 것이다.

행구분을 규정(칙16 및 별표9)하여 지정차로제도를 다시 채택·시행하고 있다.

2) 한시법이 아닌 경우

법령이 어느 특정사항을 목적으로 제정된 경우에는 그 목적을 달성하거나 그 목적사항이 소멸하면 당연히 폐지된다. 농지개혁법이 그 예이다. 농지개혁법(農地改革法)은 제헌헌법에 의거하여 농지를 농민에게 적절히 분배함으로써 농가경제 자립과 농업생산력 증진으로 인한 농민생활의 향상 및 국민경제의 균형과 발전에 기여하기 위한 법률로서 1949. 6. 21.에 제정되었으며, 형식적으로는 1994년 12월 22일 농지법의 제정으로 폐지, 대체되었다.

또한 당해법령 또는 그와 동위 내지 상위의 법령에 의한 명시적 개폐로 그 효력을 상실한다. 그리고 명시적 개폐에 관한 규정 없이, 당해법령의 내용에 저촉되는 새로운 동위 또는 상위의 법령이 제정된 경우에 신법우선의 원칙 또는 상위법우선의 원칙에 의하여 그에 저촉되는 범위 내에서 그 효력을 상실한다.

Ⅲ. 지역적 효력

국가법령은 원칙적으로 전국에 걸쳐 그 효력을 갖는다. 그러나 국가법령이라고 하더라도 예외적으로 특정한 지역을 대상으로 하여 입법된 경우에는 그 범위가 한정될 수 있다. 예컨대 제주특별자치도 설치 및 국제자유도시 조성을 위한 특별법과 같이, 예외적으로 특정한 지역을 대상으로 하여 입법된 경우에는 그 범위가 한정될 수 있다.

한편, 자주법인 조례와 규칙은 그 효력의 범위가 그 지방자치단체의 관할지역으로 한정되는 것이 원칙이다. 지역적 효력에는 관할권의 확장에 의한 예외도 있다.

Ⅳ. 인적 효력

법령은 속지주의에 의하여 원칙적으로 그 적용범위 내에 있는 모든 국민과 외국인 및 무국적자에게 미친다. 자연인과 법인을 불문한다.

다만, 치외법권을 가지는 외국의 원수나 외교관에게는 적용되지 아니하며, 국내에 주둔하는 미합중국구성원에게는 한미행정협정이 정하는 바에 의하여 그 적용이 제한된다.

헌법 제6조 제2항은 상호주의를 채택하여 "외국인은 국제법과 조약이 정하는 바에 의하여 그 지위가 보장된다"고 규정하고 있다. 일반 외국인에 대하여는 개별 법규에서 상호주의에 의하여 처우하는 경우도 있을 수 있다.

적용대상을 특정하여 규정하고 있는 경찰공무원법, 청원경찰법 등의 경우에는 그 적용범위가 한정된다.

공해상의 한국국적선박 내의 경찰권에서 보는 바와 같이, 속지주의에 의한 적용범위 외에 있는 대한민국 국민에게 적용되는 경우도 있다.

제 9 장 법과 제재

제 1 절 제재의 의의 및 필요성

Ⅰ. 제재의 의의

제재란 사회규범으로부터 일탈하는 행위에 대하여 가해지는 심리적·물리적 압력을 말한다. 사회적 제재라고도 한다.

제재에는 파문이나 저주 등의 신비적인 제재와, 비난이나 배척 등의 도덕적인 제재나, 야유, 조소(嘲笑)의 대상으로 삼는 풍자적인 제재도 있다. 그리고 사형·금고·징역·자격정지 등의 형벌이나 배상 등 법률적인 제재가 있다.

제재는 종래의 법 이론에서 가장 중시되어 온 법의 속성이다. 더욱이 법적 제재는 물리적 제재로서의 성격을 갖추고 있다.

Ⅱ. 법적 제재와 그 필요성

1. 법적 제재

법적 제재(sanction)란 국가 등의 통치단체가 법을 위반한 자에 대하여 가하는 법적 강제수단을 의미한다. 법적 제재는 법의 위반을 전제로 하는 것이므로, 사회구성원 각자가 법의 목적과 이념을 내면화하여 이를 위반하지 아니하는 상태가 가장 바람직함은 두 말할 나위가 없다.

법적 제재는 국내법상의 제재와 국제법상의 제제로 구분되며, 전자는 다시 헌법상의 제재와 행정법상의 제재, 형법상의 제재 및 민법상의 제재 등으로 구분된다.

2. 법적 제재의 필요성

법은 그 타당성과 실효성을 확보하고, 법의 목적과 이념을 실현하기 위하여 실제로 준수되어야 한다. 즉, 그 실현이 보증되어야 하는 것이다. 달리 이야기하면, 법은 사회구성원 모두가 법이 지향하는 바를 내면화하고, 준수하도록 강제하는 것이다.

1) 법의 타당성 확보

타당성을 갖춘 법은 일반 사회구성원의 법 감정에 부합되기 마련이다. 이 경우 사회구성원은 이를 내면화하여 스스로 준수하고자 하는 의지를 갖게 된다.

2) 법의 실효성 보장

법이 실제에 있어서 그 효력을 담보하기 위해서는 제재가 필수적이다. 만일 사회구성원이 누구이든 간에 각자의 내면화 여부를 불문하고 이를 위반하거나 침해하는 경우, 국가 등 통치단체는 일정한 심리적 또는 물리적 압력을 통하여 그 실현을 보증하는 강제력을 지녀야만 한다. 예링은 "강제는 법의 절대적 기준"이라고 했으며, 칸트는 "법과 강제기능은 동일하다"고 했다. 그러므로 법은 국가 등의 통치단체에 의한 강제성을 본질적 요소로 한다고 하겠다. 이 점에서 법은 도덕이나 종교 등 다른 사회규범과는 차이가 있다. 또 법에 의한 제재는 사형(lynch : 私刑)과도 구별된다.

3) 법의 목적과 이념의 실현수단

제재는 법의 목적과 이념을 실현하기 위한 수단이다. 개별법의 구체적인 목적을 달성하는 동시에 법 일반의 이념, 즉 정의와 합목적성 및 법적 안정성을 구현하기 위해서는 법을 위반한 자에 대한 제재수단을 갖추어야 한다.

제2절 국내법상의 제재

Ⅰ. 헌법상의 제재

1. 개관

헌법상의 제재란 헌법을 위반한 자에 대하여 헌법이 규정하고 있는 제제를 말한다. 이에는 탄핵과 정당해산 및 의원징계 등을 들 수 있다.

2. 탄핵제도

1) 의의

탄핵(彈劾 ; impeachment)이란 대통령·국무총리 등 행정부 고위공무원이나 법관이나 중앙선거관리위원회 위원 등 신분보장이 되어 있는 공무원의 위법행위에 대하여, 의회의 소추(訴追)·심판에 의하여 또는 의회의 소추에 의한 다른 국가기관의 심판에 의하여 이를 처벌하거나 파면하는 것을 의미한다.

탄핵은 헌법보장을 위한 제도의 하나이다. 즉 일반적인 사법절차나 징계절차에 의하여 소추·징계하기 곤란한 고위공무원 등에 의한 헌법이나 법률침해행위가 있을 경우, 탄핵심판절차에 따라 심판하여 이를 공직에서 추방함으로써 헌법의 규범력을 확보하고자 하는 제도이다.

2) 연혁

탄핵제도는 고대 그리스 아테네의 도편추방제[1]로부터 비롯하여 14세기 말 영국의 에드워드 3세(Edward Ⅲ)에 의하여 확립된 제도로서 미국을 비롯한 여러 나라에 계수되었지만, 영국에서는 내각책임제의 확립으로 사실상 없어졌다.

탄핵에는 영국에서와 같이 탄핵에 의하여 형벌을 과할 수 있는 제도와, 미국에서와 같이 공무원의 파면과 자격의 박탈만을 목적으로 하는 제도가 있다.

또 탄핵의 소추는 보통 하원이 행하고, 심판은 상원이 하는 것이지만, 바이마르(Weimar)헌법에서는 의회의 소추로 법원이 심판하도록 규정하였다.

탄핵심판은 영국과 미국의 경우 상원이, 일본은 탄핵재판소가, 우리나라와 독일, 이탈리아 등에서는 헌법재판소가 담당한다.

3) 우리 헌법상의 탄핵제도

(1) 공동탄핵제도

우리 헌법은 제65조에서 국회의 탄핵소추권을, 제111조 제1항제2호에서 헌법재판소의 탄핵심판권을 명시함으로써, 국회와 헌법재판소의 공동 탄핵제도를 규정하고 있다.

(2) 탄핵의 대상자 및 사유

대통령 · 국무총리 · 국무위원 · 행정 각부의 장 · 헌법재판소

1) 도편추방(陶片追放, ostracism)이란 시민 투표를 통하여 장차 참주가 되려는 야심가를 가려내어 나라 밖으로 추방하던 제도이다. 도자기 파편에 그 이름을 적어 내도록 한 비밀 투표로, 육천 표가 넘는 자는 십 일 이내에 아테네를 떠나 십 년간 외지에서 지내야 했으나 그 사람의 재산권은 유지되었다.

재판관·법관·중앙선거관리위원회 위원·감사원장·감사위원 기타 법률이 정한 공무원이 그 직무집행에 있어서 헌법이나 법률을 위배한 때에 탄핵소추의 대상이 된다(헌법 65①). 헌법재판소장도 헌법재판소 재판관이므로 탄핵의 대상이 된다. 그러나 헌법재판소 재판관의 경우에는 일정한 한계가 있다. 탄핵심판은 재판관 7인의 출석과 6인의 찬성으로 의결되므로 헌법재판소 재판관 3인을 동시에 탄핵할 수는 없는 것이다.

기타 법률이 정한 공무원으로는 경찰청장(경찰법 11⑥)과 검사(검찰청법 37) 등이 있다.

그리고 '직무 집행'은 자기 소관의 모든 직무와 감독 행위를 말하며, 현직 중의 행위에 국한된다. 물론 탄핵을 회피하기 위하여 자리를 옮긴 경우도 포함한다. 또한 '헌법이나 법률을 위배'한 때에 소추를 받는 것이므로 단순한 정치적 무능력이나 정책 결정상의 과오는 소추사유에 포함되지 않는다.

(3) 탄핵소추

국회는 국회의원 3분의 1 이상의 발의로 그 재적위원 과반수의 찬성에 의하여 탄핵소추의 의결을 한다. 다만, 대통령에 대하여는 재적의원 과반수의 발의와 재적의원 3분의 2이상의 찬성으로 의결한다(헌법 65①②).

탄핵소추의 의결은 본회의에 보고된 때로부터 24시간 이후 72시간 이내에 무기명 투표로써 하며, 탄핵소추의 의결을 받은 자는 탄핵결정(彈劾決定)이 있을 때까지 그 권한행사가 정지된다(동조③).

(4) 탄핵심판

탄핵심판은 재판관 전원(9인)으로 구성되는 재판부에서 관장하며, 재판관 7인 이상의 출석으로 심리한다. 탄핵결정에는 재판관 6인 이상의 찬성을 요한다(헌법 113①).

탄핵심판에서 형사재판에서의 검사와 같은 역할은 소추위원이 하는데, 국회 법제사법위원장이 담당한다. 탄핵심판은 필수적으로 변론을 하게 되며, 변호사강제주의가 채택되어 있어서 변호사가 아닌 사람이 탄핵을 당할 경우 변호사를 선임하여야 한다.

(5) 탄핵의 효과

탄핵결정의 효과는 공직으로부터 파면하는 것이므로, 민사상·형사상 책임은 면제되지 않고 별도로 부담한다(헌법 65④).

탄핵결정의 성질은 징계적 처벌이므로, 탄핵결정과 민·형사재판간에는 일사부재리의 원칙이 적용되지 않는다(헌법재판소법 54①).

헌법재판소법은 "탄핵결정에 의하여 파면된 자는 결정선고가 있은 날로부터 5년이 경과하지 아니하면 공무원이 될 수 없다"라고 하여 일정기간 공직취임을 금지하고 있다(동조②). 공직취임금지조항의 위헌여부에 대하여 위헌설·합헌설의 논의가 있으나, 탄핵결정의 실효성을 유지하기 위하여 합헌설이 타당하다고 본다. 합헌설이 다수설이다.

미국연방헌법 제2조 제2항 제1문에서는 명문으로 탄핵결정을 받은 자에 대한 대통령의 사면행위를 금지하고 있다. 명문의 규정이 없는 우리 헌법의 경우에도 탄핵결정에 대한 사면행사는 금지된다는 것이 통설의 입장이다..

3. 정당해산제도

1) 의의

정당해산이란 정당의 목적이나 활동이 민주적 기본질서에 위배된 때, 정부가 헌법재판소에 그 해산을 제소하고, 헌법재판소의 심판에 의하여 정당을 해산하는 것을 말한다(헌법 8④ 참조).

즉 우리 헌법의 가치기준이 되어 있는 민주적 기본질서 그 자체를 파괴하려는 정당의 존립을 인식하면서도, 그 해산은 정치적 중립기관인 헌법재판소의 신중한 심판절차를 거치게 하고 있는 것이다.

2) 정당해산 제소

정부가 헌법재판소에 해산을 제소함에는 국무회의의 심의를 거쳐야 한다(헌법 89). 정당해산을 위한 제소장에는 해산을 요구하는 정당을 표시하고 제소의 이유를 기재하여야 한다.

3) 정당해산심판

정당해산심판권은 헌법재판소가 행사한다. 헌법재판소에서 정당해산의 심판을 할 때에는 위원 6인 이상의 찬성이 있어야 한다(헌법 113①).

정당의 해산을 명하는 결정이 선고된 때에는 당해 정당은 해산하게 된다. 위헌정당이 강제로 해산되는 경우 소속의원의 자격 상실여부에 대하여는 견해가 대립되고 있다.

4) 정당해산과 해산정당 소속의원의 신분

정당이 해산된 경우 해산된 정당의 소속 의원이 국회의원의 자격을 상실하는가의 여부에 대하여는 견해가 나뉜다.

다수설은 정당제 민주주의의 원리와 방어적 민주주의 정신을 존중하고, 정당해산결정의 실효성 확보를 이유로 하여 지역구·비례대표의원 모두 국회의원의 신분을 상실한다고 본다.

이에 대하여 소수의 견해는 ① 국회의원의 국민대표성을 중시하여 소속 정당이 해산되더라도 국회의원직은 상실되지 않고 무소속의원으로 남는다는 견해와, ② 지역구 국회의원의 경우 국민대표성이 강하므로 국회의원직을 상실하지 않지만, 비례대표국회의원의 경우 정당대표성이 강하다는 이유로 의원직을 상실한다고 보는 견해로 나뉘고 있다.

헌법재판소는 다수설의 입장을 취하고 있다. 즉 통합진보당 해산심판에서 헌법재판소는 "헌법재판소의 해산결정으로 정당이 해산되는 경우에 그 정당 소속 국회의원이 의원직을 상실하는지에 대하여 명문의 규정은 없으나, 정당해산심판제도의 본질은 민주적 기본질서에 위배되는 정당을 정치적 의사형성과정에서 배제함으로써 국민을 보호하는 데에 있는데 해산정당 소속 국회의원의 의원직을 상실시키지 않는 경우 정당해산결정의 실효성을 확보할 수 없게 되므로, 이러한 정당해산제도의 취지 등에 비추어 볼 때 헌법재판소의 정당해산결정이 있는 경우 그 정당 소속 국회의원의 의원직은 당선 방식을 불문하고 모두 상실되어야 한다"고 결정(2014. 12. 19. 2013헌다1)하였다.

4. 의원징계제도

1) 헌법의 규정

국회는 의원의 자격을 심사하며, 의원을 징계할 수 있다(헌법 64②). 국회의원을 제명하려면 국회재적의원 3분의 2 이상의 찬성이 있어야 한다(동조③).

국회의 의원자격심사 및 징계처분에 대하여는 법원에 제소할 수 없다(동조④). 이는 국회의 자율성을 존중하기 위한 것이다.

2) 의원징계

국회법은 제14장에서 징계에 관하여 규정하고 있다. 즉 국회는 의원이 징계사유에 해당하는 행위를 한 때에는 그 의결로써 이를 징계할 수 있다(동법 155).

(1) 윤리특별위원회의 심사

징계의 의결에 앞서 윤리특별위원회의 심사를 거쳐야 함이 원칙이다. 윤리특별위원회는 징계대상자와 관계의원을 출석하게 하여 심문할 수 있다(동법 159).

의원은 자기의 징계안에 관한 본회의 또는 위원회에 출석하여 변명하거나 다른 의원으로 하여금 변명하게 할 수 있다. 이 경우 의원은 변명이 끝난 후 회의장에서 퇴장하여야 한다(동법 160). 징계에 관한 회의는 비공개가 원칙이다(동법 158).

(2) 징계의 의결

의장은 윤리특별위원회로부터 징계에 대한 심사보고서를 접수한 때에는 이를 지체 없이 본회의에 부의하여 의결하여야 한다. 다만, 의장은 윤리특별위원회로부터 징계를 하지 아니하기로 의결하였다는 심사보고서를 접수한 때에는 이를 지체 없이 본회의에 보고하여야 한다(동법 162).

(3) 징계의 종류

징계의 종류는 ① 공개회의에서의 경고, ② 공개회의에서의 사과, ③ 출석정지 및 출석정지기간에 해당하는 수당 등의 감액, ④ 제명으로 구분된다(동법 163).

징계로 제명된 자는 그로 인하여 궐원된 의원의 보궐선거에 있어서는 후보자가 될 수 없다(동법 164).

Ⅱ. 행정법상의 제재

1. 국가공무원법상의 제재

1) 당연퇴직

당연퇴직은 공무원으로 ① 재직 중 법정 사유(국가공무원법 33)의 발생 또는 ② 임기제공무원의 근무기간 만료에 의하여 임용권자의 의사와 관계없이 당연히 공무원법관계가 소멸되는 것을 말한다.

2) 직권면직

임용권자는 공무원이 ① 직제와 정원의 개폐 또는 예산의 감소 등에 따라 폐직(廢職) 또는 과원(過員)이 되었을 때, ② 휴직 기간이 끝나거나 휴직 사유가 소멸된 후에도 직무에 복귀하지 아니하거나 직무를 감당할 수 없을 때, ③ 직위해제에 따라 대기 명령을 받은 자가 그 기간에 능력 또는 근무성적의 향상을 기대하기 어렵다고 인정된 때, ④ 전직시험에서 세 번 이상 불합격한 자로서 직무수행 능력이 부족하다고 인정된 때, ⑤ 징병검사·입영 또는 소집의 명령을 받고 정당한 사유 없이 이를 기피하거나 군복무를 위하여 휴직 중에 있는 자가 군복무 중 군무(軍務)를 이탈하였을 때, ⑥ 해당 직급·직위에서 직무를 수행하는데 필요한 자격증의 효력이 없어지거나 면허가 취소되어 담당 직무를 수행할 수 없게 된 때, ⑦ 고위공무원단에 속하는 공무원이 적격심사 결과 부적격 결정을 받은 때에는 직권으로 면직시킬 수 있다(국가공무원법 70①).

3) 직위해제

(1) 직위해제사유 및 직위부여

임용권자는 ① 직무수행 능력이 부족하거나 근무성적이 극히 나쁜 자, ② 파면·해임·강등 또는 정직에 해당하는 징계 의결이 요구 중인 자, ③ 형사 사건으로 기소된 자(약식명령이 청구된 자는 제외) ④ 고위공무원단에 속하는 일반직공무원으로서 소정의 사유로 적격심사를 요구받은 자, ⑤ 금품비위, 성범죄 등 대통령령으로 정하는 비위행위로 인하여 감사원 및 검찰·경찰 등 수사기관에서 조사나 수사 중인 자로서 비위의 정도가 중대하고 이로 인하여 정상적인 업무수행을 기대하기 현저히 어려운 자에게는 직위를 부여하지 아니할 수 있다(국가공무원법 73의3①).

위 ①에 해당하는 경우에는 직위해제된 자에게 3개월의 범위에서 대기를 명한다(동조③). 임용권자 또는 임용제청권자는 대기 명령을 받은 자에게 능력 회복이나 근무성적의 향상을 위한 교육훈련 또는 특별한 연구과제의 부여 등 필요한 조치를 하여야 한다(동조④).

직위를 부여하지 아니한 경우에 그 사유가 소멸되면 임용권자는 지체 없이 직위를 부여하여야 한다(동조②).

(2) 직위해제기간 중의 봉급 감액

직무수행 능력이 부족하거나 근무성적이 극히 나쁜 자로서 직위해제된 사람에게는 봉급의 80퍼센트, 파면·해임·강등 또는 정직에 해당하는 징계 의결이 요구 중이거나 형사 사건으로 기소된 자(약식명령이 청구된 자는 제외) 또는 고위공무원단에 속하는 일반직공무원으로서 소정의 사유로 적격심사를 요구받은 자는 봉급의 70퍼센트를 지급한다. 다만, 징계의결이 요구 중이거나 형사 사건으로 기소되어 직위해제된 사람이 직위해제일부터 3개월이 지나도 직위를 부여받지 못한 때에는 그 3개월이 지난 후의 기간 중에는 봉급의 40퍼센트를 지급한다(공무원보수규정 29).

4) 징계

(1) 징계사유

공무원이 ① 국가공무원법 및 국가공무원법에 따른 명령을 위반한 경우, ② 직무상의 의무(다른 법령에서 공무원의 신분으로 인하여 부과된 의무를 포함)를 위반하거나 직무를 태만히 한 때, ③ 직무의 내외를 불문하고 그 체면 또는 위신을 손상하는 행위를 한 때에는 징계 의결을 요구하여야 하고 그 징계 의결의 결과에 따라 징계처분을 하여야 한다(국가공무원법 78①).

(2) 징계부가금

징계 의결을 요구하는 경우 그 징계 사유가 금품 및 향응 수수, 공금의 횡령·유용인 경우에는 해당 징계 외에 금품 및 향응 수수액, 공금의 횡령액·유용액의 5배 내의 징계부가금 부과 의결을 징계위원회에 요구하여야 한다(동법 78의2①).

(3) 징계의 종류

징계는 파면·해임·강등·정직(停職)·감봉·견책(譴責)으로 구분한다. 징계는 배제징계(파면과 해임)와 교정징계(강등·정직·감봉·견책), 중징계(파면·해임·강등·정직)와 경징계(감봉·견책)로 구분되기도 한다.

(a) **파면**

파면은 공무원의 신분을 박탈하는 징계벌이다. 파면을 받은 자는 퇴직금의 일부가 (재직기간 5년 미만인 자는 4분의 1, 5년 이상인 자는 2분의 1)와 퇴직수당의 2분의 1이 감액된다(공무원연금법 64, 영 55).

(b) **해임**

해임 역시 공무원의 신분을 박탈하는 징계벌이다. 해임된 자도 퇴직금의 일부(재직기간 5년 미만인 자는 8분의 1, 5년 이상인 자는 4분의 1)와 퇴직수당의 4분의 1이 감액된다(동법 64, 영 55).

(c) **강등**

강등은 1계급 아래로 직급을 내리고 공무원신분은 보유하나 3개월간 직무에 종사하지 못하며 그 기간 중 보수의 3분의 2를 감한다. 다만, 계급을 구분하지 아니하는 공무원과 임기제공무원에 대해서는 강등을 적용하지 아니한다(국가공무원법 80①).

(d) **정직**

정직은 1개월 이상 3개월 이하의 기간으로 하고, 정직 처분을 받은 자는 그 기간 중 공무원의 신분은 보유하나 직무에 종사하지 못하며 보수의 3분의 2를 감한다(동조③).

(e) **감봉**

감봉은 1개월 이상 3개월 이하의 기간 동안 보수의 3분의 1을 감한다(동조④).

(f) **견책**

견책(譴責)은 전과(前過)에 대하여 훈계하고 회개하게 한다(동조⑤).

(4) 징계처분을 받은 자의 승진임용 또는 승급의 제한

공무원으로서 징계처분을 받은 자에 대하여는 그 처분을 받은 날 또는 그 집행이 끝난 날부터 일정한 기간 동안 승진임용 또는 승급할 수 없다. 다만, 징계처분을 받은 후 직무수행의 공적으로 포상 등을 받은 공무원에 대하여는 승진임용이나 승급을 제한하는 기간을 단축하거나 면제할 수 있다(동조⑥).

2. 일반국민에 대한 제재

행정의 실효성을 확보하기 위한 수단으로서 행정상의 강제집행과 행정상의 즉시강제 및 행정벌이 있다. 그 밖에 행정상의 의무이행을 확보하기 위한 수단으로서 ① 관허사업의 제한, ② 위반사실 등의 공표, ③ 과징금, ④ 가산세와 가산금, ⑤ 부담금 등이 있다.

1) 행정상의 강제집행

행정법상의 의무자의 의무불이행에 대하여 행정주체가 스스로의 힘으로 그 의무를 이행시키거나 또는 이행된 것과 같은 상태를 실현시키는 행정작용이다.

행정상 강제집행의 수단으로는 대집행, 이행강제금(집행벌), 직접강제 및 행정상 강제징수가 있다.

2) 행정상의 즉시강제

목전에 급박한 행정상 장해를 제거하여야 할 필요가 있거나, 성질상 미리 의무를 명하여서는 행정목적을 달성할 수 없는 경우에 행정기관이 상대방에게 의무를 명하지 아니하고 직접 실력을 행사하여 행정상 필요한 상태를 실현시키는 행정작용이다.

행정상 즉시강제의 수단으로는 대인적 강제, 대물적 강제 및 대가택 강제가 있다.

3) 행정벌

행정법상의 의무위반에 대하여 일반통치권에 의거하여 과하는 제재로서의 벌을 말한다. 이에는 행정형벌과 행정질서벌(과태료)이 있다.

Ⅲ. 형법상의 제재

형법상의 제재란 형법 및 형사특별법에 의하여 과하여지는 제재이다. 범죄와 형벌은 반드시 법률에 근거하여야 한다는 죄형법정주의가 지배한다.

1. 죄형법정주의

1) 의의

죄형법정주의(罪刑法定主義 ; Grundsatz nulla poena sine lege)란 범죄와 형벌을 미리 법률로써 규정하여야 한다는 근대 형법상의 기본원칙이다. 이는 권력자가 범죄와 형법을 마음대로 전단하는 죄형전단주의(罪刑專斷主義)와 대립되는 원칙이다.

"법률이 없으면 범죄도 없고, 법률이 없이는 형벌도 없다(nullum crimen, sine lege nulla poena sine lege)"는 이 원칙은 범죄와 형벌을 미리 법률로써 규정하여야 한다는 근대 형벌제도를 지배하여 왔다. 여기에서 말하는 법률은 제정법만을 의미한다.

따라서 아무리 사회적으로 비난받아야 할 행위라 할지라도 법률이 범죄로서 규정하지 않았다면 처벌할 수 없으며, 범죄에 대하여 법률이 규정한 형벌 이외의 처벌을 과할 수 없다는 것이 이 주의의 본래적 의미이다. 결국 죄형법정주의의 근본적 의의는 국민 개인의 자유와 권리를 보장하기 위하여 승인되는 국가권력의 자기제한(自己制限)인 것이다.

2) 죄형법정주의의 파생원칙

(1) 관습형법의 배척

범죄와 형벌은 국회에서 법률의 형식으로 제정된 '법률'로 정하여져야만 한다. 여기에 관습법은 포함되지 않는다. 왜냐하면 관습법은 그 내용이 국민 일반에게 널리 알려져 있다고 할 수 없으며, 그 범위도 불명확하여 형벌을 법효과로 하는 규범이 되기에는 부적당하기 때문이다. 다만 개개의 구성요건(構成要件) 해석이나 행위의 위법성 판단에 있어서 사회생활상의 관습을 고려하지 않으면 안 될 경우가 있다.

(2) 형법불소급의 원칙

형법의 효력은 소급할 수 없다는 원칙이다. 국가는 일단 허용된 국민의 행동을 후에 위법한 것이라고 할 수는 없다. 그것은 법질서의 안정을 해할 뿐 아니라, 국민에게 행동의 기준을 잃게 만들 염려가 있기 때문이다.

다만 이 원칙이 피고인의 이익을 지키기 위한 원칙인 까닭에, 피고인에게 유리한 경우라면 신법의 소급효(遡及效)가 인정되어야 할 것이다. "범죄 후 법률의 변경에 의하여 그 행위가 범죄를 구성하지 아니하거나 형이 구법(舊法)보다 경(輕)한 때에는 신법에 의한다"(형법 1②)고 한 것은 그러한 취지를 담고 있다.

(3) 유추해석의 금지

유추해석이란 법률에 규정이 없는 사항에 관하여 그와 유사한 성질을 지닌 사항에 관한 법률을 해석·적용하는 것이다.

유추해석의 허용은 국가권력의 자의적 지배, 국민 자유의 부당한 억압을 초래하기 쉽다. 특히 형벌은 개인의 권리와 자유에 대한 예외적인 규정이기 때문에 가능한 한 협소하게 해석할 필요가 생기는 것이다. 따라서 적어도 피고인에게 불이익한 방향으로의 유추해석은 죄형법정주의의 요청상 허용되지 않아야 할 것이다. 다만 유추해석의 금지를 엄격히 해석하면 형법법규가 새로이 변화하는 사회현상에 대응하지 못하는 점을 유의하고, 그에 대한 합리적 대책을 수립하여야 할 것이다.

(4) 절대적 부정기형의 금지

자유형의 경우 그 형기를 전혀 확정하지 않는 경우를 절대적 부정기형이라 한다. 이를 허용하게 되면 법관은 유죄선고만 하고 행형성적에 따라 그 기간의 장단(長短)을 결정하게 되므로, 사법권에 대한 행정권의 침해를 초래하는 결과가 되어 이를 금지하는 것이다.

2. 현행법상 형벌의 종류

강학상 형벌에 의하여 박탈되는 법익의 종류에 따라 형벌의 종류는 생명형 · 자유형 · 명예형 · 재산형이 있다.

1) 생명형

생명형은 수형자의 생명을 박탈하는 것을 내용으로 하는 형벌이다. 사형은 교수(絞首)로써 집행된다(형법 66).

2) 자유형

자유형은 수형자의 신체의 자유를 박탈하는 형벌로서, 징역 · 금고 · 구류가 있다. 자유형은 범죄인의 자유를 박탈함에 의하여 이를 개과천선하게 하는 교육적 내용을 주된 목적으로 한다. 이 경우 자유형의 집행에 의하여 범죄인은 안정과 자기반성의 기회를 가지고 새로운 인격구조를 형성할 수 있게 된다는 의미에서 자유형은 보호기능을 가지게 된다.

자유형은 현행 형법상 그 적용범위가 크고 또한 그 작용이 커서 현대의 형벌제도 중에서 가장 중요한 지위를 차지하고 있다.

(1) 징역(懲役)

징역이란 수형자(受刑者)를 교도소 내에 구치하여 정역(定役)에 복무하게 하는 것을 내용으로 하는 자유형 가운데 가장 무거운 죄형(罪刑)이다(동법 67).

징역에는 무기(無期)와 유기(有期)의 2종이 있다. 무기는 종신형이지만 20년이 경과한 후에는 가석방(假釋放)이 가능하다는 점에서(동법 72①) 자유형의 사회복귀적 기능이 유지되고 있다고 할 수 있다. 유기징역은 1월 이상 30년 이하이나 형을 가중하는 때에는 50년까지로 한다(동법 42). 유기징역에 있어서는 형기의 3분의 1을 경과한 후 행정처분으로 가석방을 할 수 있다(동법 72①).

(2) 금고(禁錮)

수형자(受刑者)를 교도소 내에 구치하여 자유를 박탈하는 형벌이다(동법 68). 정역에 복무하지 않는 점에서 징역과 구별된다. 그러나 금고수(禁錮囚)도 희망하면 작업에 나갈 수 있다(형의집행및수용자의처우에관한법률 67).

금고에도 무기와 유기가 있고, 그 기간 등은 징역의 경우와 같다. 금고는 징역보다는 가벼운 형벌이며 주로 과실범이나 정치상의 확신범(確信犯)과 같은 비파렴치적(非破廉恥的)인 범죄에 과하게 된다.

(3) 구류(拘留)

1일 이상 30일 미만 동안 구치소에 구치하는 것이다(형법 46). 구류는 가장 가벼운 자유형이며 주로 경범죄에 과한다.

3) 명예형

명예형(名譽刑 ; Ehrenstrafe)이란 범죄인의 명예 또는 자격을 박탈하는 것을 내용으로 하는 형벌을 말한다. 자격형이라고도 한다.

형법상 인정되는 자격형으로는 자격상실과 자격정지가 있다. 여기서 자격이란 ① 공무원이 되는 자격, ② 공무원의 선거권과 피선거권, ③ 법률로 요건을 정한 공법상의 업무에 관한 자격, ④ 법인의 이사·감사 또는 지배인 기타 법인의 업무에 관한 검사역이나 재산관리인이 되는 자격을 말한다(동법 43①).

명예형은 중세부터 19세기 초까지 유럽 각국에서 이용되고 있던 원시적인 형벌로서 범죄인을 일반 대중에서 선보여 범죄인의 수치심을 유발하는 치욕형이 많았으나, 그 이후에는 주로 명예상실·공직박탈·직업금지 등의 자격형이 많이 이용되었다. 우리나라에서도 조선시대에는 관직에서 해임시키거나 관리에의 취임을 금지시키는 유형이 있었다.

4) 재산형

재산형(財產刑 ; Vermogensstrafe)은 범죄인에게서 일정한 재산을 박탈하는 것을 내용으로 하는 형벌을 말한다. 현행 형법은 재산형으로 벌금·과료 및 몰수의 3종을 인정하고 있다.

(1) 벌금·과료

벌금과 과료는 금액의 다소에 따라 구분되는데 벌금은 그 금액이 50,000원 이상이고, 과료는 그 금액이 2,000원 이상에서 50,000원 미만으로 비교적 경징(輕徵)한 범죄에 과해진다.

(2) 몰수

범인 이외의 자의 소유에 속하지 아니하거나 범죄 후 범인 이외의 자가 정을 알면서 취득한 ① 범죄행위에 제공하였거나 제공하려고 한 물건, ② 범죄행위로 인하여 생하였거나 이로 인하여 취득한 물건, ③ 위 ① 및 ②의 대가로 취득한 물건은 전부 또는 일부를 몰수할 수 있다(동법 48①).

몰수의 대상이 되는 물건을 몰수하기 불능한 때에는 그 가액을 추징한다(동조②). 문서, 도화, 전자기록 등 특수매체기록 또는 유가증권의 일부가 몰수에 해당하는 때에는 그 부분을 폐기한다(동조③).

몰수는 다른 형벌에 부가하여 과하는 것을 원칙으로 한다. 이를 몰수의 부가성이라 한다. 다만, 예외적으로 행위자에게 유죄의 재판을 아니할 때에도 몰수의 요건이 있는 때에는 몰수만을 선고할 수 있다(동법 49).

Ⅳ. 민법상의 제재

민법상의 제재란 민법의 규정을 위반한 자에 대하여 과하는 제재를 말한다. 형사벌과는 달리 민법상의 제재는 위반자에 대하여 직접 또는 간접으로 물질적 수단으로 제재를 가하도록 하고 있다.

1. 손해배상

손해배상(Schadenersatz, 損害賠償)이란 위법(違法)한 행위에 의하여 타인에게 끼친 손해를 전보(塡補)하여 손해가 없었던 것과 동일한 상태로 복귀시키는 것을 말한다.

민법상 손해배상의무를 발생시키는 원인으로서 가장 중요한 것으로는 위법행위, 즉 채무불이행과 불법행위가 있다. 채무자가 자신의 채무를 이행하지 아니하여 채권자에게 손해를 입힌 경우가 채무불이행의 예이고, 자동차가 타인의 주택이나 상가에 돌진하여 손해를 보게 한 경우는 불법행위의 예이다.

손해배상의무는 법률의 규정에 의하여 발생하는 것 이외에 당사자 간의 계약(손해담보계약 · 손해보험계약 등)에 의하여 발생할 수도 있다.

1) 채무불이행

채무불이행책임은 주로 계약으로 맺어져서 서로 채권 · 채무의 관계에 있는 사람 사이의 문제인데 대하여, 불법행위책임은 그와 같은 특별한 관계의 유무에 관계없이 누구와의 사이에서도 일어날 수 있는 문제이다. 채무불이행도 채무자에 의한 채권의 침해라는 점에서는 불법행위와 차이가 없으며 채무불이행은 불법행위의 특수한 종류라고도 할 수 있다. 따라서 채무불이행책임이 생기는 부분에 있어서는 동시에 불법행위책임이 생길 수 있는 것이고 이 경우 청구권자는 채무불이행에 의한 손해배상책임을 물을 수도 있고 불법행위에 의한 손해배상책임을 물을 수도 있게 된다.

2) 불법행위

불법행위(tort)란 고의 또는 과실로 인하여 타인에게 손해를 끼치는 행위를 말한다.

불법행위로 생긴 손해는 가해자가 배상하여야 하는데, 그 손해에는 재산상의 손해 및 재산 이외의 손해도 포함된다.

불법행위가 성립하게 되면 가해자는 피해자에게 그 손해를 배상하여야 하고, 이 경우, 그 배상의 방법은 금전배상이 원칙이다(민법 763). 다만, 명예훼손의 경우에는 법원은 피해자의 청구에 의하여 손해배상에 갈음하거나 손해배상과 함께 명예회복에 적당한 처분을 가해자에게 명할 수 있다(동법 764).

불법행위로 인한 손해배상의 청구권은 피해자나 그 법정대리인이 그 손해 및 가해자를 안 날로부터 3년간 또는 불법행위를 한 날로부터 10년간 행사하지 아니하면 시효(時效)로 인하여 소멸한다(동법 766).

2. 강제이행

강제이행(强制履行)이란 채무자가 채무의 이행이 가능함에도 불구하고 자발적으로 이를 행하지 않을 때에 채권자가 국가의 공권력(법원)에 의하여 강제적으로 급부를 실현하는 것을 말한다.

강제이행의 방법으로서는 직접강제·대체집행·간접강제 등이 있다. 강제이행을 실현하기 위해서는 우선 이행판결이나 기타의 집행권원(채무명의)을 얻고, 이를 근거로 민사소송법의 규정에 따라 강제집행을 신청한다.

1) 직접강제

직접강제는 채무자의 의사와는 관계없이 국가의 공권력에 의하여 채권의 내용을 실현하는 것을 말한다. 즉, 민사집행법상 집행기관이 채무자의 재산에 직접 실력을 가하여 채무내용의 실현을 도모하는 강제집행이다(민법 389①).

이 방법은 인격 존중을 이상으로 하여 인적(人的) 집행을 배제하는 근대법의 정신에 적합하므로 '주는 채무'의 강제이행(强制履行)이나 물권적 청구권의 강제실현에는 반드시 이 방법을 채용한다.

금전채권의 집행(민사집행법 188 이하), 특정의 동산 또는 대체물(代替物)의 일정량의 인도를 구하는 채권의 집행(동법 257), 부동산 또는 선박의 인도나 명도를 구하는 채권의 집행(동법 258), 제3자의 수중에 있는 물건의 인도를 구하는 채권의 집행(동법 259) 등에 대하여는 원칙적으로 직접강제의 방법에 의하여 실행하고 있다.

2) 대체집행

대체집행은 채무자로부터 비용을 추심하여, 이 비용으로 채권자 또는 제3자로 하여금 채무자에 대하여 채권의 내용을 실현하게 하는 방법으로서 '하는 채무' 중 채무자의 일신에 전속하지 않는 대체적 작위채무에 한하여 허용된다. 그 절차와 방법은 민사집행법상의 규정에 따른다(민사집행법 260·262).

3) 간접강제

간접강제는 손해배상·벌금·구금의 수단으로써 채무자에게 심리적 압박을 가해 채권내용을 실현시키는 방법이다. 간접강제는 '하는 채무' 중 대체집행이 허용되지 않는 비대체적 작위채무에 한하여 허용된다.

그러나 이 중에서도 제3자의 협력을 요해 채무자 본인의 의사만으로 실현될 수 없는 채무나, 예술가의 작품제작 채무와 같이 채무자의 의사에 반하여 강제된다면 채무의 내용에 적합한 급부를 할 수 없는 경우 또는 부부간의 동거의무와 같이 강제됨으로써 인격존중에 반하는 채무에서는 간접강제가 적용되지 않는다.

3. 실권

실권(失權)이란 일정한 권리를 갖는 자가 법에 위반한 경우 그 법률상의 자격 또는 권리를 상실하게 하는 제재를 말한다. 민법 제924조의 친권의 상실을 예로 들 수 있다.

민법 제924조는 "부 또는 모가 친권을 남용하거나 현저한 비행 기타 친권을 행사시킬 수 없는 중대한 사유가 있는 때에는 법원은 일정 범위의 친족 또는 검사의 청구에 의해 그 친권의 상실을 선고할 수 있다"고 규정하고 있다.

또한 아동·청소년의성보호에관한법률 제14조제1항은 "아동·청소년대상 성범죄 사건을 수사하는 검사는 그 사건의 가해자가 피해아동·청소년의 친권자나 후견인인 경우에 법원에 민법 제924조의 친권상실선고 또는 민법 제940조의 후견인 변경결정을 청구하여야 한다"고 규정하여, 검사에게 친권상실선고 등의 청구에 대한 의무를 부과하고 있다.

4. 무효와 취소

민법 제103조 소정의 반사회질서의 법률행위(선량한 풍속 기타 사회질서에 위반한 사항을 내용으로 하는 법률행위)의 무효 규정이나 동법 제104조 소정의 불공정한 법률행위(당사자의 궁박, 경솔 또는 무경험으로 인하여 현저하게 공정을 잃은 법률행위)의 무효에 관한 규정, 그리고 동법 제110조 소정의 사기, 강박에 의한 의사표시의 취소 등에 관한 규정도 일종의 민법상의 제재라 할 수 있다.

제 3 절 국제법상의 제재

국제법위반을 범한 국가에 대한 대응으로서 다른 국가와 국제조직이 부과하는 어떤 해악을 수반하는 조치이다. 조치의 종류에 따라서 군사적 제재, 경제제재, 외교단절 등의 외교상의 제재, 제명 · 권리정지 등의 국제조직의 내부적 제재 등으로 분류된다.

한편, 국제사회의 조직화의 진전과 함께 국제법상의 제재를 제도화하고자 하는 노력이 이루어졌다. 특히 국제연맹규약 제16조는 그것에 위반하는 국가는 이사회의 결의에 의해 제명될 뿐만 아니라 일정 의무에 위반하여 전쟁을 일으킨 국가에 대해서 경제제재가 가해지도록 규정하고 있었다.

제10장 법의 해석과 적용

제 1 절 법의 해석

Ⅰ. 개설

1. 의의

법이 그 법규범은 입법기술상 일반적 추상적인 개념으로 규정되어 있으며, 성문화하였다고 하더라도 일정한 한계가 있다. 이러한 법규범을 구체적 사실에 적용하기 위하여 법이 의미하는 내용을 명확하게 밝혀내는 것을 법의 해석(interpretation of law ; Auslegung des Rechts)이라 한다.

다시 말하면, 법의 해석이란 법을 구체적으로 적용하기 위하여 법이 지니는 의미를 체계적으로 이해하고 법의 목적에 따라

규범의 의미를 명확히 하는 이론적 기술적 조작이다.

2. 법 해석의 대상

법의 해석은 성문법뿐만 아니라 불문법도 포함해야 할 것이나, 불문법은 존재 그 자체에 의미내용을 담고 있으므로 이에 대한 해석보다는 그 존재 여부가 문제로 된다.

따라서 법 해석의 대상은 대부분 성문법에 국한된다. 특히 성문법주의를 취하는 국가에서는 성문법의 의미내용을 명확히 이해하여 파악하는 데에 치중하게 된다.

3. 법 해석의 필요성

1) 성문법의 불완전성

법을 아무리 치밀하게 성문화한다고 하더라도 ① 법을 제정함에 있어서 복잡다단한 사회생활관계를 모두 예견하고 제정할 수 없으며, ② 설령 예견할 수 있다고 하더라도 유동적이며 지속적으로 발전을 거듭하고 있는 사회현상을 완벽하게 규율할 수 있도록 제정할 수 없고, ③ 입법자의 의도를 문자로써 정확하게 제대로 표현한다는 것 자체 또한 일정한 한계를 지니고 있다.

예컨대, 형법에서는 타인의 재물을 절취하는 범죄인 절도죄(竊盜罪 ; larceny, stealing ; 동법 329 내지 332)를 규정하고 있다. 여기에서 '타인의 재물'과 '절취' 등이 무엇을 의미하는지 정확하게 해석하여야 한다. 그리하여 '타인의 재물'이란 타인이 점유하는 재물로서 자기 이외의 자의 소유에 속하는 것으로서 관리할 수 있는 동력을 포함하는 것이며, '절취'란 폭행이나 협박에 의하지 아니하고 점유자의 의사에 반하여 그의 점유를 침해하고, 그것을 자기 또는 제3자의 점유로 옮기는 것이라는 해석을 하게 되는 것이다.

그럼에도 불구하고 과거를 돌아보면, 성문법의 완전성을 믿고 동시에 성문법 이외의 법원을 인정하지 않으려는 경향이 있었다. 예컨대, 로마법대전을 완성한 로마의 황제 유스티니아누스가 로마법대전을 편찬한 후 자신이 완성한 법전을 완전한 것이라 하여, 로마법대전의 주석 또는 해석을 금지하고, 새로운 법적 문헌을 발간하거나 주석서를 쓰는 자를 처벌하도록 하였다. 프로이센 일반란트법에도 이러한 내용의 규정이 있었다. 프로이센 일반란트법(1794)은 명쾌하고 상세한 17,000여개의 조항으로 이루어져 있으나, 법관에 의한 법의 창조를 금지하였던 것이다.

따라서 법을 해석하는 경우에는 법의 불완전성과 역사성 및 실제의 사회생활 등을 파악하여 구체적 타당성과 법적 안정성을 고려하여 해석하여야 한다.

2) 성문법의 추상성

성문법은 실제 생활에서 일어날 수 있는 구체적 사실을 예상하면서도 입법기술상 일반적 추상적인 개념으로 표현될 수밖에 없다. 경우에 따라서는 공백규정이나 불확정개념을 사용하는 경우도 적지 않다.

공백규정은 구체적인 법률요건 없이 처분권한만을 부여하고 있는 경우를 말한다. 그리고 불확정개념이란 그 의미내용이 일의적인 것이 아니라 다의적인 것이어서 진정한 의미내용이 구체적 상황에 따라 판단되는 개념을 말한다. 중대한 사유, 공공안녕과 질서, 교통의 안전과 원활 등의 개념이 이에 해당한다. 그러므로 이러한 경우 성문법은 개별적이고도 구체적인 사회현상에 직접 적용하기가 용이하지 않다. 따라서 그 때의 구체적 사정을 감안하여 해석함으로써 그 구체적 의미가 확정된다.

"법의 해석자는 입법자보다 총명하다"는 법언을 통해서도 알 수 있듯이, 법을 해석함에 있어서는 제정 당시의 성문법의 문언에만 매달려서는 아니 된다. 성문의 법규범은 문자로 표현된 것이어서 법을 해석함에 있어서는 입법자의 의사, 법규범의 문법적인 의미관계, 그리고 형식론적 조작을 통한 논리적 해석 등의 단계를 거쳐야 한다.

법 해석은 단순히 언어학적 해석에 그칠 것이 아니라, 법의 해석은 객관적·논리적인 조작이어야 하며, 주관적이거나 감정적이어서는 아니 된다. 그러므로 입법자의 의사나 법규범의 문리적 의미에만 한정할 것이 아니라 법규범에 내재해 있는 법의 이념과 목적, 그리고 사회적인 가치합리성에 기초한 입법의 정신 등을 객관화해야 하며, 단순한 형식논리적 방법을 넘어서 목적론적이라야 한다. 또한, 법은 현실의 다양한 사회현상을 개념화한 것이므로 법해석은 시대의 흐름에 따라 전개되는 법사상 등의 인접학문과 밀접한 관계에 입각하여 행해져야 한다. 그리고 사회현상은 부단히 변동하는 것이므로 하며, 변동하는 사회현상에 구체적으로 적용할 수 있도록 하여야 한다. 법의 해석은 법의 적용과 밀접한 관련이 있다.

요약건대, 법해석은 법규 자체의 의미를 추구하는 것이지만 단순히 법문에 대한 해석에 그치는 것이 아니라, 실정법체계를 흐르는 법의 이념에 따라 법의 일반적 합리성과 구체적 타당성을 찾는 데에 법 해석의 필요성이 있는 것이다.

Ⅱ. 법 해석의 기준

법을 주관적 자의적으로 해석할 경우에는 국민의 권리·의무에 지대한 영향을 미치게 되며, 법 생활의 안정을 도모할 수 없다. 따라서 법의 해석에 있어서는 이를 방지하여 합리적 해석이 되도록 하기 위한 기준이 필요하게 된다. 이러한 기준은 구체적 타당성을 확보하게 하는 동시에, 법적 안정성을 달성할 수 있게 하는 것이다.

1. 구체적 타당성의 확보

법의 타당성이라 함은 규범이 사실상의 실효성 유무에 불구하고 준수하여야 한다는 가치적인 당위를 요구하는 가능성을 말하는 것이나, 이에 대하여 구체적 타당성이라 함은 가치적 타당성에 머무르지 아니하고 법해석이나 그 적용의 판단이 현실사회 속에서 생긴 개개의 사건에 관하여 목적적으로 정당할 것을 요구하는 것을 의미한다. 따라서 구체적 타당성은 살아있는 법에 적합한 목적론적인 해석 판단의 요청인 것이다.

다만, 구체적 타당성은 법적 안정성과 상충되는 경우가 많다. 그러므로 법적 안정성을 손상시키지 아니하는 한 현실의 사건을 사회의 실정에 비추어 구체적 타당성을 갖도록 해석하여야 한다.

2. 법적 안정성의 고려

법적 안정성이라 함은 사회에서 행하여지고 있는 법질서가 동요하지 않고 어떠한 행위가 정당하며, 어떠한 권리가 보호되고, 어떠한 책임이 추궁되는가가 일반적으로 분명히 명시되어 있고, 이에 따라 사람들이 법의 권위를 믿고 마음 놓고 행동할 수 있는 상태를 지칭한다.

법적 안정성이 확보되기 위해서는 법의 의미가 성문법규에 의하여 명확하게 규정되어 있어야 하는 동시에, 제정된 성문법을 정확한 논리의 방향에 따라 해석하는 것이 필요하다. 그러나 법적 안정성의 요구는 성문법의 발달을 촉진하는 한편, 다른 한편으로는 법해석의 경직성을 초래하여 실생활로부터의 법의 유리를 초래하기도 한다.

3. 법적 안정성과 구체적 타당성의 조화

위에서 살펴본 바와 같이 구체적 타당성은 법적 안정성을 해칠 우려가 있는 동시에, 법적 안정성의 지나친 요구는 부단하게 변화하는 사회생활의 실정에 대응할 수 없어 경직되는 등의 폐단을 낳게 된다.

따라서 양자 간의 적정한 조화가 불가결하다. 법이 사회실정에 순응하고 정의의 요구에 따라 변화할 수 있도록 탄력성을 부여하는 것이 필요하다고 할 것이다. 이렇게 하는 것이 법적 안정성을 확보하는 데에도 도움이 되는 것이기 때문이다.

Ⅲ. 법 해석의 방법

1. 종래의 분류의 기준 및 그 문제점

법해석의 방법을 대별하여 유권해석과 무권해석으로 나누는 것이 일반적인 방법이다. 이러한 분류방법은 법의 해석에 있어 국가권력에 의한 것인가의 여부를 기준으로 하는 것임은 두말할 나위가 없으며, 일면 그 타당성이 있음도 부인할 수 없다.

그러나 유권해석도 입법해석을 제외할 경우, 즉 법의 집행을 위하여 이루어지는 행정해석이나 법률관계에 관한 시비곡직을 가리기 위하여 판결의 형식으로 행하여지는 사법해석에 있어서는 학리해석이 적용됨 역시 물론이다. 이러한 점을 감안할 때, 이를 학리해석을 무권해석이라고 할 수만은 없다.

2. 유권해석과 무권해석

법 해석의 주체 및 법 해석의 공권적 효력, 즉 기속력의 유무에 따라 유권해석과 무권해석으로 구분된다.

1) 유권해석

유권해석은 국가의 권한 있는 기관에 의한 법 해석을 말한다. 이를 공권해석 또는 공권적 해석이라고도 한다. 이에는 입법해석과 사법해석 및 행정해석이 있다.

(1) 입법해석

입법해석은 입법권자가 법문 그 자체에 법조문의 의미를 해석하는 규정을 두어 특정한 법규범의 내용이나 문구의 의미를 밝히는 것을 말한다. 이를 법규해석이라고도 한다.

입법해석은 엄밀한 의미에서는 법 해석이 아니라 그 자체가 입법이다. 법규범의 내용이나 문구의 의미를 명확하게 입법한 것이기 때문이다. 그러므로 입법해석은 유권해석 가운데에서 사법해석이나 행정해석에 비해 비교적 우위에 서며 사법해석이나 행정해석의 기준이 된다. 법치주의의 원리에 따라 사법과 행정은 입법에 구속되기 때문이다. 그리고 입법해석·행정해석·사법해석 등의 공권해석은 물론 무권해석에 우선하는 효력을 가진다. 또한 법령 상호 간의 효력에 의하여 그 우선순위가 정하여진다.

입법해석의 형태로는 첫째, 동일법령 중에 해석조항을 두는 경우가 있다. 민법 제98조에서 "본법에서 물건(物件)이라 함은 유체물(有體物) 및 전기(電氣) 기타 관리할 수 있는 자연력(自然力)을 말한다"고 규정하고 있는 것이 그 예이다. 또 대부분의 행정법령에서는 당해 법령이 사용하는 용어의 정의를 별도로 규정하고 있기도 하다. 도로교통법 제2조에서는 "자동차전용도로란 자동차만 다닐 수 있도록 설치된 도로를 말한다"고 규정하고 있다.

둘째, 당해 법령 내에 특정한 해석조항을 부속법령에 두는 경우도 있다. 예컨대, 수표법은 부칙 제66조에서 "본법에서 휴일이라 함은 국경일·공휴일·일요일 기타 일반휴일을 이른다"고 규정하고 있다.

셋째, 다수의 법령에서 사용하는 용어에 대한 통일적인 해석을 위해 별도의 해석법령을 두는 경우도 있다. 영국 등의 경우가 이에 속한다.

넷째, 법문 가운데 실례를 열거하거나 예시하여 해석의 편의를 제공하는 경우도 있다. 이를 열거규정 또는 예시규정이라 한다. 열거규정은 열거된 것에 한하여 해석 적용하게 된다. 헌법 제37조 제2항은 "국민의 모든 자유와 권리는 국가안전보장·질서유지 또는 공공복리를 위하여 필요한 경우에 한하여 법률로써 제한할 수 있으며, 제한하는 경우에도 자유와 권리의 본질적인 내용을 침해할 수 없다"고 규정하고 있다. 이 경우 국민의 자유와 권리는 국가안전보장·질서유지 또는 공공복리를 위해서만 제한할 수 있을 뿐이며 그 외의 목적을 위해서는 제한할 수 없다고 해석하여야 하는 것이다. 이와는 달리, 예시규정의 경우에는 규정된 것 이외에 성격상 허용되면 적용될 수 있도록 하는 것이다. 예컨대, 「집회 및 시위에 관한 법률」 제2조에서 "질서유지선이란 관할 경찰서장이나 지방경찰청장이 적법한 집회 및 시위를 보호하고 질서유지나 원활한 교통 소통을 위하여 집회 또는 시위의 장소나 행진 구간을 일정하게 구획하여 설정한 띠, 방책, 차선 등의 경계표지를 말한다"고 규정하고 있다. 따라서 띠, 방책, 차선 외의 경계표지도 관할 경찰서장 등이 적법한 집회 및 시위를 보호하고 질서유지나 원활한 교통 소통을 위하여 집회 또는 시위의 장소나 행진 구간을 일정하게 구획하여 설정하였다면 이를 질서유지선이라고 해석할 수 있게 된다.

주의하여야 할 것은 해석규정 역시 법이므로 그 자체가 법해석의 대상이 된다는 점이다. 위에서 본 질서유지선의 예시인 띠, 방책, 차선 역시 어느 것이 이에 해당되는 것인지 해석하여야 하며, 기본권제한의 목적인 국가안전보장·질서유지 또는 공공복리 역시 해석하여야 할 개념이기 때문이다.

(2) 사법해석

사법해석은 사법부 즉, 법원 특히 대법원에 의해 행하여지는 해석으로 판결로써 행해지므로 재판해석이라고도 한다. 구체적 쟁송의 해결을 목적으로 추상적인 법규범의 객관적 의미를 파악하는데 중점을 두므로, 구체적이고 특정한 법적 분쟁에 대한 해석이라 할 수 있다.

판례법의 법원성을 인정하는 영미법계 국가와는 달리, 대륙법계에 속한 우리나라의 경우에는 법원에 의한 해석 즉 사법해석인 판례의 법원성을 인정하지 아니하므로 법적 구속력은 없다. 다만, 판례가 사실상의 구속력을 가지므로 사법해석도 일정한 범위 안에서 하급법원 및 행정권 그리고 일반국민의 법률관계를 사실적으로 구속하는 효력이 있다.

한편, 헌법재판소법 제47조 제1항에서는 "법률의 위헌결정은 법원 기타 국가기관 및 지방자치단체를 기속한다"고 규정하고 있으며, 동조 제2항에서는 "위헌으로 결정된 법률 또는 법률의 조항은 그 결정이 있는 날로부터 효력을 상실한다"고 규정하고 있다. 동조 제3항에서는 "제2항에도 불구하고 형벌에 관한 법률 또는 법률의 조항은 소급하여 그 효력을 상실한다. 다만, 해당 법률 또는 법률의 조항에 대하여 종전에 합헌으로 결정한 사건이 있는 경우에는 그 결정이 있는 날의 다음 날로 소급하여 효력을 상실한다"고 규정하고 있다. 따라서 헌법재판소의 사법해석이 최종적 구속력을 가진다.

(3) 행정해석

행정해석이란 행정기관에 의하여 이루어지는 유권해석을 말한다.

행정해석은 하급관청의 질의 또는 행정의 통일성을 기하기 위한 상급행정청의 직권에 의하여 발령되는 경우도 있다. 이는 일반적으로 행정규칙의 일종을 이루며 이와 관계되는 행정영역은 광의의 행정입법 또는 행정지도의 영역이라 할 수 있다. 따라서 이에 해당하는 형식으로는 질의회신, 훈령, 예규, 일일명령, 지시, 지침 등이 있다. 행정해석이 행정규칙으로 행하여지는 경우에는 일반적으로는 법적 구속력이 없는 것으로 되어 있다. 이러한 점은 비권력적 사실행위인 행정지도에 있어서도 마찬가지이다. 다만, 행정규칙은 행정기관 내부의 법으로서 수명기관에 대하여는 사실상의 구속력이 있는 것으로 본다. 또한 행정청의 처분 등은 행정쟁송의 대상이 되는 것이므로 사법해석에 의하여 취소·변경될 수 있다. 따라서 사법해석이 행정해석보다 강한 기속력을 가진다.

또 구체적으로 처분 등을 함에 있어 개개의 행정청이 근거법령을 해석하는 것도 행정해석의 일종이다.

(4) 유권해석 상호간의 관계

유권해석에 속하는 입법해석, 사법해석 및 행정해석의 상호간에는 일정한 효력의 우월관계가 있다.

일반적으로 유권해석 가운데 입법해석은 다른 유권해석 보다 우위에 있다. 왜냐하면 입법해석은 법의 해석에 있어서의 한 유형이라고는 하나, 그 형식 자체가 당연히 법이므로 행정과 사법은 법에 구속되는 것이 법치주의의 당연한 귀결이기 때문이다. 다만, 헌법재판소는 위헌법률심판에 의하여 법률의 위헌 여부를 판단할 수 있으므로 헌법재판소의 사법해석보다는 하위에 있다.

한편, 사법해석과 행정해석의 우월의 경우를 살펴보면, 행정작용은 법의 집행을 본래의 작용으로 하는 데에 반하여, 사법작용이 본래 법적용의 긍부(肯否)나 시비곡직(是非曲直)을 가리는 국가작용임에 비추어, 법의 집행인 행정사건에 있어서의 행정해석의 긍부를 사법부가 통제할 수 있는 것이 당연하므로 사법해석이 우월한 것이라 할 수 있다.

그러나 위 3가지의 유권해석 유형 중 현실적으로 가장 빈번히 적용되는 것이 행정해석이라는 점을 감안하여 보면, 행정해석이 우리의 현실에 가장 영향을 강하게 미치는 것이라 할 수 있을 것이다.

2) 무권해석

무권해석이란 공권력의 주체가 아닌 학자나 전문가 또는 이해관계인 등 일반인이 주체가 되어 하는 법해석을 총체적으로 일컫는다.

공권이 부여되어 있지 아니하므로 무권해석은 학리해석의 방법에 의존할 수밖에 없다. 무권해석에 있어서는 공권해석과는 달리 법의 해석에 대하여 공적인 효력이나 사실상의 통용력 인정되지 아니하다는 점에서 유권해석과 구분된다. 다만, 학설이나 전문가의 의견 등은 입법해석이나 사법해석 또는 행정해석의 기초로 활용되기도 한다.

3. 학리해석

1) 의의

위에서 본 유권해석 또는 무권해석의 구분과는 달리, 학리해석은 학문적인 이치에 따라 해석하는 방법을 일컫는다. 학리해석은 주로 학자에 의하여 이루어진다는 점에서 학설상의 해석이라고도 표현한다. 그러나 반드시 학자 등에 의한 무권해석에 있어서만이 학리해석이 이루어지는 것은 아니라는 점에 유의할 필요가 있다.

학리해석은 입법권자에 의하여 법문의 형식으로 규정되는 입법해석을 제외하고는 유권해석이든 무권해석이든 불문하고 학리해석의 방식을 취하게 된다. 따라서 무권해석과 학리해석은 동의어가 아니며, 동일한 기준에 의하여 구분하는 것도 아니다.

학리해석은 법조의 문장표현 또는 논리적인 방법에 의하여 법규가 의미하는 내용을 확정하고자 하는 해석방법으로서, 문장의 표현 또는 사용언어를 중심으로 하여 해석하는 방법인 문리해석과, 논리를 중심으로 하여 해석하고자 하는 논리해석으로 구분된다.

2) 문리해석

문리해석(文理解釋 : grammatical interpretation)은 법문의 형성에 사용된 용어나 문장의 표현 등을 중심으로 그 의미를 해석하는 언어학적 해석방법이다. 문언해석이라고도 한다.

문리해석은 성문법국가에 있어서 특히 중요한 의미를 지니며, 법의 학리해석에 있어 일반적이고도 일차적인 해석방법이 되는 것이라 할 수 있다.

문리해석을 하는 경우에는 ① 당해 법령에서 사용하고 있는 동일한 문자와 문장은 특별한 이유가 없는 한 동일한 의미로 해석하여야 하며, ② 문자와 문장은 그 전문과의 관련성을 가지고 해석하여야 하고, ③ 법문의 자구는 사회일반의 통념에 의하여 해석함을 원칙으로 하되, 예외적으로 전문적인 특수용어로 사용되는 경우(선의 · 악의[2] 등)에는 그 특수한 의미로 해석해야 한다.

그런데 법령에서 사용되는 문자와 문장을 당해 법령의 제정 당시의 의미로 해석하여야 한다는 연혁적 해석설과, 해석 당시의 의미로 해석하여야 한다는 진화적 해석설이 대립된다. 생각건대, 연혁적 해석설에 의할 경우 법적 안정성을 확보할 수는 있으나, 사회의 변동에 따른 구체적 타당성을 확보하기 어렵게 될 우려가 있다. 따라서 원칙적으로는 진화적 해석설이 타당하다고 보는 견해가 유력하다. 지나치게 문리에 구속되는 경우에는 법규의 진의를 파악할 수 없게 되어, 이러한 점에서 학리해석 이외에 논리해석이 필요하게 된다.

3) 논리해석

(1) 의의

논리해석(論理解釋 : logical interpretation)이란 학리해석의 한 방법으로서 법을 논리적 방법에 의하여 그 의미내용을

2) 선의(善意)란 사전적으로는 '착한 마음' 또는 '좋은 뜻'이란 의미를 지니고 있으며, 악의(惡意)는 '나쁜 마음' 또는 '좋지 않은 뜻'이라는 의미를 지니고 있다. 그러나, 법학에서 선의라 함은 일정한 사실을 알지 못하는 심리상태를 말하며, 악의(惡意)란 일정한 사실을 알고 있는 심리상태를 말하는 것이다.

확정하고 해석하는 방법이다. 즉, 법문의 문구·문장의 문법적 의미에 얽매이지 않고, 법전 전체에 대한 유기적·논리적 연관성에 입각하여 입법취지 또는 배경, 법이 달성하고자 하는 목적, 입법당시의 사회사정 현재의 사회생활의 실태, 법적용의 결과와 합리성 등을 종합적으로 고려하여 법문이 가지는 통일적인 의미를 논리적 방법에 의하여 확정하는 해석방법인 것이다.

이러한 논리해석 가운데에는 문리해석이 포함되는 것은 물론이다. 하지만 논리해석은 문리해석의 단점을 보완하는 기능을 가진다. 그러므로 논리해석은 문리해석을 기초로 하면서도 나아가 그것을 넘어서 이루어지는 것이다. 논리해석은 다시 확장해석·축소해석·반대해석·물론해석·변경해석·유추해석 등으로 나눌 수 있다.

(2) 확장해석

확장해석은 문리해석의 결과가 너무 좁아 진의를 충분히 표현하고 있지 못하다고 생각되는 경우에 법문의 자구를 보통의 의미보다는 넓게 해석하여 법규 속에 잠재하고 있는 진의를 탐구하여 내리는 해석방법이다.

형법 제250조 제1항의 살인죄와 관련하여, '사람을 살해'하는 것은 작위에 의한 살인뿐만 아니라 미필적 고의에 의한 부작위에 의한 살인도 포함한다고 해석하거나, 형법 제257조의 상해죄는 사람의 신체를 상해하는 자를 처벌대상으로 하고 있는 바, 여기에서 상해에는 생리적인 장애 외에도, 외관상 사회생활에서의 막대한 지장을 초래하는 여성의 두발절단도 포함되는 것으로 확대하여 해석하는 것이 그 예이다.

(3) 축소해석

축소해석(縮小解釋)은, 확대해석과는 반대로, 법문의 자구를 보통의 의미보다는 좁게 해석하여 법의 타당성을 확보하려는 해석방법이다. 이를 제한해석이라고도 한다.

예를 들면, 형법 제257조의 상해죄의 객체인 '사람'은 범인 이외의 자연인만을 의미하는 것으로 좁게 해석된다. 따라서 법인과 범인 자신은 이에 포함되지 않는다. 자기의 신체를 해하는 자상행위(自傷行爲)는 특별법으로 처벌하는 경우(병역법 86) 외에는 범죄가 되지 아니한다.

형법 제329조의 절도죄의 객체인 재물에는 부동산이 포함되지 아니한다고 해석하는 경우와 같다. 또 형법 제250조에서 '사람을 살해한 자'라 규정한 경우의 '사람'에는 법인(法人)은 물론 자연인이라도 자기는 포함하지 않는다고 해석하는 것도 축소해석에 해당한다.

(4) 반대해석

반대해석은 법령과 반대되는 내용을 규율한 규정이 없는 경우 그 반대에 대하여는 법령의 내용을 반대로 하여 해석하는 방법이다.

예컨대, 민법 제303조에서 "전세권자는 전세금을 지급하고 타인의 부동산을 점유하여 그 부동산의 용도에 좇아 사용·수익할 권리가 있다"고 규정하고 있는데, 여기에서는 전세권의 목적물을 부동산에 한한다고 규정하고 있으므로 그 반대로 동산은 전세권의 목적물로 할 수 없다고 해석하는 것이다. 민법 제800조는 "성년에 달한 자는 자유로 약혼할 수 있다"고 규정하여 약혼의 자유를 선언하고 있다. 이를 반대해석하면 성년에 달하지 아니한 자, 즉 미성년자는 자유로 약혼할 수 없다고 해석하게 된다.

그러나 반대해석도 논리법칙만으로는 해결될 수 없는 것이며 다른 해석방법들과 마찬가지로 법의 목적을 고려하여 합리적 판단을 도출하는 것이 필요하다. 예를 들면, 우마차의 통행을 금지한다는 것은 경우에 따라서는 우마차 이외의 교통수단의 통행은 허용되는 것으로 반대해석될 수 있으나, 또한 경우에 따라서는 우마차 이외의 교통수단, 예컨대 경운기, 트랙터, 우마차, 손수레 등도 당연히 통행이 금지되는 것으로 물론해석될 수 있다. 어떻게 해석하는 것이 타당한가 하는 것은 구체적으로 그 법을 제정한 목적 등에 비추어 타당성 있게 판단되어야 하는 것이다.

(5) 물론해석

물론해석(勿論解釋)이란 법문에 일정한 사항이 규정되어 있는 경우, 법문으로써 명기되어 있지 않은 사항이라 할지라도 사물의 성질 또는 입법정신으로부터 추론하여 이것은 당연히 그 규정에 포함된 것이라고 해석하는 것으로서 유추해석(類推解釋)이나 확장해석(擴張解釋)이 자명한 것으로 인정되는 경우를 말한다. 당연해석이라고도 한다.

예를 들면 근대 민법의 일반원칙인 과실책임주의(過失責任主義)라 할 때에는 과실보다 더 중한 고의는 물론 책임을 지는 사유에 포함되는 것으로 해석[3]하는 경우가 이에 해당한다. 여

3) 형법에서는 원칙적으로 고의의 경우만을 처벌하고 과실의 경우에는 처벌하지 않기 때문에(형법 14), 고의와 과실과의 구별이 중요하다. 그

기에서 과실(過失)이란 일정한 결과의 발생을 예견할 수 있었음에도 불구하고, 부주의로 그것을 인식하지 못한 심리상태를 의미하며, 고의(故意)란 자기의 행위가 일정한 결과를 발생시킬 것을 인식하고 또 이 결과의 발생을 인용하는 것을 말한다.

수리 중인 교량에서의 차량통행금지는 차량과 유사한 하중을 갖는 우마차의 통행금지 또는 물건의 적치금지 등을 포함하는 것으로 해석하는 것도 마찬가지이다.

(6) 보정해석

보정해석(補正解析)은 학리상의 용어와 법문상의 용어의 용례가 다른 경우 또는 법문상의 용어가 부적당한 표현을 사용하고 있는 경우, 법문의 문구를 문리해석하면 그 결과가 명백히 법의 진의에 배치되는 경우에는 그 자구를 보정 또는 변경하여 법의 진의에 합치하도록 학리상의 용어례 또는 적당한 표현으로 바꾸어 해석하는 방법이다. 변경해석 또는 보충해석이라고도 한다.

예컨대, 민법 제7조에서는 "법정대리인은 미성년자가 아직 법률행위를 하기 전에는 전2조의 동의와 허락을 취소할 수 있다"고 규정하고 있는데, 여기에서의 '취소'를 기왕에 소급하여 법률행위의 효력을 상실하게 하는 것으로 해석하는 것이 아니라, 장래에 향하여 법률행위의 효력이 발생하지 못하게 할 뿐이고 소급효는 없는 '철회(撤回)'로 변경하여 해석하는 것이 그 예이다. 실정법상의 의사면허나 자동차운전면허에서의 면허를

러나 사법상 고의는 책임을 발생시키는 조건으로서 과실과 동일하게 취급받는 일이 많고(민법 390 · 750), 법문상에도 과실이란 말이 고의를 포함하는 때가 많다.

허가로, 발명특허를 확인으로, 재단법인의 정관변경허가에서의 허가를 인가로, 허가의 취소를 허가의 철회로 변경하여 해석하는 것도 마찬가지이다.

(7) 연혁해석

연혁해석이란 법의 성립과정에 있어서 표시된 여러 가지의 입법자료를 참고자료로 하여 해석하는 방법이다. 입법참고자료로는 입법이유서, 이해관계인 또는 관계행정청의 의견서, 법제처의 심의서 및 국회심의록 등이 있다. 외국법을 계수한 경우에는 모법의 입법참고자료나 해석에 관한 자료도 참고자료가 된다.

(8) 목적해석

목적해석이란 입법목적을 고려하여 법조문이 의미하는 내용을 합리적으로 파악하고자 하는 해석을 말한다. 목적론적 해석이라고도 한다. 예링(R. v. Jhering)은 법은 목적의 소산이라 하였다. 목적개념을 법학 및 법해석의 지도이념으로 하는 입장을 목적법학이라 한다.

목적해석을 하는 경우 개별법규의 목적은 물론 법 전체의 목적을 고려하여야 하며, 입법당시의 목적은 물론, 법을 해석·적용하는 당시의 목적도 고려하여야 한다.

목적해석은 문리해석이나 논리해석, 즉 학리해석만으로는 그 진의를 명백하게 파악하기 어려운 경우에 합리적인 해석을 도출할 수는 있으나, 진의와 동떨어진 해석을 할 위험도 있다.

(9) 비교해석

비교해석이란 외국법이나 구법 등과 비교·대조하여 그 의미와 내용을 명확하게 하는 해석방법이다. 특히 외국법을 계수한 경우에는 그 모법과의 비교해석이 중요성을 갖는다.

(10) 유추해석

(a) 의의

유추해석이란 법령이 명시적으로 규정하고 있지 아니한 사항에 대하여 이와 성질이 유사한 다른 사항에 관한 법령의 규정이 존재하고 있는 경우, 당해 명시적 규정을 적용하는 유사한 다른 사항에 대하여 적용이 있는 것으로 해석하는 방법을 말한다.

이와 같은 유추적용은 유사한 사항인 경우에 한정되며, 동일한 성질 간에만 타당한 것으로 보아야 한다. 다만, 법의 일반원리인 경우에 있어서는 권리남용의 금지나 신의성실의 원칙 등의 민법 규정도 공법관계에서도 그 적용이 있는 것으로 보는 것이 일반적이다.

예컨대, 민법 제326조는 '유치권의 행사는 채권의 소멸시효의 진행에 영향을 미치지 아니한다'고 규정하여 유치권[4]의 행사와 소멸시효와의 관계에 관하여 명시적인 규정을 두고 있다. 이에 반하여, 질권[5]의 행사와 소멸시효와의 관계에 관하여는

---

4) 유치권(留置權 ; lien)이란 타인의 물건이나 유가증권을 점유한 자가 그 물건이나 유가증권에 관하여 생긴 채권이 변제기에 있는 경우에 그 채권을 변제받을 때까지 그 물건이나 유가증권을 유치할 수 있는 권리이다. 예컨대 시계수리업자가 수리대금을 받을 때까지 시계를 유치하는 것 등에서 볼 수 있다.

5) 질권(質權 ; pledge)이란 채권자가 채권의 담보로서 채무자 또는 제3자(물상보증인)로부터 받은 담보물권(민법 329~355조)이다. 예컨대 자신이나 제3자의 시계를 채권의 담보로 잡히고 돈을 융통해서 쓴 경우 채권자는 빌려준 돈을 받을 때까지 시계를 점유하고 있다가(유치적 효력) 채무자가 변제를 하지 않을 때는 그 물건을 환가하여 변제(환가적 효력)를 받을 수 있는 담보물권이다.

아무런 규정을 두고 있지 아니하다. 이 경우 소멸시효와의 관계에 있어 질권을 유치권과 별도로 취급하여야 할 여하한 이유가 없으므로 질권의 경우에도 유치권의 행사와 소멸시효와의 관계에 관한 규정을 적용하는 것이 이에 해당한다.

유추해석은 법의 적용을 탄력적으로 하여 입법의 불비(不備)를 보충하고, 법을 시대의 발전에 즉응시키는 장점이 있다. 그러나 유사한가의 여부에 대한 판단이 자의(恣意)에 의하여 이루어지는 경우에는 법적 안정성을 해할 염려가 있다. 특히 형법의 유추해석을 인정하여 형벌권을 확대하는 것은 죄형법정주의(罪刑法定主義)에 반하기 때문에, 근대형법은 유추해석을 금지하고 있다.

(b) **확장해석과의 구분**

확장해석은 명문규정에 있는 언어의 의미를 논리적으로 생각해서 언어적 표현 자체의 의미보다 좀더 '넓게' 해석하여 법의 진의를 파악하려는 해석방법이다. 이에 비하여 유추해석은 입법자가 입법당시에 예견하지 아니하여 명문규정에 '없는 사항'에 대하여 이것이 명문규정에 '있는 사항'과 유사함을 이유로 기존의 명문규정에 있는 사항을 근거로 하여 해석하는 방법이다.

(c) **반대해석과의 구분**

반대해석은 법조문의 언어적 표현과 반대의 의미로 해석하는 것으로 그 해석의 근거는 명문의 법조문이다. 이와는 달리 유추해석은 명문규정이 없는 사항에 대하여 법조문이 존재하지 아니한 경우에 유사한 사항을 규정하고 있는 명문규정에 근거하여 해석하는 것이므로 반대해석과는 구분된다.

(d) **준용과의 차이**

준용(準用)이란 입법기술상 중복규정을 피하고 법조문의 간결화를 위하여 다른 법조문에 약간의 수정을 가하여 규정하는 입법기술을 말한다. 따라서 준용은 법의 적용 또는 해석과는 다른 입법기술의 일종임에 유의할 필요가 있다. 또한 법의 적용과 준용은, 법의 적용이 다른 법에 수정을 가함이 없이 그대로 사용한다는 점에서, 수정을 가하여 사용하는 준용과는 다르다.

예컨대, 제주특별자치도설치및국제자유도시조성을위한특별법 제115조 제1항은 "자치경찰공무원이 자치경찰사무를 수행함에 있어서는 경찰관직무집행법 제3조부터 제7조까지, 제10조, 제10조의2부터 제10조의4까지, 제11조 및 제12조를 준용한다"고 규정하는 한편, 동제 제2항 제1호에서는 경찰관직무집행법을 준용함에 있어서 '경찰관'은 '자치경찰공무원'으로 본다고 규정하고 있다.

준용은 입법기술상의 편의성 및 법조문의 간결화라는 장점은 있으나, 준용규정을 일일이 찾아보아야 한다는 점에서 사용상의 번잡성을 면할 수 없다는 단점이 있음에 유의하여야 한다.

(e) **침해법규와 유추해석의 금지**

형법이나 세법과 같이 국민의 권익에 대한 침해가능성이 높은 침해법규에 있어서는 원칙적으로 유추해석금지의 원칙이 적용되나, 다만 국민의 권익에 이로운 경우에는 유추해석이 허용된다고 할 것이다.

형법에서는 죄형법정주의의 내용상 유추해석금지의 원칙이 적용된다. 유추해석은 법해석이 아니라 법률의 규정이 없는 사항에 대하여 법관이 법률의 규정이 있는 것처럼 취급하는 것이므로 법관에 의한 법창조에 해당한다. 따라서 권력분립의 원칙에 반하며, 법치주의와 죄형법정주의에 반한다.

유추해석금지의 원칙도 불리한 유추해석만이 금지되는 것이며 유리한 유추해석은 허용된다고 본다. 따라서 피고인에게 유리한 위법성조각사유, 책임조각사유, 소추조건, 처벌조각사유의 범위를 제한적으로 유추적용하는 것은 가벌성의 범위가 확대되어 행위자에게 불리하게 되므로 유추해석금지의 원칙에 위반된다.

제 2 절 법의 적용

Ⅰ. 개설

1. 의의 및 단계

1) 의의

법의 적용(application of law)이란 개별적 구체적인 법적 생활관계를 해석하여 확정된 법규에 의하여 시비곡직의 가치판단을 하는 작용을 말한다. 즉 추상적인 법규범의 의미내용을 실제의 사회생활관계의 사실에 구체적으로 실현하는 작용을 의미한다.

법규범은 그 성질상 일반적 추상적으로 정립되어 있다. 따라서 개별적 구체적 사건에 대하여 법규범의 내용을 실현시키기 위해서는 법의 적용이라는 과정이 필수적으로 요구된다.

법의 적용은 법을 집행하는 행정기관과 사법기관에서 나타난다. 그런데 행정기관이 법을 적용하여 처분 등을 하는 경우에도 처분 등의 상대방이 이에 불복하는 경우에는 사법기관의 법 적용에 의하여 처분 등이 취소 또는 무효가 되기도 한다. 따라서 법 적용의 전형적인 형태는 사법기관에 의한 재판과정에서 나타나게 된다.

2) 법 적용의 단계

법 적용의 단계를 살펴보면, 우선 법이 적용될 구체적 사건의 내용을 확정하여야 한다. 이를 사실문제(question of fact)의 확정이라고 한다.

이어서 확정된 사실에 적용될 법조문을 찾아 당해 사건에 관한 법규범의 의미내용을 확정하여야 한다. 이를 법률문제의 확정 또는 법규범의 발견이라고 한다.

마지막으로 그 구체적 사실에 대하여 합리적으로 판단하여 법을 적용하는 것이다. 이를 법의 적용이라 한다.

예컨대 경찰관이 경찰관직무집행법 소정의 불심검문을 위해 임의동행한 상대방을 12시간을 초과하여 경찰관서에 머무르게 한 사실이 발견되었다. 이 경우 누가 언제 어디에서 누구를 대상으로 하여 이러한 행위를 하였는지를 확정하여야 한다. 이를 사실의 확정이라 한다. 나아가 이 사건에 적용될 법조를 확정하여야 한다. 이를 법률문제의 확정이라 한다. 불심검문의 근거조항인 경찰관직무집행법 제3조의 "동행을 한 경우 경찰관은 당해인을 6시간을 초과하여 경찰관서에 머물게 할 수 없다"는 규정 및 동법 제1조제2항의 "이 법에 규정된 경찰관의 직권은 그 직무수행에 필요한 최소한도 내에서 행사되어야 하며 이를 남용하여서는 아니 된다"는 비례의 원칙과 권한남용금지의 원칙에 관한 규정 그리고 동법 제12조의 "이 법에 규정된 경찰관의 의무에 위반하거나 직권을 남용하여 다른 사람에게 해를 끼친 자는 1년 이하의 징역이나 금고에 처한다"는 벌칙규정의 발견이 그것이다.

마지막으로 당해 경찰관에 대하여 법원은 법정형인 1년 이하의 징역형이나 금고형 중 합리적인 판결을 하여야 하는 것이다.

이와 같이 법의 적용은 추상적 일반적인 법조문을 대전제로 하고, 구체적 개별적 사실을 소전제로 하여 이것으로부터 판결이라는 결론을 이끌어내게 되는 것이다.

Ⅱ. 사실의 확정 및 법의 적용

1. 사실의 확정

법을 적용하려면 먼저 소전제가 되는 구체적 개별적 사실을 확정하여야 한다. 사실관계를 정확하게 확정하지 못한다면 거기에 대하여 어떠한 법조를 적용할 수 없게 되기 때문이다.

따라서 사실의 확정은 법 적용에 있어서 매우 중요한 과정이다.

사실의 확정은 사회에서 실제로 발생한 사실 모두를 그대로 자연적으로 인식하는 것이 아니라, 법적으로 가치 있는 사실만을 선택하여 확정하는 법적 인식작용이다. 사실의 확정방법에는 사실의 입증과 추정 및 의제(간주)가 있다.

1) 사실의 입증

(1) 증거의 의의 및 입증책임

사실의 확정은 사실문제로서 증거(證據) ; Beweis, evidence)에 의하여 이루어져야 한다. 여기에서 증거라 함은 재판에 있어서 사실관계를 확정하기 위하여 사용되는 자료를 의미한다.

증거는 법관의 사실인정(fact finding)의 객관성을 담보해 준다. 증거는 증거능력(證據能力)과 증명력(證明力)이 있어야 한다. 형사소송법 제307조에서는 "사실의 인정은 증거에 의하여야 한다"라고 하여 증거재판주의(證據裁判主義)를 채택하고 있다. 즉, 법원은 피고인에게 유죄를 인정할 때는 적법한 증거조사에 따라 확보된 증거능력이 있는 증거에 의한다는 엄격한 증명주의를 말한다.

여기서 증거능력(證據能力)이란 증거가 엄격한 증명의 자료로써 사용되기 위하여 필요한 법률상의 자격을 말한다. 증거능력이 없는 증거는 사실인정의 자료로써 채용될 수 없을 뿐만 아니라 공판정에서 증거로 제출하는 것도 허용되지 않는다. 증거의 증거능력의 유무는 법률상 일정하게 규정되어 있으며, 원칙적으로 법관의 자유로운 판단을 허용하지 않는다.

형사소송에 있어 증거능력은 증명력과는 구별된다. 증거의 증명력(證明力)은 어떤 사실을 입증할 수 있는 증거의 실질적 가치로서 법관의 자유로운 판단, 즉 자유심증주의(自由心證主義)에 맡기고 있다. 그러나 아무리 증명력이 있는 증거라도, 예를 들면 강제에 의하여 얻어진 임의성이 없는 자백은 진실과 합치된다 하더라도 법률에 의하여 증거능력이 없는 것은 사실

인정의 자료로 할 수 없다. 임의성이 없는 자백이나 반대신문권을 행사할 수 없는 전문증거(傳聞證據, 피해자의 법정 진술이 아닌 진술조서나 다른 사람의 증언)도 원칙적으로 증거능력이 없다. 또 당해사건에 관하여 작성된 의사표시문서, 예를 들면 공소장 등도 증거능력이 없다.

(2) 입증책임

증거를 들어 사실관계의 유무를 주장하는 것을 입증(立證) 또는 거증(擧證)이라 하며, 입증책임(立證責任, burden of proof)이란 재판 또는 소송 과정에서 자신의 주장이 사실임을 증명해야 할 책임을 말한다. 거증책임(擧證責任) 또는 증명책임(證明責任)이라고도 한다.

거증책임 또는 입증책임은 당해 사실의 존재를 주장하는 자가 부담하는 것이 원칙이다. 입증책임이 있는 자가 이를 증명하지 못할 경우 법률적 판단에서 불이익, 즉 패소의 위험을 갖는 것을 의미한다.

(3) 실정법의 증거에 관한 규정

실정법상의 증거에 관한 규정은 민사소송법과 형사소송법의 소정의 규정을 들 수 있다.

민사소송법 제202조는 자유심증주의를 규정하고 있다. 이는 법원이 변론의 전 취지와 증거조사의 결과를 참작하여 자유심증으로 사회정의와 형평의 이념에 입각하여 논리와 경험의 법칙에 따라 사실주장의 당위 여부를 판단하는 것을 말한다.

이와는 달리 형사소송법은 제307조에서 증거재판주의를 규정하여, "사실의 인정은 증거에 의하여야 한다"고 규정하는 한편,

제308조에서는 자유심증주의를 규정하여, 증거의 증명력은 법관의 자유판단에 의하도록 규정하고 있다.

2. 추정과 의제

그러나 사실의 입증이 곤란하거나 불가능할 때 또는 사회정책상의 필요에 의하여 편법에 의하여 사실을 확정하는 경우가 있다. 이에는 추정(推定)과 의제(擬制)가 있다.

1) 사실의 추정

사실의 추정(inference, Vermutung)이라 함은 법률관계 또는 사실이 불명확한 경우에 일반적으로 존재할 수 있다고 생각되는 상태를 표준으로 하여 판단을 내리는 것을 말하며, 반증이 있는 경우에는 번복 가능한 것으로 함으로써, 당사자 간의 분쟁을 해결하고자 하는 제도이다.

예컨대, 민법 제30조는 '동시사망의 추정'에 관한 규정을 두고 있다. 이는 2인 이상이 동일한 위난으로 사망한 경우에는 동시에 사망한 것으로 추정하도록 하는 내용이다. 2명 이상이 동일한 위난으로 사망한 경우에 누가 먼저 사망하였는가를 입증(立證)하는 것은 대단히 어렵다. 그러므로 그러한 경우에 대비하여 동시에 사망한 것으로 추정하는 동시사망추정에 관한 규정을 둠으로써 그러한 어려움을 입법적으로 해결한 것이다. 독일, 스위스 등도 이 입법례에 의한다.

2) 의제

의제(fiction, Fiktion)라 함은 성질이 다른 것을 일정한 법률적 취급에 있어 동일한 것으로 보고 동일한 효과를 부여하는 것을 말한다. 실정법상 간주는 '....으로 본다', 또는 '....으로 간주한다'라고 표현하는 것이 일반적이다.

예컨대, 민법 제20조의 "국내에 주소가 없는 자에 대하여는 국내에 있는 거소를 주소로 본다"는 규정이나, 제28조의 "실종선고를 받은 자는 전조의 기간이 만료한 때에 사망한 것으로 본다"는 실종선고의 효과에 관한 규정이 그것이다.

간주는 추정에서와는 달리, 진실의 입증으로 사실을 번복할 수 없다. 따라서 간주의 효력을 번복하기 위해서는 별도의 취소절차를 밟아야 한다. 즉 실종선고가 있은 후 그 효과를 번복하기 위해서는 실종선고취소절차를 밟아야 하는 것이다. 이와 관련하여 민법 제29조는 "실종자의 생존한 사실 또는 전조의 규정과 상이한 때에 사망한 사실의 증명이 있으면 법원은 본인, 이해관계인 또는 검사의 청구에 의하여 실종선고를 취소하여야 한다. 그러나 실종선고 후 그 취소 전에 선의로 한 행위의 효력에 영향을 미치지 아니한다"고 하여 실종선고의 취소에 관하여 규정하고 있다.

3. 법의 발견

구체적 사실이 입증되거나 추정 또는 간주되면 그 사실에 적용할 법을 발견하여야 한다.

민사관계에 관하여는 민사법의 관계 규정을, 상사관계에 관하여는 상사법의 관계규정을 찾아야 하는 것이다.

Ⅲ. 법의 해석 적용기관

1. 행정기관과 법의 집행

행정권은 법의 집행을 담당하는 국가권력이다. 따라서 그 권한을 가진 행정관청이나 행정청 또는 이들의 권한을 수임한 단체나 개인(공무수탁사인)이 법을 집행하게 된다.

엄밀한 의미에서 볼 때, 이들 행정청은 그 고유의 임무인 법의 집행을 수행하는 것이므로 법의 적용이라 하기는 곤란하다. 그러나 법을 집행하든 적용하든 간에 구체적 사실에 관하여 법을 집행하기 위해서는 법을 해석하여야만 한다.

2. 법원에 의한 법의 적용

법의 적용은 법원(재판관)의 고유한 임무이다. 법원에 의한 법의 적용은 개개인의 권리의무에 지대한 영향을 미치는 것이므로 공정한 재판이 보장되어야 한다.

실정법상 이를 보장하는 것으로는, 국민의 청구권적 기본권으로서의 재판청구권과, 사법권의 인적 물적 독립과 재판관의 신분보장에 관한 규정들이 있다.

제11장 법학의 방법

제 1 절　법학의 의의

법학(jurisprudence, Rechtswissenschaft)이란 법과 법에 관련된 법 현상을 연구의 대상으로 하여 이를 이론적으로 체계화된 지식체계인 동시에 이를 체계적으로 규명하고자 하는 모든 활동을 총칭한다.

그러므로 법학은 법을 연구의 대상으로 한다. 즉, 법을 이론적·체계적으로 고찰하는 학문으로서 실정법학이 그 중심이며 사회과학 중에서 규범과학으로서의 성질을 갖는다. 법학의 전문적 위치는 법현상 가운데서 보편적인 법의 원리를 찾아내어 법을 객관화하고 이론적으로 법을 해석한다는 데에 있다.

제2절 법학의 분류

Ⅰ. 개설

법학은 다양하게 분류하나 그 중심이 되는 것은 법철학과 법해석학이다. 법철학은 이론법학으로서 법을 순수한 원리적·가치적 측면에서 구명하는 법학이라면, 법해석학이 실천법학으로서 법의 실천적인 면에서 구명하고자 하는 법학이다. 그러나 양자 모두 이론적 측면과 실천적 측면을 지니고 있으므로 법철학과 법해석학은 법학의 2대 지주로서 상호보완관계에 있다. 또한 법학은 법기술과는 구별되는 것으로서, 법학은 법현상에 대한 체계적인 지식임에 반해 법기술은 재판기술이나 행정관의 법집행에서 보듯 법학상의 지식을 실제의 법적문제에 응용하는 실용성에 입각해 있다.

법학은 법의 근본문제를 탐구하는 법철학, 실정법의 체계적인 해석을 목적으로 하는 법해석학, 법의 역사적 변천과정을 연구하는 법사학, 법과 사회의 상호 관련성을 탐구하는 법사회학, 여러 법질서들을 상호 비교하여 연구하는 비교법학, 사회정책·형사정책 등에 따른 법의 정립을 탐구하는 법정책학, 과학적인 관찰과 실험을 통하여 수사 또는 재판에 필요한 지식이나 자료를 제공하는 기술과학으로서의 법과학 등을 포함하는 학문영역이다.

그리고 법해석학은 해석의 대상이 되는 실정법의 분야에 따라 공법학·사법학·사회법학 등으로 대별되며, 세부적으로는 헌법학·민법학·상법학·행정법학·형법학·국제법학·사회법학·소송법학·국제사법학 등으로 구분된다.

Ⅱ. 법철학

1. 의의

법철학(法哲學 ; philosophy of law)은 법 전반에 관한 철학적 연구, 즉 법의 본질이 무엇이며, 법이 기초하여야 하는 근본이념은 무엇인가 그리고 법학의 방법론을 어떻게 확립하여야 하는가에 관한 근본적 원리를 탐구하는 학문이다. 따라서 실정법에 관한 논리적 연구를 주로 하는 법해석학과 구분되며, 법에 관하여 사회학적 연구를 주로 하는 법사회학과도 구분된다.

2. 법철학의 구분

1) 법인식론

법인식론이란 무엇이 법의 정체 또는 본질인가를 탐구하고자 하는 법철학의 분야를 말한다.

자연법론자들은 자연법을 법의 본질이라 하고, 법실증주의자들은 국가에 의하여 제정된 제정법만을 법이라고 한다. 역사법학파에서는 역사적으로 성립된 민족정신을 법의 본질로 본다. 또한 사회주의 법철학에서는 하부구조인 물질적인 생산력에 의해 결정되는 상부구조[1)]가 법의 본질이라 한다.

2) 법가치론

법가치론은 법이 존재하는 목적, 즉 법의 이념이 무엇인가를 탐구하는 법철학의 분야이다.

즉, 법가치론에서는 가치론적·규범적 관점에서 법질서 존재의 정당화 근거, 법의 이념, 정당한 법질서의 형성에 대한 문제 등을 다룬다.

3) 법실천론

법실천론은 어떻게 해서 법이 효력을 발생하게 되느냐 하는 것을 탐구하는 법철학의 분야를 말한다.

4) 법학방법론

법학방법론은 법학의 연구대상을 무엇으로 보느냐에 따라 자연법을 중심으로 하는 법형이상학(法形而上學)[1]과 실정법을 중심으로 하는 법실증주의(法實證主義)의 두 가지로 구분된다. 후자는 다시 실정법의 법조문의 해석을 주로 연구하는 법해석학과, 실정법의 기반이 되어 있는 사회적 관습을 주로 연구하는 법사회학으로 구분되기도 한다.

---

1) 상부구조와 하부구조의 개념은 원래 칼 맑스(K. Marx)에 의해 사용된 후 오늘날은 사회과학 일반에서 널리 사용되는 개념이다. 맑스는 사회의 경제적 구조 즉 사회의 생산 관계의 총체를 하부구조라 불렀다. 이에 비해 상부구조는 하부구조 위에 성립하는 정치적·법률적·예술적·철학적인 관념이나 그에 조응해서 만들어지는 여러 제도를 말한다. 그런데 상부구조가 하부구조에 의해 규정되는 것만은 아니다. 오히려 상부구조가 하부구조에 영향을 미치는 적극적인 개입을 하고 있기도 하다. 경제에 대한 국가의 규제와 조정이 필요하게 되었기 때문이기도 하다. 뿐만 아니라, 상부구조를 이루는 인간의 의식·가치관·문화·도덕 등은 나름대로의 논리에 의해 하부구조와는 무관하게 독자적으로 발전해 나가기도 한다.

Ⅲ. 법해석학

1. 의의

법해석학(Jurisprudenz, Rechtsdogmatik) 또는 해석법학은 실정법을 대상으로 하여 규범의 의미를 명확히 파악하는 것, 곧 법해석을 주된 목적으로 하여 현실에 존재하는 실정법 규범을 체계적으로 연구하는 것을 말한다. 이는 법실증주의와 밀접한 관련이 있다. 그렇기 때문에 법해석학을 실정법학, 법규범학, 법률학, 분석법학 등으로 부르기도 한다.

법을 해석한다는 것은 규범으로 이루어져 있는 법조문의 뜻을 문리적(文理的)·체계적(體系的)·사회학적(社會學的)으로 해석을 하여 그 뜻을 알아내고, 그래도 모를 때에는 유추(類推)를 하며, 또 그래도 그 뜻이 밝혀지지 않을 때에는 법조문 외에 관습이나 판례·학설·조리와 같은 보충적 법원(法源)을 원용하여서라도 법의 뜻을 밝혀야 한다.

법해석학은 그 분야에 따라 다시 공법학(헌법학·행정법학·형법학·국제법학·소송법학 등), 사법학(민법학·상법학 등) 및 사회법학(노동법학·경제법학 등) 등의 개별 법학으로 나뉜다.

2. 법해석학의 발전

법해석학은 고대 로마법학에서 발달하여 12세기 볼로냐(Bologna) 대학을 중심으로 한 주석학파에 의한 로마법연구의 부활을 매개로 진전하였다. 특히 14세기 후기 주석학파에 이르러 체계적 주석을 도모하였다. 근대에 이르러 유럽의 독일과 프랑스 등 각국에서 대법전이 편찬되면서 이들 법규를 해석하여 재판에 적용하도록 하는 실용적 해석법학(실용법학)이 발달하였다. 실용법학은 구체적 사건에 있어서 법규범에 의거한 타당한 해결을 목적으로 한다는 점에서 실천적 성격을 띤다. 개개의 구체적 판결이 동시에 일반적 타당성까지를 갖도록 일반적 원리를 정립하고, 유형을 설정하고, 체계를 구성하고, 구체적 개별적인 것과 일반적·보편적인 것과를 연결시키는 점에서 이론적·학문적 성격을 지니고 있다.

법해석학은 주어진 법조문을 대상으로 하여 그 의미와 내용, 다른 법조문과의 상호관계 등을 논리적 체계적으로 밝혀내는 일에 치중하였다. 이처럼 전통적인 법학은 법전 속에 있는 법조문을 주된 연구대상으로 삼는 데 치중함으로써, 살아 숨 쉬며 그때그때 사회 속에서 반응하는 인간 그 자체에 관하여는 별로 관심이 없었기 때문에 '개념법학(概念法學)'이라는 비판을 받았다. 그리고 이 개념법학을 극복하기 위하여 다양한 시도들이 나와 법학의 범주를 확장하고 법학을 풍부하게 하였지만 여전히 법해석학이 오늘날에도 법학의 중심을 차지하고 있음은 부인할 수 없는 사실이다.

1) 주석법학

십자군전쟁은 동로마제국의 유스티니아누스 법전이 유럽에 전파되는 계기가 되어, 유럽의 대학에서도 이 법전이 법학교재로 사용되기 시작하였다. 즉 이탈리아 북부의 볼로냐대학에서 유스티니아누스 법전 중 학설휘찬을 주석함으로써 법학이 시작되었다고 할 수 있다. 이를 주석학파 또는 볼로냐학파라고 한다.

주석학파는 11세기 말엽부터 13세기 중엽에 걸쳐 로마법 연구를 부활시킨 학파로서 이르네리우스가 그 창시자이다. 로마법대전 개개 법문의 자구에 대한 주석을 행간이나 여백에 기재하였으며, 근대의 법전이 편찬되기까지 커다란 영향을 주었다. 주석학파의 성과는 1227년 아쿠르시우스가 『표준주해(標準註解 : *Glossa Ordinaria*)』를 저술하여 집대성하였다.

후기주석학파는 주석학파의 유산을 이어받아 14세기에 볼로냐대학에 나타난 새로운 로마법 연구학파이다. 이들은 유럽의 비(非)로마적 지방의 관습법이나 조례 등에 대해서까지도 로마법 대전에 의거하여 학문적 · 체계적으로 주석하였으며, 당시 불안정한 사회에 있어서 여러 가지의 감정(鑑定)이나 조언적(助言的) 활동에 종사하였고, 때로는 로마법 대전의 범위를 넘어서 로마 법원(法源)을 개조하여 당시의 사회에 적합한 논리를 구성하기도 하였다. 이 때문에 그들은 주해학파(註解學派, Kommentatoren) 또는 조언학파(助言學派, Konsiliatoren)라고도 한다. 로마법은 이 학파에 의하여 당시의 사회에 실용화되었고, 근세 유럽 각지에 계승되어 그 법문헌(法文獻)은 후세의 판결에 인용되는 등, 근대의 법전이 편찬되기까지 커다란 영향을 주었다.

2) 역사법학

역사법학(歷史法學)은 19세기 초에, 그때까지 지배적이었던 합리주의적 자연법론의 비역사적 · 추상적 사변(思辨)과 그것이 내세우는 확고 불변의 법원리를 입법에 의하여 고정화시키려던 절대주의적 권력에 대항해서 법률학의 혁신에 의하여 법률생활의 개선을 도모하고자 하였다.

역사법학은 사비니에 의해 제시되고 푸흐타에 의하여 완성되었다. 독일의 사비니는 법의 역사성을 강조하고 법의 역사적 연구를 중시하여 자연법론이나 이성법론 등과는 대립하였다.

사비니는 A. F. 티보가 로마법과 나폴레옹법전을 기초로 하여 독일의 법과 관습을 법전화하려는 주장에 반대하여, 법은 민족정신의 산물로서 말과 같이 만드는 것이 아니고 역사적 방법에 의해 발견되는 것이라고 주장하며 티보를 맹렬히 비판하였다.

역사법학파는 이후에 역사적 소재를 로마법에서 구하는 로마니슈텐과 게르만법에서 구하는 게르마니슈텐으로 나누어졌다. 독일에서도 많은 법학자가 볼로냐 대학에 유학하여 독일에 로마법이 전파되게 되어, 15세기부터 16세기에 걸쳐 로마법은 독일법으로서 전면적으로 독일에 계수되었다. 독일에 계수된 로마법은 그 때까지 독일에서 시행되어온 게르만법과 융합하여, 현재의 독법전에는 로마법적 요소와 게르만법적 요소가 남아 있다.

그러나 역사법학은 역사적 소재를 로마법에서 구하는 한편, 또한 법형성의 담당을 민중이나 민족이 아닌 볼로냐대학 유학파를 중심으로 하여 형성된 법조계급(法曹階級)에서 구한 까닭에, 역사법학에 있어서 법이란 로마법을 바탕으로 하는 법조법학으로 흐르게 되었다.

3) 개념법학

개념법학(Begriffsjurisprudenz)이란 법실증주의(法實證主義)가 법해석론(法解釋論)의 분야에서 나타난 것이다. 법실증주의는 실증주의와 마찬가지로 형이상학적 사색이나 궁극적인 원리 추구를 배격하고, 법학의 임무를 실정법의 분석과 해부에 한정하고자 하였다. 따라서 법실증주의는 기존 법체계의 경험적 현실을 초월하는 법의 이념을 인식하고 밝히려는 시도를 거부하였다. 개념법학은 19세기의 독일보통법학에서 유래하는 번쇄[2] 철학(煩瑣哲學)적 경향을 비난하는 뜻으로 예링(R. v. Jhering)이 사용한 용어이다.

개념법학은 모든 법적 개념들을 하나의 포괄적 체계에서 정리하고자 하였으며, 전체개념의 피라미드를 완성하여 최상부에 최고개념을, 최고개념으로부터 추상적 일반개념을, 추상적 일반개념으로부터 구체적 개념을 연역해 내었다. 이와 같이 실정법규를 실증적·형식적·논리적으로 분석하여 상세하게 해설하고, 학설과 판례를 망라하여 정리하여 장대한 주석서(註釋書)를 만들어낸 공적이 있다.

개념법학은 논리학상의 '삼단논법'과 '모순율'을 강조한다. 개념법학은 제정법전의 논리적 완결성(完決性)과 법규(法規)의 무흠결성(無欠缺性)을 전제로 법률문제의 해결은 실정법규를 대전제(大前提)로 하고 구체적 사건을 소전제(小前提)로 하여, 삼단논법에 의하여 그 필연적인 결론으로서 판결을 끄집어내도록 하여야 한다고 한다. 그리고 실정법규에 나타난 문구를 해석함에 있어서는 엄격한 모순율(A is not non-A)이 적용되어야 한다는 것이다. 이렇게 하여야만 개인적인 호오(好惡)를 배제하고, 실정법의 의미에 맞는 객관적인 법적용이 가능하게 된다. 동시에 이것은 법규의 해석·적용에 있어서는 어떠한 유추

2) 번쇄(瑣)란 번거롭고 자질구레하다는 의미이다.

해석도 하여서는 안 된다는 것을 의미한다.

이와 같이 삼단논법과 모순율에만 의거함으로써 법의 이념적 측면 및 사회적 기반을 고려하지 않은 채, 어디까지나 실정법규에 충실하려는 태도를 개념법학(概念法學)이라고 부르며, 그러한 태도는 19세기 독일의 판덱텐 법학(Pandektenjurisprudenz)에 이르러 그 극치에 도달하였다.

그러나 실정법규는 그것 자체로서는 결코 완전무결한 것은 아니다. 변화하는 사회생활의 실정에 맞도록 하기 위하여서는 법규의 의미를 탄력성 있게 해석하지 않으면 안 된다.

4) 자유법론

자유법론(自由法論 ; freirechislehre)이란 19세기 말부터 20세기 초에 걸쳐 독일·프랑스·영국 등을 중심으로 하여, 그때까지 융성하였던 '개념법학' 및 '법전만능주의'에 대한 비판으로서 주장되었던 법사회학적 경향의 법사상이다. 이는 개념법학이 개념의 분석을 일삼아 법문의 해석이 사회의 실정에 맞지 않게 된 것을 비난하고 법문의 문자에 구애되지 아니하고 자유로운 해석을 함으로써 법을 사회의 실정에 합치시키려고 하는 논의를 말한다.

변동기에 접어들고 있던 당시의 사회적 현실에 적응할 수 없게 되어 있던 개념법학적 해석을 타파하여, 재판의 개개의 사안(事案)에 대한 판결의 구체적 타당성을 보장하기 위하여, 법관에게 대폭적인 자유재량과 법 창조의 권한을 인정해야 한다고 주장하였다.

Ⅳ. 법사학

법사학(legal history, Rechtsgeschichte)은 법적 사실을 역사적으로 고찰하여 인간의 법생활의 역사를 규명하는 것을 말한다. 즉 법개념이나 법원리의 생성·변천·소멸의 과정과, 이러한 과정에 영향을 준 원인이나 사상적 조류 등의 해명을 목적으로 하는 학문이며, 법률학의 일부분인 동시에 역사학의 일부분이기도 하다.

이에는 ① 법제도의 역사를 연구하는 법제사학, ② 법개념이나 법원리의 생성·변천·소멸에 영향을 미친 사상의 등장과 진화과정을 역사적으로 연구하는 법사상사(history of legal thought), ③ 법학이라는 학문의 역사적 생성·변천·소멸을 연구대상으로 하는 법학사(history of legal sciences, Geschichte der Rechtswissenschaft) 그리고 ④ 법철학을 역사적으로 고찰하는 법철학사 등이 포함된다.

법사학은 현행법의 역사적 기초를 이해할 수 있도록 하는 동시에, 현재의 법을 바르게 이해하도록 하고 그 미래를 전망할 수 있도록 해 준다. 법사학의 연구결과는 법정책학이나 법해석학 등 관련분야의 연구에 중요한 자료를 제공하기도 한다.

법사학이 법학의 연구대상으로 확고하게 자리 잡은 것은 자비니(Savigny) 등 역사법학파가 성립된 이후부터이다.

Ⅴ. 법사회학

법사회학(sociology of law)이란 법을 역사적 사회현상으로서 고찰하여 법의 형성·발전·소멸의 법칙성 내지는 보편성을 추구하는 경험과학의 한 분야로서 법을 사회현상으로 파악한다. 이 점에서 실정법의 해석에 중점을 두는 해석법학과 구분된다. 아울러 사회현상으로서의 법의 법칙성 내지는 보편성을 추구한다는 점에서 법철학과 구분된다.

법사회학은 몽테스키외를 선구자로 보나, 법규범과 사회적 현실과의 관련 및 상호작용을 중시한 사비니를 시조로 보기도 한다.

법사회학은 20세기 초엽부터 성문법 만능주의를 비판하고 자유법론의 주장과 결합하여 조직적으로 주장되기 시작하였다. 법사회학은 법과 사회와의 상호작용을 탐구하며, 법규범과 법현실의 괴리에 대해 탐구한다. 그리하여 ① 법원(法源)으로서의 관습법이나 살아 있는 법(lebendes Recht), ② 법의 생성과정(입법과정이나 사법과정), ③ 법의 현실적 효과(예컨대, 벌금액을 인상하면 교통사고가 얼마나 감소하는가 등), ④ 사회가 법에 구하고 있는 요구나 법의식(法意識) 등을 주요 연구분야로 한다.

대표적 학자는 오스트리아의 에를리히, 독일의 베버, 칸토로비치, 프랑스의 귀르비치, 미국의 파운드 등이다.

Ⅵ. 비교법학

비교법학(comparative jurisprudence, vergleichende Rechtswissenschaft)이란 외국법과 국내법 등 복수의 법질서를 비교·연구하는 학문이다. 비교법학이 그 존재를 인정받게 된 것은 근대적인 연구방법이 행해진 19세기 후반부터이다. 특히 1900년의 파리 만국박람회 개최를 계기로 하여 프랑스의 비교법학자 살레유(Saleilles)가 주동이 되어 국제비교법회의가 파리에서 개최된 이후 비교법학이 세계적으로 활발히 연구되었다.

비교법학은 2개국의 섭외 관계의 처리나 여러 나라에 걸친 통일적 법전의 편찬이라는 실천적 목적 때문에 직접적으로 필요할 뿐만 아니라 일반적으로 볼 때도 자국의 실정법 해석을 위한 암시를 주고, 자국에서 새로운 입법을 위한 지침을 내리는 점에서 유익하며, 그 위에 넓게 보면 법의 일반 원리, 발전경향을 인식하는 임무를 준다는 점에서도 필요하다.

이러한 기능을 다하기 위해서는 비교법학의 기초가 되는 개별 외국법의 연구가 다만 현행법뿐만 아니라 그 역사적 전통까지도 파악하고, 성문법규뿐 아니라 그 배후에 있는 법문화 전체까지도 파악하는 것이 필요하며, 비교법학 자체도 개별국가의 법률 제도를 그 기술적 구조에 관한 것뿐 아니라 그 법문화 전체 가운데서의 기능·역할에 관해서도 비교 검토하는 것이 필요하다.

비교법학은 ① 법제도의 발전상황과 발전법칙을 발견할 것을 목적으로 하는 비교법제사·인종적 법학(콜러·웨스터마크), ②

해석 또는 입법을 위하여 실정법 자체를 비교 연구하는 협의의 비교법학(랑베르·살레유), ③ 현대의 여러 문명국가에서 공통적으로 인정되는 법의 일반원칙을 발견하는 것을 목적으로 하는 비교법학(르 퓌르·델 뷀키오) 등으로 구별된다. 일반적으로 비교법학은 ②의 의미로 사용되고 있다.

Ⅶ. 법정책학

법정책학(Rechtspolitik)이란 입법정책이나 형사정책 등 일정한 법목적의 실현을 위하여 가장 유효하고 능률적인 법기술(法技術)의 체계를 과학적으로 탐구하는 학문이다. 법정책학의 중심이 되는 것은 입법정책학이다. 입법정책학은 입법현상을 좁은 뜻의 법학 분야에 국한시키지 않고, 널리 정치학·사회학 등을 포함해서 종합적으로 연구하는 학문이다. 주로 입법의 정책적 타당성과 그 실정화를 위한 법기술을 대상으로 한다. 예컨대, 특정한 법규범의 입법으로 인하여 초래될 사회적 이해득실이나 작용·반작용을 검토하여, 실정법의 제정이나 개폐에 이바지하고자 하는 것이다. 그렇지만 법정책학은 그 필요성에도 불구하고 오늘날까지 미개척 상태에 있다.

다만, 법정책학 중 범죄의 근절을 목적으로 하는 형사정책학은 20세기 초부터 급속한 발전을 보이고 있다. 형사정책학은 광의로는 범죄의 원인을 탐구하여 범죄 방지대책을 연구의 대상으로 하는 학문으로, 사회정책·교육정책 등 일체의 범죄대책이 포함된다. 협의로는 직접 범죄대책을 목적으로 하는 현행 제도를 비판하고, 이에 대한 대안의 모색을 연구대상으로 한다.

이와 같이, 법정책학은 그 성질상 응용과학이다. 따라서 법정책학은 마땅히 사회학·심리학·경제학 및 기타의 이론과학의 성과를 응용하게 된다.

Ⅷ. 법과학

과학(science)은 모두 어떤 사물을 '안다'는 라틴어 'scire'에서 연유된 말로, 넓은 의미로는 학(學) 또는 학문(學問)과 같은 뜻이다. 독일어의 'Wissenschaft'는 학문(Wissen)과 명백히 구별되어 과학을 의미하며, 철학·종교·예술과 대립되는 개념으로 쓰이는 것이 일반적이다. 법과학이란 법을 과학적 방법에 의하여 연구하는 분야를 총칭한다. 대표적인 것이 과학적 범죄수사기법이다.

과학적 방법이란 경험과 축적에 근거한 증거를 사용해 가설을 검증하여 지식이나 원리를 확증하는 방법이다. 지식이나 원리를 발견하기 위해 자료를 수집하고 가설을 설정하며, 나아가 그 가설을 경험적인 활동을 통해 검증해 가는 객관적이고 정밀하며 체계적인 접근 방법이다. 이와 같은 과학적 방법을 적용하는 연구 활동을 지칭하여 과학적 연구라 한다. 과학적 방법은 귀납적이며 경험적인 진리를 추구한다. 따라서 과학적 방법으로 획득한 지식은 철학이나 종교, 수학 등 다른 영역에서 다루는 진리와 구별된다.

법과학(forensic science)적 수사란 과학적 범죄수사기법을 지칭한다. 포렌식 또는 포렌식 수사라고도 한다. 감정·문서나 지문 등의 감식분야 등이 이에 속한다. 미국에는 2010년

12,000명 이상의 포렌식 전문가가 있다. 포렌식(Forensic)은 "포럼(forum)의 또는 포럼에 의한"이란 뜻이다. 로마시대 형사재판에서는, 오늘날 미국의 대배심과 같은, 포룸(로마)의 토론을 통해 범죄에 대한 기소를 하였다. 오늘날에는 포렌식을 "법적인(legal)" 또는 "법정과 관련한"이라는 뜻으로 사용된다.

한국에서는 포렌식 사이언스를 법의학(forensic medicine)으로 번역하기도 하지만, 법의학만이 아니라 많은 관련학문을 총체적으로 지칭하므로 포렌식 사이언스는 법과학이라고 번역하는 것이 맞다.

법과학의 창시자는 물적 증거에 대한 과학적인 실험의 중요성을 주장했던 오스트리아의 법관 한스 그로스(Hans Gross, 1847-1915)이다. 그는 1893년에 범죄 수사에 과학을 접목시켜야 한다는 내용의 논문을 최초로 발표하였다. 오스트리아 그라쯔의 공공 검사이자 판사였던 그로스는 범죄수사에 관한 연구에 많은 노력을 기울였다. 그의 고전적인 저서인 "범죄수사"에서 그는 현미경학, 화학, 물리학, 광물학, 동물학, 식물학, 인류학 및 지문 분야에서 수사관이 도움을 받을 수 있는 내용에 대해 상세히 기술하였다. 그는 후에 법과학 학술지를 창간하였다.

법과학의 분야는 법의학, 물리학, 생화학, 문서감정, 성문분석, 영상분석, 중성자방사화분석, 유전자감식, 정액검사 등의 방법이 있다.

이 중 영상분석은 동일인물감정, 비디오테이프나 사진의 조작여부, CCTV영상이나 마이크로필름판독, 블랙박스 해석에 사용된다. 유전자감식(forensic DNA test)은 범행현장의 증거물, 친자감정, 친족확인, 간통이나 성폭행 등의 경우에 유용하며,

정액검사(semen test)는 간통이나 성폭행 또는 혼외정사 등에 유용하다.

제3절 한국의 법학

Ⅰ. 개설

법학은 실정법의 체계적인 해석을 중심 과제로 삼는 학문이므로, 실정법과 무관하게 발전할 수는 없다. 우리나라 최초의 실정 성문법이라 할 수 있는 고조선의 8조금법(八條禁法)[3] 이후 실정법인 율령격식을 중심으로 하는 율학이 발전되어 왔다.

그런데 우리나라는 20세기에 전통적인 법체계를 버리고 서구의 근대적인 법체계를 수용하게 되어, 우리의 법은 역사적 연속성을 단절하게 되었다.

이로써 법학도 전통적 율학(律學)과 근대적 법학으로 갈라지게 되었다.

3) 이는 한서지리지에 살인·상해·절도죄를 기본으로 하며, 현재는 3개 조목만이 전해지고 있다. 그 내용은 "사람을 죽인 자는 즉시 사형에 처한다", "사람을 상해한 자는 곡물로써 배상한다", "남의 물건을 훔친 자는 노비로 삼되, 자속하려는 자는 돈 50만 전을 내야 한다"'는 것이다.

Ⅱ. 삼국시대 · 통일신라시대

1. 삼국시대

삼국시대에는 중앙 집권 체제가 정비될 무렵, 법률을 만들어 통치 기반을 확립하고 왕권을 강화하였다. 백제에서는 고이왕(3세기), 고구려의 소수림왕(373), 신라의 법흥왕(6세기) 때에 율령을 반포하였다고는 하나 그 시기에 대하여는 이론(異論)이 있다..

율령이란 엄밀하게는 율령격식(律令格式)을 의미한다. 율(律)은 형벌법(刑罰法)으로 오늘날의 형법과 같은 것이고, 영(令)은 교령법(敎令法)으로 오늘날의 행정법(行政法) · 사법(私法) · 소송법(訴訟法) 등에 해당한다.

율령(律令)의 제정은 곧 국가적 성문법의 제정을 의미하며, 고대국가체제의 완성을 가리키는 지표가 된다. 율령은 중국에서 발달한 법체계이며 주변 각국은 그것은 중국의 율령을 수입한 소위 계수법이라는 성격을 지니고 있음을 알 수 있다.

율령을 도입을 함에 있어 한반도 내부, 즉 고구려, 백제, 신라 등 각 지역 정치체마다 서로 상황이 달랐을 것으로 보인다. 중국에서는 송 · 원에 이르기까지 율령체제가 답습되어 왔으나, 명대에 와서 크게 변형되어 명율령이 제정되었고, 청에 그대로 계승되었다.

신라 태종무열왕 즉위 직후인 654년 5월에 이방부령 양수(良首) 등에게 명해 이방부(理方部 ; 義方部) 격(格) 60여 조를 수정하게 했다는 기록이 있다.

2. 통일신라시대

통일신라시대(676~935)에도 율령박사(律令博士)를 두었다는 기록이 있다. 율령박사는 율령에 관한 사무를 담당하였다. 통일신라시대에는 당나라의 제도를 본뜬 율령정치(律令政治)가 강화됨에 따라서 율령의 제정 및 운영에 대한 전문가가 필요하였기 때문이다. 율령박사는 이방부의 율령전(律令典)에 소속되어 법령을 심사·제정하는 업무를 담당하였다.

681년에 문무왕이 유조(遺詔 : 임금의 유언)에서 율령과 격식(格式)에 불편한 점이 있는 것은 곧 개정, 시행하라고 지시한 점으로 미루어 보아 중국의 율령 도입에 따른 문제점이 있었음을 짐작할 수 있다.

Ⅲ. 고려시대

고려시대에 들어와서는 992년(성종 11년)에 국자감(國子監)을 설치하면서 그 안에 8품 이상 관직자의 자제와 서인(庶人)이 입학할 수 있는 율학을 두어 율학박사로 하여금 율령을 가르치게 하였다. 정원은 1인이고 품계는 종8품이었으며 국가로부터 전(田) 30결과 시(柴) 10결을 지급받았다.

1127년(인종 5년)에는 식목도감(式目都監)에서 경사육학(京師六學)[4]의 종합학과제도를 마련할 때, 여기에 율학을 포함시켜 국자감에서 학생들에게 법률학을 교육했다. 이는 일종의 직

4) 設六學 令良家子弟肄習 一兵學 二律學 三字學 四譯學 五醫學 六算學.

업학으로, 법률관계 관직에 종사할 전문인을 위한 것이다. 8품관 이하의 자제와 서인, 8품관 이상의 원하는 자 등에게 입학 자격이 있었다. 여기에는 18세 이상 25세 이하의 학생이 입학했으며, 교수는 율학박사와 율학조교(律學助教)가 담당하였다.

Ⅳ. 조선시대

조선의 율학은 태조 2년(1393)에 육학(六學)의 하나로 설치되고, 그 후 태종 5년(1405)에는 형조(刑曹) 안의 율학청에서 교육했다. 경국대전(經國大典)과 속대전(續大典)에 따르면, 잡과 중의 하나인 율과를 통해 형조(刑曹)에 40인, 6부(府)에 각 16인, 5대도호부(大都護府)에 각 14인, 20목(牧)에 각 14인, 154현(縣)에 각 8인 등 모두 3,346인을 뽑았다고 한다.

한편, 율과의 정원은 초시(初試) 18인, 복시(覆試) 9인에 불과하였으며, 행정과 사법이 분리되지 않은 체제에서 행정관의 보조기능을 담당했다. 율학박사는 2인으로 종8품, 율학조교는 2인으로 종9품이었다.

이와 같이 율학은 경학(經學)에 비해 열등했으며, 서구와는 달리 법률가가 독립된 사회계층을 이루지 못하였다.

율학서는 당률소의(唐律疏議)・율학해이(律學解頤)・율해변의(律解辯疑) 등 중국 서적이었다.

조선에서는 중국의 대명률(大明律)을 의용(依用)하였고, 이를 우리의 실정에 맞게 해설한 대명률직해(大明律直解)가 편찬되었다.

또 행정관과 율사들이 실제로 송사(訟事)를 담당할 때 증거

채택과 법의학(法醫學)에 관한 지식이 필요했으므로, 중국의 무원록(無冤錄)을 우리말로 풀이한 최초의 한글 법학서라고 할 수 있는 무원록언해(無冤錄諺解)를 펴냈다.

정도전(鄭道傳)의 조선경국전(朝鮮經國典)을 비롯한 각종 법전, 심리록(審理錄)·추관지(秋官志) 등이 있었으나, 이들은 법학연구서라기보다 법전 내지 사건기록집에 지나지 않았다.

조선시대까지는 법전과 재판은 있었으나, 법학은 크게 형성되지 못했다. 18세기에 정약용(丁若鏞)은 흠흠신서(欽欽新書)에서 이러한 문제를 지적하고 법학의 독립성을 주장하였다.

그런 가운데서도 임진왜란 때 일본에 끌려간 형조좌랑(刑曹佐郎) 강항(姜沆)과 유학자 이진영(李眞榮) 및 그의 아들 이매계(李梅溪)가 일본 학자들에게 대명률직해와 경국대전 등을 가르치면서 일본 법학사에 공헌하기도 하였다.

V. 서양법의 도입

1. 근대 구미 법학의 소개

서유럽의 근대적 법학이 우리나라에 최초로 소개된 것은 18세기 말에 유입된 한역(漢譯) 서학서(西學書)를 통해서였다. 실학자들은 알레니(J. Aleni)의 서학범(西學凡)과 직방외기(職方外紀)를 통하여 서양 대학에서 법학을 가르치고 있다는 것을 알게 되었으며, 법학이라는 용어를 사용하기 시작하였다.

한편, 1881년(고종 18) 일본에 파견된 신사유람단 가운데 일본 사법성을 시찰하고, 서양법으로 개화된 일본의 법제를 보고 돌아온 엄세영(嚴世永) 일행은 일본사법성시찰기와 일본견문사건초(日本見聞事件草)를 저술하였다.

또한 개항과 더불어 유길준(兪吉濬)·서재필(徐載弼) 등이 미국에서 서구의 문명제도를 배우고 돌아와 개화운동을 전개하였다. 유길준은 서유견문(西遊見聞)에서 서양의 국가·법·권리·자유 등을 소개하였고, 서재필은 독립신문(獨立新聞)의 논설을 통하여 개화된 법의식을 고취하였다.

2. 국내파 법학자의 등장

1895년 일본으로 파견된 관비유학생 가운데 이면우 등이 귀국하여 법관양성소와 보성법률전문학교의 교관이 되어 법학을 연구하기 시작하였으며, 법관양성소 졸업생과 보성전문학교 출신들도 법학 교과서와 논문들을 발표함으로써 국내파 법학자가 등장하기 시작했다.

3. 독일법의 수용

우리나라가 독일법을 수용하기 시작한 것은 1880년대 국제법 분야였다. 한역(漢譯)된 독일의 공법회통은 1899년 대한제국 국제에 큰 참고가 되었다. 한말에 일본세력이 강화되면서 독일법에로의 경향성이 심화되었다. 일제시대에는 일본으로부터 간접적으로 독일 법학을 배웠다. 해방 후 미군정기에는 영미법의 영향도 받았지만 이미 독일법학이 한국 법문화의 기초로 놓여있어, 그 이후 근본적인 방향은 변하지 않았다.

우리나라는 일제 강점기를 거치면서 일본의 영향을 강하게 받았다. 당시 일본은 프러시아의 법제를 계수하였고, 식민지였던 우리나라도 그 영향 아래 놓였던 것이다.

그리하여 현재 우리나라 법은 독일법 체계를 중심으로 영미법계, 여러 나라의 법 이론을 받아들이며 발전하고 있다.

제12장 권리와 의무

제 1 절 법률관계

Ⅰ. 의의

법률관계(法律關係 ; juridical relation)란 법에 의하여 규율되는 인간의 생활관계를 말한다. 법은 사람과 사람과의 관계를 권리와 의무의 관계로 규율하므로 법률관계는 권리의무의 관계이다. 법률관계는 인간의 생활관계 중에서 법이 개재하는 영역이므로 법, 즉 국가권력에 의하여 그 법규범의 실현이 보장을 받게 된다.

법률관계는 권리와 의무의 관계로 나타나게 되는데 이는 한편으로는 법에 의하여 보장되고 있는 일정한 생활이익을 향유하는 힘으로서의 권리와 이에 대응하여 상대방이 일정한 작위 또는 부작위를 하여야 할 법률상의 구속으로서의 의무와의 관계로 나타나게 된다.

Ⅱ. 사회의 변천과 권리의무관계

법률관계, 즉 권리의무관계는 사회의 변천에 따라 다르게 나타난다. 각 시대의 문화나 사회상태의 정도에 따라 권리나 의무에 두어지는 비중의 정도가 다르며, 사회의 발전에 따라 권리의무관계가 다양하여지는 것이다.

법률관계는 고대의 제한적 권리본위의 시대(외국인과 노예 및 여성에게는 권리가 부여되지 아니하였다)에서 중세의 의무본위시대, 근대의 개인주의적 권리본위시대를 거쳐 현대의 권리와 의무의 융합시대로 이행하고 있다.

특히 권리보다는 의무에 중점이 두어졌던 신분적 경제적 정치적 예속관계를 바탕으로 하였던 중세봉건사회에서와는 달리, 근대에 있어서는 권리중심의 사회가 되었음은 주지하는 바와 같다.

그러나 현대에 들어서는 근대의 개인주의적 권리본위의 법률관계로부터 사회중심의 단체주의적 공공복리사상으로의 변천을 겪고 있다. 그러한 변화는 1919년의 바이마르(Weimar)헌법이 소유권은 의무를 부담한다는 소유권의 사회적 제약성 관련규정 및 인간다운 삶을 보장하기 위한 규정을 두게 됨에 따라 비로소 시작된 것으로 보는 것이 일반적이다.

우리 헌법도 제23조 제2항에서 “재산권의 행사는 공공복리에 적합하도록 하여야 한다"고 규정하고 있으며, 민법 제2조에서는 신의성실의 원칙과 권리남용 금지의 원칙 등을 규정함으로써 이와 같은 취지를 나타내고 있다.

제2절 권 리

Ⅰ. 법과 권리

후술하는 바와 같이, 권리는 어떠한 권리주체로 하여금 일정한 권익을 향유할 수 있도록 법이 부여하는 힘을 의미하므로 법이 존재하지 않고는 권리가 생겨날 수 없다. 따라서 보편적 추상적으로 불특정 다수인을 대상으로 규율하는 법규범이 특정한 경우에 이를 개별화 구체화하는 법률관계로 나타나게 되고 특정인을 위하여 권리가 부여된다. 이러한 점에서 객관적 추상적인 법이 주관적 구체적으로 표현되는 것을 권리라고 볼 수 있는 것이다. 그러므로 권리의 문제는 법에 있어서의 출발점인 동시에 종점이 되는 것이다.

Ⅱ. 권리에 대한 법사상적 배경

1. 자연법이론의 권리관 : 권리선존설(權利先存說)

18세기의 자연법사상은 권리를 가리켜 인간이 생래적으로 가지는 권리, 즉 자연권(Naturrecht)이라 하였다. 자연권은 생래적 권리이기 때문에 법, 즉 국가 이전에 인간이 향유하는 것이므로 국가권력도 이를 침해할 수 없다고 보았다. 이와 같은 맥락으로 보면 권리는 국가(법)에 의하여 창설된 것이 아니라, 국가(법)에 의하여 확인 선언된 것이라고 하게 된다.

이러한 자연법사상에 바탕을 둔 천부인권사상에 의한 권리선존설은 미국의 독립과 프랑스혁명의 지도이념이 되어 근대적 의미의 권리의 관념에 결정적 근거를 제시하였는데, 로크와 프랑스인권선언의 표현에서 잘 나타나고 있다. 우선 로크는 자연상태에서의 인간은 자유와 독립을 균등히 누리는 일정한 천부의 권리를 향유하며, 이 권리는 사회상태에 들어갈 때에 여하한 약속으로써도 박탈하지 못한다고 하였다. 이어서 1789년의 프랑스 인권선언은 인간은 출생 및 생존에 있어서 자유 및 평등의 권리를 가진다고 선언하였던 것이다.

2. 법실증주의의 권리관 : 법선존설 또는 동시존재설

1) 법선존설

법학의 대상을 실정법에 한정하고 이를 형식논리적으로 파악하고자 하는 한편, 자연법을 부인하는 법실증주의에서는 당연히 자연권의 존재를 부인한다. 따라서 법선존설은 권리는 법적인 개념이므로 국가의 실정법이 규정하여 보장하지 않는 권리는 존재할 수도 없으며 존재할 가치도 없다고 하는 입장을 취하는 견해이다.

따라서 국가(법) 이전의 권리는 존재하지 아니하며, 국가에서 제정된 실정법에 의하여 비로소 권리가 존재할 수 있는 것으로 본다. 그 당연한 귀결로써 권리는 법에 있어서의 권리(Recht im Recht)라고 하게 되며, 또한 권리는 국가의 제정법에 의하여만 창설되는 것이므로 국가내적인 것으로 보게 된다.

2) 동시존재설

법과 권리는 불가분의 관계에 있으며, 동시에 존재한다고 보는 견해이다. 라틴어의 ius나 독일어의 Recht, 프랑스어의 droit 등의 의미와 같이, 객관적으로는 법을 의미하고, 주관적으로는 권리를 의미한다. 즉 권리주체의 주관적인 입장에서 보면 권리가 되고, 그러한 권리를 부여하는 질서의 총체를 객관적으로 보면 법이 된다는 것이다.

Ⅲ. 실정법상의 권리의 본질

실정법상의 권리의 본질에 대하여는 다양한 견해가 제시되고 있으나, 그 주요한 것을 들어보면 다음과 같은 것이 있다.

1. 권리의사설

권리의사설(權利意思說)은 18, 9세기의 사상을 바탕으로 하여 전개된 것으로서, 단순한 자연적 의욕이 아니라 법률에 의하여 승인된 의사의 힘 내지 의사의 지배를 권리로 보는 견해(Bernheit, Windscheid) 또는 의사의 자유가 권리의 본질이라는 견해(Kant, Hegel) 등이 이에 속한다. 즉 매매관계를 규정하고 있는 법조에 의하여 권리가 발생하는 경우, 매매하고자 하는 의사 또는 의욕에 권리가 부여된다는 것이다.

그러나 이 견해에 의하면 권리주체가 되기 위해서는 의사주체가 되어야 하는데, 자기 행위의 결과를 정상적으로 판단할 수 없는 의사무능력자(유아, 백치, 만취자, 심신상실자 등)는 권리를 향유할 수 없다는 결론에 도달하게 된다는 비판이 가하여지고 있다.

2. 권리이익설

권리의사설의 결점을 보충하기 위하여 나타난 것이 권리이익설이다. 예링(R. v. Jhering)은 이익법학과 목적법학의 이론에 입각하여 권리이익설을 주장하였다. 그는 권리의사설에서와 같이 권리를 의사와 관련시켜 그 본질을 찾는 것을 부당하다고 비판하고, 권리를 법률상 보호된 이익이라고 주장하였다. 이 견해에 의하면 권리주체와 의사주체는 반드시 동일할 필요가 없게 되어 의사무능력자도 권리주체가 될 수 있다.

그러나 이 견해에 의할 경우에는 부모가 미성년인 자녀를 보호 교양하고 그 재산을 관리하는 것을 내용으로 하는 권리인 친권(민법 제914조 내지 제915조 및 동법 제8조 등)과 권리자에게 아무런 이익을 부여하지 아니하는 권리나 또 아무런 권리 없이 이익이 부여되는 이른바 반사적 이익에 대하여 설명할 수 없다는 난점이 있음을 부인할 수 없다.

3. 절충설 또는 의사이익설

전술한 의사설과 이익설을 절충한 견해인 바, 이 견해는 권리의 본질을 이익의 보호를 위하여 법이 인정한 의사의 힘 또는 의사의 자유를 승인함으로써 보호되는 이익이라고 한다.

이 견해는 옐리네크(Jellinek)와 베커(E. I. Bekker) 등이

주창한 것으로, 이익설과 의사설의 결함을 그대로 내포하고 있다는 비판이 가하여지고 있다.

4. 권리법력설(權利法力說)

권리법력설은 Adolf Josef Merkel, Ferdinand Regelsberger 및 Rudwig Enneccerus 등에 의하여 주장되는 것으로 오늘날의 통설로서의 지위를 차지하고 있다.

이 견해는 권리의 본질을 일정한 생활이익을 충족시키기 위하여 권리주체에게 법률이 부여하는 힘이라고 한다. 이 견해는 권리의 실질적 요소인 이익에다 형식적 요소이며 권리행사의 전제인 법률상의 힘을 결합시켜, 권리는 법익을 향유하기 위하여 법에 의하여 주어진 힘이라고 정의하는 것이다.

따라서 권리란 특정한 이익을 위하여 특정한 권리주체에게 법률이 부여하는 힘이므로, 보호받을 이익이 없이는 권리가 발생하지 아니하지만 권리는 구체적인 이익의 존부와는 상관없이 존재하게 되는 것이다.

이 견해는 다음과 같은 점에서 타당성을 지닌다. 즉 의사무능력자나 권리의 존재를 알지 못하는 자도 권리주체가 될 수 있으며, 이익을 바로 권리로 보지 않고 이익을 향유하는 수단이 권리라고 주장함으로써 이익설이 가지는 결함도 구제하고 있다.

다만, 권리법력설도 권리 이전에 인정되고 있는 자연권의 권리성을 설명할 수 없다는 난점이 있음을 부인할 수 없다.

5. 권리부인설

꽁트(A. Comte)나 뒤기(L. Duguit)는 권리의 존재를 부인하였다. 특히 뒤기는 꽁트의 영향을 받아 권리의 형이상학적 개념을 부인하고 실증주의와 사회연대주의의 입장에서 법은 의무를 중심으로 하여 형성되어야 하며, 권리를 중심으로 하여서는 아니된다고 주장하여 권리본위의 사고방식에 반대하였다. 즉 법을 하나의 사회현상으로 보아 이것을 실증적으로 취급하고자 하는 사회학의 입장에서 인간의 법적 관계를 권리중심으로서가 아니라, 사회연대의식을 바탕으로 한 의무 관념을 법이론의 중심으로 보았던 것이다.

이에 대하여는 법률관계에 있어서 의무본위를 강조한다고 하더라도 권리의 적극적인 가치를 부인하는 것은 법 그 자체의 가치를 부인하는 결과가 될 뿐만 아니라, 현대의 법률관계론이 권리만능을 지양하여 권리에는 의무가 수반된다는 사회본위적 법률관계론으로 이행하는 추세를 보이고 있음에 비추어 볼 때 찬성할 수 없는 이론이라는 비판이 가하여지고 있다.

Ⅳ. 권리법력설에 입각할 경우의 권리의 개념

통설인 권리법력설에 의하면 권리란 특정의 생활이익을 향유하게 하기 위하여 특정의 권리주체에게 법이 부여한 힘을 의미하게 된다. 이에 따라 권리의 개념요소를 분설하면 다음과 같다.

1. 권리는 법이 부여하는 것이다.

권리법력설에 의하면 권리는 법이 부여하는 것이다. 따라서 전술한 법사상적 배경에 비추어 볼 때, 권리법력설은 법선존설의 입장에 서는 것이라 할 수 있다. 따라서 천부의 권리는 여기에서의 권리개념에 포함되지 아니한다.

2. 권리는 특정의 권리주체에게 부여된다.

권리는 특정의 권리주체, 즉 인격자(人)에게 부여된다. 이에는 자연인과 법인이 이에 포함되나, 모든 자연인이나 법인에게 부여되는 것이 아니라, 특정의 권리는 특정의 인격자에게만 부여된다. 사람이 아닌 동물(예컨대, 천성산 도룡뇽[1] 등)이나 특정되지 아니한 가공인에게는 권리가 부여되지 않는다.

3. 권리는 특정한 생활이익의 향유를 목적으로 한다.

권리는 특정한 생활이익 그 자체가 아니라, 특정한 생활이익을 특정인으로 하여금 법의 보호아래 누리는 것을 목적으로 하는 것이다. 특정한 생활이익이라 함은 사회생활상의 이익으로서 보호의 가치가 있는 이익(schützwürdiges Interesse)이면 재산적 이익은 물론 비재산적 이익(생명·신체·자유·명예 등)도 포함한다.

이와 같이 법에 의하여 보호받는 이익을 法益(Rechtsinteresse)이라 한다.

---

1) 지율 스님은 경부고속철도의 경주 천성산 구간 통과에 대해 일명 '도룡뇽 소송'으로 불리는 착공금지 가처분 신청을 한 바 있다.

4. 권리는 법률상의 힘이다.

권리는 특정한 생활이익의 향유를 목적으로 하여 특정인으로 하여금 작위 또는 부작위 등 필요한 일정한 행위를 할 수 있는 가능성(법적 능력 내지 자격)을 부여한다.

권리 위에서 잠자는 자는 보호받지 아니한다는 법언(法諺)에서도 알 수 있는 바와 같이, 권리는 스스로 행사할 때에만 보호를 받는다. 또한 권리의 침해가 있은 경우에는 그것을 제거하기 위하여 권리의 보호를 청구할 수 있다는 점에서 반사적 이익과 구별된다.

Ⅴ. 유사개념과의 구별

1. 권한

권한(Kompetenz, competense)이라 함은 관할권 또는 직무의 범위를 말한다. 경찰청장의 권한, 지방경찰청장 또는 경찰서장의 권한은 경찰청장이나 지방경찰청장 또는 경찰서장이 타인에 대하여 일정한 법률효과를 발생시키는 행위를 할 수 있는 법률상의 자격이다. 즉 권한이란 공법상 또는 사법상의 법률관계에 있어서 국가나 지방자치단체 등의 공공단체 또는 법인의 기관이나 개인의 대리인 등이 법률상 또는 계약에 의하여 유효하게 그의 행위를 할 수 있는 범위를 지칭한다.

2. 권원

권원(權原 : Rechtstitel, title)이라 함은 어떠한 법률적 또

는 사실적 행위를 정당화하는 근거, 즉 법률상의 원인을 말한다. 예를 들면 타인의 토지 위에 물건을 세울 수 있는 근거로서의 지상권, 어떠한 물건을 자기가 사실상 지배하지 않더라도 언제든지 이를 지배할 수 있는 법률적 근거로서의 소유권 등이 이에 해당한다.

그러나 점유에 관하여는 점유를 정당하게 하는가의 여부를 불문에 붙이고 점유하게 된 모든 원인을 포함한다.

3. 권능

권능(權能 ; Befugnis)이라 함은 권한과 같은 뜻으로도 사용되기도 하나, 일반적으로는 권리의 내용을 이루는 개개의 기능 또는 법률상의 힘이다. 예컨대 소유권은 권리이지만 그 내용인 사용권(使用權)·수익권(受益權)·처분권(處分權) 등(민법 제211조)은 권능이다. 따라서 권리의 내용이 하나의 권능으로 성립하는 경우에는 권리와 권능은 동일하다.

4. 반사적 이익

반사적 이익(反射的 利益 ; reflective interest, objektives Reflexrecht)이라 함은 법이 특정한 단체나 그 기관 또는 개인에게 어떠한 구속을 가한 결과 반사적으로 일반국민이나 특정 또는 불특정의 사인이 받는 간접적 이익을 말한다.

이러한 구속은 개인적 이익을 목적으로 하는 것이 아니라 공공복리를 그 직접적 목적으로 하는 것이다.

반사적 이익에 지나지 않는다고 간주된 경우에는 재판상의 보호를 받을 수 없다고 일반적으로 해석되고 있다. 그러나 구체적으로는 무엇이 공권이고, 무엇이 반사적 이익에 지나지 않는가 그 구별이 곤란한 경우가 많다.

5. 권력

권력(權力 ; power)이라 함은 사회적 힘, 즉 사회력의 한 형태로서 타인을 강제하거나 지배하는 힘을 의미한다. 권력에 의하여 법이 생기며, 권력은 이렇게 하여 발생된 법에 의하여 규율되는 관계를 지닌다.

권력은 합법적 권력과 비합법적 권력(폭력)으로 구분할 수 있다. 민주주의 사회에서는 모든 권력의 원천이 국민이다. 따라서 헌법제정권력을 중심으로 하여 권력을 파악하여야 한다.

Ⅵ. 권리의 분류

1. 분류의 기준

권리를 분류하는 기준은 다양하게 제시되고 있으나, 그 중 일반적인 분류방법은 공법과 사법의 이원적인 체계에 대응하는 구분기준으로서 공권·사권 및 사회권으로의 분류를 들 수 있다.

권리이론은 사법의 분야에서 먼저 발달되어 공법분야에 그 영향을 미친 것이기 때문에, 사법분야에서의 분류가 공법분야에서의 분류보다 훨씬 이론적 정치성을 지니고 있다. 한편 사회권에 대하여는 아직 체계화된 단계라고 할 수 없을 것으로 본다.

2. 공권

1) 의의

공법관계에 있어서 당사자 일방이 타방당사자에 대하여 가지는 권리로서, 이는 다시 국내법상의 공권과 국제법상의 공권으로 구분되며, 국내법상의 공권은 권리주체에 따라 다시 국가적 공권과 개인적 공권으로 구분된다.

2) 국내법상의 공권

(1) 국가적 공권

국가적 공권은 국가 또는 지방자치단체 등의 공공단체가 국민 또는 주민 등에 대하여 지니는 공권으로서, 국가나 공공단체가 지배자로서 국민에 대하여 명령 또는 강제하거나 일정한 법률관계를 형성할 수 있는 권리이다.

국가적 공권은 ① 그 작용에 따라, 입법권 · 행정권 · 사법권(인사권 · 고시권) 등으로 구분되며, ② 그 목적에 따라, 조직권 · 경찰권 · 군정권 · 형벌권 · 재정권 · 공기업권 등으로 구분되고 ③ 그 내용에 따라, 명령(하명)권 · 강제권 · 형성권 · 공법상의 물권 등으로 구분된다.

(2) 개인적 공권

개인적 공권이란 국민 또는 주민이 국가 또는 지방자치단체 등에 대하여 가지는 공권으로서 국가적 공권에 대응하는 개념이다.

개인적 공권의 분류는 학자에 따라 다양하게 나타난다. 옐리네크는 자유권 · 참정권 · 수익권으로 3분하였다. 자유권 · 참정권·생활권적 기본권(생활권적 기본권) 및 청구권적 기본권(청구권적 기본권)으로 4분하는 설도 있다. 그러나 일반적으로는 그 내용에 따라 인간의 존엄과 가치 및 행복추구권, 평등권, 자유권적 기본권, 생존권적 기본권, 청구권적 기본권, 참정권 등으로 구분되고 있다. 개인적 공권은 헌법 소정의 권리장전(제1차적 헌법)에서 자세하게 규정하여 보장하는 것이 일반적인 현상이다.

헌법 외에 행정법에 의하여 인정되는 공권(영조물이용권, 공물사용권, 공법상의 금전청구권, 행정행위발급청구권, 무하자재량행사청구권, 행정개입청구권 등)도 있다.

개인적 공권은 사권과 달리 국가적·공익적 견지에서 인정되는 권리이므로 일신전속적인 성질의 것이며, 이러한 이유에서 양도성이 없고 포기할 수 없는 경우가 대부분이다.

3) 국제법상의 공권

국가가 국제법상의 권리의무의 주체로서 지니는 공권으로서, 국제사회에서 한 국가가 자기의 존립을 위하여 타국에 대하여 가지는 권리를 말한다. 이에는 다음과 같은 내용의 권리가 있다.

(1) 독립권

대내외적으로 국제법의 제한 내에서 자기의 의사에 좇아 자유로이 행동할 수 있는 권리(자유권)이다.

(2) 평등권

국제단체에의 참여 등 모든 국제관계영역에 있어서 국제법상 차별의 거부 및 평등대우의 요구를 할 수 있는 권리이다.

(3) 자위권

부당한 침해에 대항, 이를 배제하고 자국의 이익을 보전할 수 있는 권리(정당방위)이다.

(4) 자존권

국가의 존립을 위한 자원개발 또는 자력방위를 위한 군비양성 권리이다.

(5) 교통권

타국과의 외교상의 교섭 및 교섭유지권이 이에 속한다.

3. 사권

1) 의의

사권이란 사법상의 권리, 즉 사인상호간의 재산과 신분관계에서 인정되는 권리를 말한다. 또한 사권은 국가 또는 공공단체가 공법관계를 떠나 사인과 대등한 지위에서 행하는 법률관계(국고관계 및 행정사법관계)에서도 존재한다.

2) 종류

사권은 ① 생활이익 또는 권리의 내용에 따라 인격권·신분권·사원권·재산권으로 구분되며, ② 권리의 작용에 따라 지배권·청구권·형성권 및 항변권으로, ③ 권리의 이전성 여부에 따라 일신전속권과 비전속권으로, ④ 권리의 독립성 여부에 따라 주된 권리와 종된 권리로 구분된다. 또 ⑤ 효력의 범위에 따라 절대권(대세권)과 상대권(대인권)으로, 그리고 ⑥ 권리의 실현 여부에 따라 기성권과 기대권(희망권)으로 구분된다.

3) 생활의 이익 또는 권리의 내용에 따른 분류

(1) 인격권

인격권은 권리자 자신과 분리할 수 없는 인격적 이익의 향유를 목적으로 하는 권리로서 생명 신체 자유 명예 정조 등의 보호를 목적으로 하는 권리가 이에 속한다.

이는 권리주체와 분리될 수 없는 것이므로 그 보호에 관하여 규정할 뿐이며, 그 이상의 적극적인 규정을 두지 않고 있다. 그리고 타인에 의하여 침해가 된 경우에는 그 침해로 대리청구하거나 침해로 인하여 발생한 손해의 배상을 청구할 수 있을 뿐이다. 또한 인격권은 금전적인 평가를 할 수 없는 것이고, 인격을 떠나서는 의미가 없으므로 거래의 대상이 될 수 없다.

(2) 신분권

가족법(신분법)상의 특정한 지위에서 생기는 권리로서 이에는 친족권과 상속권이 있으며, 신분과 존립을 같이하는 일신전속적인 권리이다.

친족권은 부모와 자, 부부, 친족과 같은 일정한 신분적 지위에 따르는 이익을 향수할 것을 내용으로 하는 권리이다. 예를 들면 친족·후견인의 권리·배우자의 권리·부양청구권 등이다. 특정인에 대한 권리라는 점에서는 채권과 가깝지만 그 내용이 지배권이라는 점에서 물권과 유사하며 일반적으로는 포괄적인 동시에 의무적인 색채가 강한 것이 특색이다. 친족권이 타인으로부터 침해를 받게 되면 물권에서 물권적 청구권이 발생하는 것과 마찬가지로 가족법상의 청구권이 발생한다. 이 가족법상의 청구권은 그 기본이 되는 친족권과 법률상 운명을 같이 한다.

또한 상속권은 민법상 두 가지 의미로 사용된다. 첫째는 상속개시전 상속권(相續開始前 相續權)이다. 이는 상속 개시 전에 추정상속인이 가지는 상속에 대한 기대권(期待權)으로서 현상대로 상속이 개시되면 상속인이 될 수 있다는 불확정한 권리이다. 둘째, 상속개시후 상속권이다. 이는 상속의 결과 상속인이 취득한 포괄적인 권리로서(민법 제1005조) 상속개시에 의하여 발생하는 확정적인 권리이다. 상속권은 재산권적 성격이 농후하다.

(3) 사원권

단체(재단법인에는 사원이 없으므로 여기에서의 단체는 사단법인을 의미한다)의 구성원, 즉 사원이 사원의 자격으로서 단체에 대하여 포괄적으로 가지는 권리를 총칭하여 사원권이라 한다.

사원권은 그 내용상 다시 공익권과 사익권으로 나뉜다. 공익권(共益權)은 단체의 운영에 참가하는 것을 내용으로 하는 바, 의결권, 소수사원권, 업무집행 및 감독권 등이 이에 속하며, 사익권(私益權)은 사원이 단체로부터 경제적 이익을 받는 것을 내용으로 하는 권리로서 이익배당청구권, 시설이용권 등이 이에 속한다.

(4) 재산권

재산권이라 함은 경제적 가치가 있고 금전으로 평가할 수 있는 권리, 즉 경제적 이익을 내용으로 하는 권리를 말한다. 재산권에 속하는 권리로는 물권·채권 및 무체재산권이 있다.

물권이란 권리자 자신이 일정한 물건을 지배하여 얻는 배타적 권리(대세권)를 말한다. 민법상의 물권은 점유권[2], 소유권, 용익물권[3](지상권[4]·지역권[5]·전세권[6]), 담보물권[7](질권[8]·유치권[9]·저당권[10])이 있다.

그리고 채권이란 특정인(채권자)이 다른 특정인(채무자)에

---

2) 점유권이란 정당한 권원의 유무와는 무관하게 오직 점유라는 사실에 의해 인정되는 물권이다. 점유는 소유권이나 지상권 등의 어떤 권원(權原)에 의거하여 이루어지거나 도둑의 점유처럼 권원이 없어도 이루어지는 경우가 있다. 따라서 점유권은 사실상의 지배를 상실하면 소멸되고 만다.

3) 용익물권(用益物權)이란 타인의 토지 또는 건물을 일정한 목적을 위하여 사용·수익할 수 있는 물권이다. 타인의 물건 위에 성립하는 권리이므로 타물권(他物權)이라고도 하며, 소유권의 권능을 일부 제한하는 권리이므로 담보물권과 함께 제한물권이라고도 하여 소유권과 대립된다. 그러나 용익물권은 사용·수익을 목적으로 사용가치를 지배하는 권리라는 점에서 교환가치의 지배를 목적으로 하는 담보물권과 다르다.

4) 지상권(地上權)은 타인의 토지에 건물, 기타의 공작물이나 수목(樹木)을 소유하기 위하여 그 토지를 사용할 수 있는 물권이다.

5) 지역권(地役權)이란 일정한 목적을 위하여 타인의 토지를 자기 토지의 편익에 이용하는 권리로서 토지용익물권의 일종이다.

6) 전세권(傳貰權)이란 전세금을 지급하고 농경지(農耕地)를 제외한 타인의 부동산을 점유하여 그 부동산의 용도에 좇아 사용·수익함을 내용으로 하는 물권이다.

7) 담보물권이란 일정한 물건을 채권의 담보에 제공하는 것을 목적으로 하는 물권이다. 제한물권(制限物權)이란 점에서는 용익물권(用益物權)과 동일하지만 물건의 물질적 이용을 목적으로 하는 것이 아니라 오직 물건의 교환가치를 파악하고, 이에 의하여 채권을 담보하는 점에서 다르다.

8) 질권(質權)이란 채권자가 채권의 담보로서 채무자 또는 제3자(물상보증인)로부터 받은 담보물권이다.

9) 유치권이란 타인의 물건이나 유가증권(有價證券)을 점유하고 있는 자가 그 물건 또는 유가증권에 관하여 발생한 채권의 변제를 받을 때까지 그 물건 또는 유가증권을 유치하는 권리이다.

10) 저당권(抵當權)이란 채권자가 채무자 또는 제3자(물상보증인)로부터 점유를 옮기지 않고 그 채권의 담보로 하여 제공된 목적물에 대하여 채무자가 변제를 하지 않을 때에는 일반채권자에 우선하여 변제를 받는 권리이다.

대하여 일정한 급부를 요구하는 권리를 말한다. 물권은 대세권인 데에 반하여, 채권은 대인권이므로 물권과 채권이 경합하는 경우에는 물권이 채권에 우선한다. 채권의 발생 원인에는 계약[11], 사무관리[12], 부당이득[13], 불법행위[14]가 있다.

마지막으로 무체재산권(지적 재산권)이란 정신적 지능적 노작에 의한 창조에서 오는 사회적 이익을 독점적으로 이용하는 것을 내용으로 하는 권리를 말한다. 특별법으로서 보호되고 있는 무체재산권은 특허권·실용신안권·의장권·상표권·저작권 등이 있다.

4) 권리의 작용에 따른 분류

(1) 지배권

권리의 객체를 직접 배타적으로 지배하는 권리로서 지배권은 당해 권리의 실현을 위하여 타인의 협력을 요하지 아니하며 자신의 의사로써 실현할 수 있는 권리이다. 타인의 협력을 요하지 아니한다는 점에서 국가의 공권력의 도움을 필요로 하는 청구권과는 다르다.

지배권은 대내적으로는 직접 지배권을 행사하고(직접성), 대외적으로는 배타적인 성격을 지닌다. 이에 해당하는 권리로는

---

11) 계약이란 일정한 법률효과의 발생을 목적으로 하여 2인 이상의 당사자가 서로 대립되는 의사표시의 합치로써 성립하는 법률행위이다.

12) 사무관리란 법률상 의무 없이 타인을 위하여 그 사무를 관리하는 행위를 말한다.

13) 부당이득은 법률상의 원인 없이 타인의 재산 또는 노무로 이익을 얻고 이로 인하여 타인에게 손해를 가하는 것을 말한다.

14) 불법행위란 고의 또는 과실로 인한 위법행위로 타인에게 손해를 가하는 것을 말한다. 불법행위를 한 경우에는 그 손해를 배상하여야 한다.

물권·무체재산권 등의 재산권과, 친족권 중 자녀의 보호양육권·거소지정권 등이 있다.

지배권이 침해당하였을 경우에는 방해배제청구권 및 손해배상청구권을 행사하여 구제를 청할 수 있다.

(2) 청구권

특정인이 다른 특정인에게 일정한 행위(작위 또는 부작위)를 요구할 수 있는 청구적 작용을 하는 권리를 말하며, 채권이 대표적인 예에 속한다. 그밖에 물권적 청구권 및 친족법상 청구권이 있다.

물권적 청구권은 물권의 내용의 실현이 어떠한 사정으로 인하여 방해당하고 있거나 방해당할 위험이 있는 경우에 물권자가 방해자에 대하여 그 방해의 제거나 예방에 필요한 일정한 행위를 요구할 수 있는 권리로서 물상청구권이라고도 하며, 이에는 침해의 형태에 따라 반환청구권·방해제거청구권·방해예방청구권 등이 있다.

또한 친족법상 청구권에는 혼인외출생자인지청구권·부부상호간의 동거청구권 등이 있다.

(3) 형성권

형성권이라 함은 권리주체의 일방적 의사표시에 의하여 법률관계의 발생·변경·소멸이 일어나게 하거나 기타의 법률상의 효과를 발생시키는 권리를 말한다.

형성권은 새로운 권리를 형성하는 것이라는 점에서 지배권과 다르고, 또 타인의 행위를 개재시키지 아니한다는 점에서 청구권과 다르다. 이에는 동의권·취소권·추인권·친생부인권 등이 있다.

(4) 항변권

항변권이라 함은 타인의 청구권의 행사에 대하여 그 청구를 거절할 수 있는 권리를 말한다. 이는 상대방의 청구권을 부인하는 것이 아니라 그 권리를 승인하면서 그 권리의 일방적인 행사를 배척하는 것이다.

이에 속하는 것으로는 보증인의 최고·검색의 항변권, 쌍무계약에 있어서의 동시이행의 항변권 등을 들 수 있다.

5) 이전성 여부에 따른 분류

(1) 일신전속권

일신전속권은 권리주체로부터 분리할 수 없는 성질의 것으로서, 권리의 향유 또는 그 행사가 일신에 전속하여 양도 또는 상속이 부정되는 것을 말한다. 인격권이나 신분권(가족권)이 이에 속한다.

(2) 비전속권

비전속권은 권리주체로부터 분리할 수 있는 성질의 권리를 말한다. 일신전속권과는 달리 타인에게 양도 또는 상속할 있다. 재산권은 일반적으로 비전속권에 속한다.

6) 독립성 여부에 따른 분류

(1) 주된 권리

주된 권리란 다른 권리에 대하여 종속관계에 있지 아니하고 완전히 독립된 권리를 말한다. 예컨대 원본채권, 요역지소유권 등이 이에 속한다.

(2) 종된 권리

종된 권리란 다른 권리의 효력을 담보하거나 또는 증가시키기 위하여 그 권리에 종속하는 권리를 말한다. 예컨대 원금채권에 대한 이자채권, 채권에 대한 담보물권, 요역지소유권에 대한 지역권 등이 이에 속한다.

7) 효력의 범위에 따른 분류

(1) 절대권(대세권)

절대권은 특정한 상대방이 없이 일반인을 상대로 하여 모든 사람에게 주장할 수 있는 권리라는 데에서 대세권이라고도 한다. 이에는 인격권 · 물권 · 친권 · 무체재산권 등이 이에 속한다.

(2) 상대권(대인권)

상대권은 특정인을 의무자로 하여 그에 대하여만 권리를 주장할 수 있는 권리를 말하며 이를 대인권이라고도 한다. 채권이 이에 속하며, 절대권은 배타성이 있는 데에 반하여 상대권은 그러하지 아니하다.

8) 실현 미실현에 따른 분류

(1) 기성권

기성권이란 권리의 성립요건이 모두 실현되어 성립한 권리를 말한다.

(2) 기대권(희망권)

아직 실현되지 아니한 권리의 성립요건이 실현되면 장차 권리를 취득할 수 있는 기대에 대하여 법이 부여하고 있는 보호를 기대권 또는 희망권이라고 한다.

조건부 권리, 기한부 권리, 상속개시이전의 추정상속인의 지위 등이 이에 속한다.

4. 사회권

1) 의의

사회법상의 권리로서 공권과 사권의 혼합적 성질을 띠고 있으며, 생존권적 기본권리라고도 하는 바, 현대복지국가에서는 국가가 적극적으로 국민의 생존을 위한 여러 조건을 보장할 의무가 있고 국민은 국가에 대하여 적극적으로 생존을 위한 근로의 기회, 생활비의 제공 등을 요구할 수 있다는 데에 바탕을 두고 있다.

따라서 사회권은 국가에 대하여 존립하거나 개인에 대하여 존립하기도 하고, 또는 국가와 개인의 양자에 대하여 존립하기도 한다.

2) 종류

우리 헌법상 교육을 받을 권리, 근로의 권리, 노동3권(단결권, 단체교섭권 및 단체행동권), 인간다운 생활을 할 권리, 생활무능력자의 국가의 보호를 받을 권리, 국가로부터 혼인 및 가족생활과 보건의 보호를 받을 권리 등이 이에 속한다.

Ⅶ. 권리의 행사

1. 의의

권리의 행사라 함은 법에 의하여 인정되어 있는 권리의 내용을 실현하는 과정을 말한다.

2. 권리행사의 자유

개인주의 자유주의적 사상을 바탕으로 하는 근대 시민국가는 권리본위의 사회였던 까닭에 권리의 절대성이 인정되어 왔다. 그리하여 사인이 자신의 권리를 행사하든 아니면 행사하지 아니하든 간에 그것은 모두 자기의 자유의사에 의하여 결정되는 것이고, 아무런 제약을 받지 아니하는 것으로 이해되어 왔다.

이는 "자기의 권리를 행사하는 자는 누구에 대하여도 불법을 행하는 것이 아니다"라는 법언에서도 잘 나타나 있다.

이러한 원칙은 권리자의 이익을 확보하고 권리과실에 의한 사회질서유지에 크게 공헌할 수 있었다.

3. 권리행사의 제한

1) 의의

권리행사의 제한이란 근대적 권리행사의 절대적 자유를 시정하기 위하여 권리의 행사에 대하여 일정한 제한을 가하는 것을 말한다. 생각건대 근대의 시민사회는 권리행사의 절대적 자유성을 인정하여 자본주의사회의 발전을 가져왔지만, 이와 동시에 빈부의 격차 등 많은 사회적 부작용을 낳았다.

그리하여 권리의 절대자유성을 부정하거나 수정하는 사조가 대두되었다. 그 하나가 재산의 사유를 금하고 공유로의 이전을 추구하는 사회주의 또는 공산주의 이데올로기였으며, 또 다른 하나가 자본주의가 초래한 사회적 부작용을 최소화하기 위하여 자본주의에 수정을 가하고자 하는 사회국가주의 또는 복리국가주의이다.

이러한 법사상은 개인주의·자유주의적 법 원리에 대한 반성으로 이루어진 것이다. 그것은 소극적인 자유와 권리의 보장이라는 면으로부터 적극적으로 공공의 복리, 즉 전체로서의 사회공동생활의 향상이라는 방향으로의 전환을 그 내용으로 하는 것이었다.

이리하여 나타난 것이 신의성실의 원칙 및 권리남용금지의 원칙 등의 일반 법원리적 제한 또는 사법상의 제한, 그리고 공법상의 제한으로서 재산권행사의 공공복리 적합의무 및 토지재산권에 대한 규제와 이용 및 소유·거래 등의 규제이다.

2) 사법상의 제한

(1) 신의성실의 원칙

이는 모든 사람은 사회공동생활의 일원으로서 서로 상대방의 신의를 배반하지 아니하도록 성실하게 행동하여야 한다는 원칙이다. 이것은 역사적 경험적 법이념이므로 사회의 윤리관 가치관에 의하여 결정될 것이지만, 궁극적으로는 판례를 통하여 사회생활의 합리성과 타당성의 원칙에 기준하여 그 내용이 결정되는 것으로 보아야 한다.

따라서 권리의 행사가 신의성실의 원칙에 어긋나게 되면 권리의 남용이 되고, 의무의 내용이 이 원칙에 어긋나는 경우에는 의무의 불이행에 따른 책임을 부담하게 될 것이다.

이 원칙의 실정법적인 근거로는 민법 제2조 제1항의 "권리의 행사와 의무의 이행은 신의에 좇아 성실히 하여야 한다"라는 조항을 들 수 있다. 그러나 이를 민법상의 규정으로 이해할 것이 아니라, 일반 법원리적 규정으로 이해하여야 할 것이다.

한편 이에서 파생된 원칙으로서 사정변경의 원칙 및 실권의 원칙이 있다.

(2) 사정변경의 원칙

계약행위는 준수되어야 함이 원칙임은 재론할 여지가 없으나, 법률행위의 성립당시에 당사자가 전혀 예상하지 못하였거나 또는 예견할 수 없었던 중대한 사정변화가 후일 발생한 경우에는 본래의 계약내용을 강제하는 것이 당사자에게 가혹한 일이므로, 이러한 경우에는 일방 당사자가 그 내용을 변경할 것을 타방 당사자에게 청구하거나 또는 해제할 수 있다는 원칙을 의미한다.

이에 해당하는 것으로는 시설변경청구권, 지상권에 있어서의 지료증감청구권, 증여계약해제청구권, 임대차에 있어서의 차임증감청구권 등을 들 수 있다.

(3) 실권의 원칙

권리주체가 오랫동안 권리행사를 하지 아니하거나 또는 권리를 포기한 것으로 인정할 만한 행위를 한 경우에, 권리의 행사가 없는 것으로 믿을 만한 정당한 이유가 있었기 때문에 새삼스럽게 권리를 행사하는 것이 신의성실의 원칙상 인정될 수 없는 것으로 보는 원칙을 말한다.

이와 유사한 것으로는 게르만법상의 권리의 불행사로 인한 권리상실의 제도 또는 영미법상의 금반언의 원칙 등을 들 수 있다.

(4) 권리남용금지의 원칙

권리의 남용이란 외형상으로는 권리의 행사인 것처럼 보이나 실제로는 권리행사의 사회성·공공성에 어긋나기 때문에 신의성실의 원칙에 적합한 권리의 행사로 볼 수 없는 행위를 말한다.

우리 민법은 제2조 제2항에서 "권리는 남용하지 못한다"고 규정하여 권리남용금지의 원칙을 선언하고 있다. 이는 동조 제1항 소정의 '신의성실의 원칙'을 부연한 것이라고 볼 수도 있다.

외국의 입법례로서는 독일민법 제226조의 "권리행사는 타인에게 손해를 줄 목적으로 하는 경우에는 허용되지 아니한다"는 규정과, 스위스민법 제2조의 "권리의 남용은 법의 보호를 받지 못한다"는 규정 등을 들 수 있다.

한편, 우리나라의 민법은 권리남용의 효과에 대하여 아무런 규정을 두고 있지 않으나, 권리행사의 종류에 따라 다음과 같은 효과를 발생하는 것이라고 볼 수 있다. 즉, 권리침해의 배제를 내용으로 하는 청구권이 남용된 경우에는 그 청구권의 효력이 부인되어야 할 것이다. 그리고 권리의 행사가 남용되어 위법한 것으로 되는 경우에는 손해배상책임을 부담하거나 무효인 행위로 하여야 하며, 친권 등 권리남용이 심한 경우에는 권리를 박탈하여야 한다.

3) 공법상의 제한

(1) 재산권의 사회적 제약

헌법 제23조 제2항은 "재산권의 행사는 공공복리에 적합하게 하여야 한다"라고 규정하여 재산권 행사의 공공복리적합의무를 부과하고 있다. 이에 따라서 재산권에 가하여지는 제약을 재산권의 사회적 제약이라고 한다. 사회적 제약에 대하여는 손실보상을 청구할 수 없다.

(2) 재산권에 대한 공용침해

헌법 제23조 제3항은 "공공필요에 의한 재산권의 수용, 사용 또는 제한 및 그에 대한 보상은 법률로써 하되, 정당한 보상을 지급하여야 한다"고 규정하고 있다. 이는 재산권에 대한 공용수용, 공용사용 및 공용제한 등의 공용침해와 손실에 대한 정당한 보상을 법률로써 하도록 하고 있는 것이다.

(3) 토지재산권에 대한 규제

협소한 국토면적과 인구의 증가 및 산업의 발전 등으로 인하여 토지에 대한 수요가 급격히 증가되면서 이에 따른 지가앙등 등 각종 토지문제의 해결을 도모할 필요가 대두되었다.

따라서 헌법상의 재산권 조항과는 별도로, 토지공개념 등 토지재산권에 대한 규제의 근거를 헌법에서 규정하고 있으며, 토지재산권을 국토의 일부인 동시에 국민의 생활 및 생산공간으로 파악하여, 국토의 최유효이용과 개발 및 보전을 도모하기 위한 규정들이 추가되었다.

이와 관련하여 실정법에서는 토지의 소유제한(농지, 임야, 택지 : 취득제한 또는 규제도 소유의 제한으로 볼 수 있음), 거래규제(토지거래허가신고제, 임야 또는 농지매매증명제도), 이용규제(국토의 이용 및 계획제한, 산지계획제한 등 각종계획제한 및 상수원보호구역 군사시설보호구역 등 지역지구제에 의한 제한 유휴지제도, 대리경작제도, 분수림제도 등 이용강제제도), 수익규제(개발이익환수제도 등) 등에 관한 제도가 정비되어 있다.

제3절 의 무

Ⅰ. 개설

1. 의무의 의의

규범에 의하여 가하여지는 구속은 크게 도덕적 의무와 법적인 의무로 나눌 수 있다. 이 중 법적인 의무라 함은 자기의 의사와는 무관하게 작위 또는 부작위를 하도록 강제당하는 법률상의 구속을 의미하는 것으로 권리에 대응하는 개념이다. 즉 권리가 법률에 의하여 부여된 힘이며 그 내용이 특정한 생활이익인 데에 반하여, 의무는 법률상의 구속이며 그 내용은 특정한 불이익이다.

권리가 특정 권리주체에게 부여되는 경우에는 이에 대응하는 의무가 따르는 것이 원칙이지만, 취소권·추인권 등과 같이 의무가 없는 권리도 있으며, 또한 무능력자의 감독의무에 있어서와 같이 의무에 대응하는 권리가 존재하지 아니하는 경우도 있다. 또한 동일한 사항이 권리인 동시에 의무인 경우도 존재한다(민법 913 참조).

2. 책임과의 구분

책임은 의무와는 다른 개념으로서, 이는 의무위반으로 인하여 형벌이나 강제집행 손해배상 등의 제재를 받게 되는 기초를 의미한다. 즉 의무는 책임을 수반함으로써 그 구속성을 확보할 수 있다. 책임은 의무의 이행을 담보하는 것이라고 할 수 있다.

다만 자연채무와 같이 책임을 수반하지 아니하는 의무도 있다. 예를 들면 소멸시효완성 후의 채권에 관하여는 채무는 존재하는 데에도 불구하고 채권자는 소권을 가지지 아니한다. 이와 같이 자연채무라 함은 변제를 하면 유효한 채무변제가 되지만, 채무자가 변제를 하지 아니하여도 채권자가 이를 법원에 소구할 수 없는 채무를 말하는 것이다. 이러한 의미에서 자연채무를 소권(訴權) 없는 채무라고도 한다.

Ⅱ. 의무의 분류

1. 공의무와 사의무

1) 공의무

공의무란 공법상의 법률적 구속을 의미한다. 공의무는 국내법상의 공의무와 국제법상의 공의무로 구분된다.

(1) 국내법상의 공의무

국내법상의 공의무는 다시 국가적 공의무와 개인적 공의무로 구분된다. 국가적 공의무란 국가가 국민에 대하여 지는 의무로서 자유권 보장과 평등권 보장 등의 의무가 여기에 속한다.

개인적 공의무란 개인(국민)이 일정한 한도 안에서 국가의 통제를 받고 국가가 합법적으로 명령·강제하는 데 대하여 무조건 복종해야 하는 의무를 말한다. 대한민국헌법에서 모든 국민에게 강제하는 교육의 의무(제31조), 근로의 의무(제32조),

납세의 의무(제38조), 국방의 의무(제39조), 환경보전의 의무(제35조)는 개인적 공의무에 속한다.

개인적 공의무에는 그 의무가 주체에게만 전속되는 일신전속적 성질을 가진 것이 많아 의무에 대한 포기와 이전성이 제한된다. 이에 따라 그 의무를 이행하지 않는 경우에는 강제집행이나 강제징수의 방법을 적용하고, 그 위반에 대하여 법률로써 벌칙을 규정한 경우가 많다. 공의무는 그 내용에 따라 작위의무・부작위의무・수인의무・급부의무로 구분된다.

(2) 국제법상의 공의무

국제법상의 조약이나 국제관습법에 의하여 부담하는 법적 구속을 말한다.

2) 사의무

사의무란 사권에 대응하는 의무로서 사법상으로 부담하는 법률적 구속을 의미한다. 공의무의 상대개념이기도 하다. 사의무는 당사자의 자유의사에 따라 설정되는 것이 원칙인데, 채권자에 대한 채무이행의무나 친권에 대한 복종의무 등이 그 예이다.

2. 적극적 의무와 소극적 의무

이는 의무의 내용을 표준으로 하는 분류이다. 적극적 의무는 작위를 내용으로 하는 의무이며, 소극적 의무는 부작위를 내용으로 하는 의무이다. 여기에서의 부작위에는 단순부작위와 수인이 있다.

3. 직접의무와 간접의무

직접의무는 의무불이행이 있는 경우에 강제집행이나 손해배상책임을 발생케 하는 의무를 말한다. 직접의무 이외의 의무를 간접의무라 한다.

제4절 권리의무의 주체 및 객체

Ⅰ. 권리의무의 주체

1. 의의

법은 특정인에게 권리나 의무를 부여한다. 권리를 가지는 특정인 또는 의무를 가지는 특정인을 권리주체 또는 의무주체라고 한다. 권리의무의 주체가 될 수 있는 지위를 권리능력이라 한다.

근대문명제국은 모든 인간을 법적 인격자로 정하고 있다. 그리하여 성별·연령·국적·계급·직업·신앙 등에 의한 차별없이 권리의 주체가 될 수 있는 자격을 부여한다. 이 능력을 가진 자를 권리능력자 또는 법인격자라 한다.

권리능력자, 즉 법인격자에는 자연인과 법인이 있다.

2. 종류

1) 자연인

자연인이란 유한적인 육체와 정신을 가지고 자연적인 생활을 영위하는 사람을 말한다. 민법은 제3조에서 "사람은 생존하는 동안 권리와 의무의 주체가 된다"고 규정하고 있다. 따라서 사람은 출생시부터 사망시까지 권리의무의 주체가 된다.

언제를 출생시로 볼 것인가에 대하여는 진통설[15], 일부노출설[16], 전부노출설[17], 독립호흡설[18] 등이 대립된다.

사망시점에 대하여도 호흡정지설[19], 심박정지설[20], 뇌사설[21] 등이 대립된다. 심박정지설이 다수설이나 뇌사설을 주장하는 견해도 늘어나고 있다.

---

15) 진통설은 규칙적인 진통을 수반하면서 태아의 분만이 개시될 때를 사람의 시기라 한다. 분만개시설이라고도 한다. 우리나라의 형법상의 통설이며 대법원 판례의 입장이다.

16) 태아의 신체의 일부가 모체에서 노출된 때를 사람의 시기라 한다. 이 설은 일본의 통설과 판례의 입장이다.

17) 분만이 완성되어 태아가 모체로부터 완전히 분리된 때를 사람이 되는 시기(始期)라고 한다. 우리 민법상의 통설이다.

18) 태아가 모체에서 완전히 분리되어 태반에 의한 호흡을 그치고 독립하여 폐에 의하여 호흡을 할 때에 사람이 된다고 한다.

19) 호흡이 영구적으로 그쳤을 때에 사람이 사망한 것으로 보는 견해이다.

20) 심장의 고동이 영구적으로 정지한 때를 사망시점으로 본다. 이 견해가 우리나라의 통설이다.

21) 뇌기능의 종국적인 정지상태, 즉 뇌사상태에 이른 때에 사람이 사망한다고 한다. 뇌사설은 1968년 제22차 세계의사학회에서 채택된 Sydney선언에서 사망의 시기결정에 대한 가장 유효한 기준으로 추천되었으며 현재 독일에서 통설적인 지위를 차지하고 있다.

2) 태아의 권리능력

태아는 권리능력을 갖지 못하는 것이 원칙이다. 다만, 민법은 태아의 보호를 위하여 예외적으로 일정한 경우에는 태아인 상태에서 이미 출생한 것으로 보고 있다. 예컨대, 불법행위로 인한 손해배상 청구, 상속, 대습상속[22), 유류분권[23) 및 유증[24)이 그것이다.

헌법재판소는 태아(胎兒)[25)와 사자(死者)[26) 및 미성년자(未

---

22) 대습상속(代襲相續, antilapse)은 법정상속권자가 어떤 사유로 인하여 상속권을 행사할 수 없는 경우, 특히 주로 상속인이 피상속인보다 먼저사망하는 경우에 그의 직계비속(直系卑屬)이 대신 그 권리를 행사하는 것을 말한다. 이는 직계비속 사이에서는 촌수가 가까운 자가 우선한다는 원칙에 대한 예외를 인정한 것이다. 이 대습상속(代襲相續)을 승조상속(承祖相續)이라고도 한다. 유류분권은 제3순위의 재산상속인, 즉 피상속인의 형제자매에 이르기까지만 인정된다.

23) 일정한 상속인을 위하여 법률상 유보된 상속재산의 일정부분을 말한다. 피상속인의 사망 후에 있어서의 상속인의 생활을 보장하고 또 상속인간의 공평을 도모하기 위하여 인정된 제도이며, 피상속인은 아무리 자기의 재산이라고 하여도 유류분을 침해해서까지 처분할 수는 없는 것이다. 즉 일정한 근친에게 재산을 상속시키는 것이 사회적으로 보다 합리적이므로 법정상속주의가 채용되고, 이를 유지하기 위하여는 재산의 일정부분을 상속권자를 위하여 보류하지 않으면 안 된다. 유류분은 이러한 요구를 조화시키기 위한 제도이다.

24) 유증이란 유언자가 유언에 의하여 재산을 수증자에게 무상으로 증여하는 단독행위이다. 유증에 의하여 재산을 받는 자를 수증자라고 하며, 유증을 이행하는 상속인을 유증의무자(遺贈義務者)라고 한다. 유증은 자유이므로 (1) 재산의 전부 또는 일부를 그 비율액(유산의 몇 분의 몇)으로 증여하는 포괄적 유증과 (2) 특정한 재산을 증여하는 특정한 유증을 할 수 있으며, 수증자를 각각 포괄적 수증자, 특정수증자라고 한다. 또한 수증자에게 일정한 부담을 지우는 부담부유증도 가능하다.

25) 태아란 포유류의 모체 안에서 자라고 있는 유체(幼體)를 말한다. 사람의 경우는 수태하여 2개월이 지난 뒤 인체의 모양이 분명히 된 것을 이른다[헌재 2008. 7. 31. 2004헌바81] 인간의 생명은 고귀하고, 이 세상에서 무엇과도 바꿀 수 없는 존엄한 인간 존재의 근원이다. 이

成年者)[27]의 기본권 주체성을 인정한 바 있으나, 태아의 기본권 주체성과 관련하여 초기배아[28]의 기본권 주체성을 부정하였다.

3) 법인

법인이라 함은 자연인 이외의 자로서 권리의무의 주체로 인정된 자를 말한다. 법인은 자연인 고유의 권리의무에 관련되는 것을 제외하고는 자연인과 동일하게 사회적 실재로서 자기 고

러한 생명에 대한 권리, 즉 생명권은 비록 헌법에 명문의 규정이 없다 하더라도 인간의 생존본능과 존재목적에 바탕을 둔 선험적이고 자연법적인 권리로서 헌법에 규정된 모든 기본권의 전제로서 기능하는 기본권 중의 기본권이다. 모든 인간은 헌법상 생명권의 주체가 되며, 형성 중의 생명인 태아에게도 생명에 대한 권리가 인정되어야 한다. 따라서 태아도 헌법상 생명권의 주체가 되며, 국가는 헌법 제10조에 따라 태아의 생명을 보호할 의무가 있다.

26) [헌재 2010. 10. 28. 2007헌가23] 친일반민족행위반민규명위원회의 조사대상자 선정 및 친일반민족행위결정이 이루어지면, 조사대상자의 사회적 평가에 영향을 미치므로 헌법 제10조에서 유래하는 일반적 인격권이 제한받는다. 다만 이러한 결정에 있어서 대부분의 조사대상자는 이미 사망하였을 것이 분명하나, 조사대상자가 사자(死者)의 경우에도 인격적 가치에 대한 중대한 왜곡으로부터 보호되어야 한다. 사자(死者)에 대한 사회적 명예와 평가의 훼손은 사자(死者)와의 관계를 통하여 스스로의 인격상을 형성하고 명예를 지켜온 그들의 후손의 인격권, 즉 유족의 명예 또는 유족의 사자(死者)에 대한 경애추모의 정을 제한하는 것이다.

27) [2004. 5. 27. 2003헌가1, 2004헌가4(병합)] 헌법이 보장하는 인간의 존엄성 및 행복추구권은 국가의 교육권한과 부모의 교육권의 범주 내에서 아동에게도 자신의 교육환경에 관하여 스스로 결정할 권리, 그리고 자유롭게 문화를 향유할 권리를 부여한다고 할 것이다. 이 사건 법률조항은 아동·청소년의 문화향유에 관한 권리 등 인격의 자유로운 발현과 형성을 충분히 고려하고 있지 아니하므로 아동·청소년의 자유로운 문화향유에 관한 권리 등 행복추구권을 침해하고 있다.

28) 태아(胎兒)는 수정된 후 태어나기 전의 아이(아기)를 말한다. 영어의 fetus에 해당하는 어느 정도 형성된 후를 말할 때는 태아(胎兒)라고 하고 그 이전은 태아(胎芽, 아이가 될 싹, embryo) 또는 배아라고 부르기도 한다.

유의 목적과 작용을 가지고 권리의무의 주체로서 사회적 활동을 한다.

Ⅱ. 권리의 객체

권리의 객체란 권리의 내용이나 목적을 달성하는 데 필요한 일정한 대상을 말한다.

권리의 내용이나 목적은 곧 특정의 생활이익을 향유하는 것이다. 그러므로 이익발생의 대상이 권리의 객체가 된다. 권리의 객체는 권리의 내용이나 목적 또는 종류에 따라 달라진다.

물권의 경우 특정한 물건을 직접 지배하여 배타적 이익을 얻는 것이 그 내용 또는 목적이며 그 특정한 물건이 물권의 객체가 된다. 그리고 채권의 경우에는 채무자의 급부행위 등 타인의 작위나 부작위, 형성권의 경우에는 법률관계, 인격권의 경우에는 권리의 주체 자신, 친족권의 경우에는 친족법상의 지위, 상속권의 경우에는 상속재산 등이 각각 권리의 객체가 된다.

찾아보기

〈저자 약력〉

• 박영하

건국대학교 법학과 졸업
건국대학교 대학원 법학과(공법전공) 수료
법학박사(공법)
감리교신학대학교, 건국대학교, 서울시립대학교, 광운대학교, 호서대학교, 충북대학교 강사
국토연구원 책임연구원
Visiting Scholar, University of Newcastle upon Tyne, UK
해양경찰청 자체평가위원회 위원
정부업무평가위원회 전문가위원
한국공법학회 이사
현재 : 전주대학교 사회과학대학 경찰행정학과 교수

〈주요 저·역서 등〉

행정규칙의 성질론(1982)
위임입법의 절차적 통제에 관한 연구(1991)
수도권백서(공역, 1992)
구미도시개발제도의 동향(공역, 1992)
주택법(공저, 1998)
인권론(공저, 2009)
한국해양경찰의 국제표준성과관리기준 개발에 관한 연구(2010)
해양경찰학(2011)
보안경찰법상 일반적 수권조항에 관한 연구(2012)
경찰행정법(2012, 2013, 2015, 2016)
한국헌법론(2016) 등

법학개론

2016년 1월 25일 초판인쇄
2016년 1월 31일 초판발행

저 자 박 영 하
발행인 유 성 열
발행처 청목출판사
서울특별시 영등포구 신길로 40길 20
전화 (02) 849-6157(代) · 2820 / 833-6090~1
FAX (02) 849-0817
등록 제318-1994-000090호

파본은 바꾸어 드립니다. 값 18,000원

http://www.chongmok.co.kr

ISBN 978-89-5565-687-9